LA VIE PRIVÉE

D'AUTREFOIS

ARTS ET MÉTIERS

MODES, MŒURS, USAGES DES PARISIENS

DU XIIᵉ AU XVIIIᵉ SIÈCLE

D'APRÈS DES DOCUMENTS ORIGINAUX OU INÉDITS

PAR

ALFRED FRANKLIN

LA VIE DE PARIS
sous la Régence

PARIS
LIBRAIRIE PLON
E. PLON, NOURRIT et Cie, IMPRIMEURS-ÉDITEURS
RUE GARANCIÈRE, 10

1897

Tous droits réservés

LA VIE PRIVÉE

D'AUTREFOIS

SECONDE SÉRIE

PREMIÈRE SÉRIE

TABLE DES CHAPITRES

———

PRÉFACE

Je ne suis l'auteur ni de ce volume, ni de
ceux qui lui succéderont dans cette seconde
série. En ce qui concerne celui-ci, j'ai pensé
que nul ne pouvait mieux dépeindre la vie in-
time des Parisiens sous la Régence qu'un con-
temporain venu en France tout exprès pour
l'étudier. Au lieu d'une compilation, même
faite sur les documents les mieux choisis, l'on
trouvera donc ici une narration réellement
vécue. Un observateur désintéressé et sagace
va raconter ce qu'il a vu et entendu dans la
capitale sous la minorité de Louis XV.

Cet observateur était un érudit allemand, le
sieur Joachim-Christophe Nemeitz, qui a publié
d'assez estimables ouvrages. Conseiller du prince
de Waldeck, ces fonctions, purement honori-
fiques sans doute, lui laissaient des loisirs dont
il sut tirer parti. Il se fit une spécialité d'accompagner les jeunes seigneurs qui complétaient
leur éducation par des voyages, par un séjour
souvent fort long dans les grandes villes de
l'Europe. Nemeitz paraît avoir été pour eux un

guide utile, sûr et fort sermonneur, en même temps qu'un mentor indulgent, comme il convenait vis-à-vis de fils de famille émancipés d'hier, avides de plaisirs et pouvant dépenser sans trop compter.

Nemeitz eut ainsi l'occasion de passer deux années à Paris. Après son dernier voyage, il songea à rassembler ses souvenirs et à faire profiter ses jeunes compatriotes de l'expérience qu'il avait acquise. Il publia en 1718 la très curieuse description qu'on va lire, et qui eut, peu d'années après, une seconde édition [1].

L'ouvrage était rédigé en allemand, bien entendu; mais, dès 1727, parut à Leyde et sous un titre plus compliqué encore que celui de l'original, une traduction française. Française, c'est beaucoup dire. Le traducteur anonyme, un Hollandais je crois, connaissait mieux l'allemand que notre langue, et si son travail n'a pas été réimprimé, malgré tout l'intérêt qu'il présente, c'est que les éditeurs ont reculé de-

---

[1] « Ce Traité aiant été assez heureux, que prèsque tous les Exemplaires en ont été vendus en peu d'années, le Libraire (qui l'a fait imprimer à ses dépens) a trouvé bon, d'en donner au Public une seconde Edition. Ensuite de cette bonne disposition et de la demande du Libraire, je n'ai pas manqué de lui faire fidélement part des corrections et augmentations que j'ai faites en attendant en plusieurs endroits du Livre... » *Avertissement de l'auteur sur la seconde édition.*

SÉJOUR DE PARIS,

c'est à dire,

INSTRUCTIONS FIDÉLES,

pour les Voiageurs de Condition,

Comment ils se doivent conduire, s'ils veulent
faire un bon usage de leur tems & argent,
durant leur Séjour à

PARIS;

*Comme aussi une Description suffisante de la Cour de
France, du Parlement, de l'Université, des Academies,
& Bibliothéques; avec une Liste des plus celébres Sa-
vans, Artisans, & autres choses remarquables,*
Qu'on trouve dans cette grande & fameuse ville.

Par le Sr. J. C. NEMEITZ,

Conseiller de S. A. S. Monsr le Prince de Waldeck.

Ouvrage très-curieux, composé principalement en
faveur & pour l'usage des Voiageurs; Enrichi de
quantité de belles Notes & Figures:
Avec une Table complette des Matiéres,
DIVISE' EN DEUX TOMES.

J. C. Philips inv. et fecit 1727.

A LEIDE,

Chez JEAN VAN ABCOUDE. 1727.

vant ce style obscur, incorrect, diffus, embarrassé, rocailleux, hérissé d'accents inutiles, de
capitales et d'italiques.

Je reproduis pourtant aujourd'hui cette version, mais après l'avoir revue, corrigée, ren-
due claire et lisible, je l'espère du moins. Une
traduction nouvelle n'aurait pas plus fidèle-
ment rendu l'original, et elle aurait paru moins
appropriée au sujet que l'ancienne, à laquelle
je me suis efforcé de conserver son allure souvent naïve et sa phraséologie archaïque.

Afin de grossir son volume, le traducteur y
ajouta un long chapitre, plein de banalités co-
piées un peu partout, et qu'il intitula : *Description de quelques places, bâtimens et statues point
mentionnées dans l'ouvrage.* Comme il ne contient pas un détail qui n'ait été cent fois répété
dans les descriptions de Paris, je n'ai pas cru
devoir le reproduire.

J'ai agi de même pour six chapitres, œuvre
de Nemeitz, dont la place était bien marquée
dans un guide en Europe, mais qui ne l'était
pas du tout dans un livre consacré à l'étude
rétrospective des mœurs parisiennes. On en
jugera par les titres :

*De l'Utilité du Voiage en général, et de sa neces-
sité en particulier, à l'égard de celui qui se veut
donner à l'État.*

Ce que cette manière de Voiager demande.

En quel âge il faut Voiager.

Ce qu'on doit savoir necessairement, avant que de se disposer à faire Voiage.

Il faut voir l'Angleterre et la Hollande, avant de passer en France.

De la connoissance avec des ministres et d'autres personnes de qualité et de mérite.

De plus, en sa qualité de précepteur, Nemeitz ne laisse guère échapper l'occasion de mêler à ses conseils pratiques des réflexions morales. Souvent aussi, il expose avec une si désespérante prolixité ses opinions personnelles sur tel ou tel sujet, que j'ai dû plus d'une fois épargner à mon lecteur ces ennuyeux hors-d'œuvre.

J'ai pourtant tenu à ce qu'il pût se faire une idée exacte du style étrange que je me suis permis de reviser. J'ai donc respecté sept chapitres [1], que l'on trouvera réimprimés ici avec une fidélité qui s'étend jusqu'à la disposition typographique de l'original.

En revanche, plusieurs notes, soit de l'auteur, soit du traducteur, méritaient d'être reproduites. Je les ai distinguées des miennes en

---

[1] Ce sont les chapitres xx, xxvi, xxix, xxxi, xxxii, xxxiii et xxxiv.

plaçant ces dernières entre deux crochets.

Presque toutes les gravures insérées ici dans le texte sont des reproductions exactes de celles que le traducteur avait jointes à son édition [1].

---

[1] « Vous plaise savoir, Lecteur, que cette nouvelle Edition en François est par l'Auteur, dessus les precedentes, tant augmentée que meliorée. Que je l'ai embellie de plusieurs Tailles Douces très curieuses, représentant tout ce qui se trouve de plus remarquable dans la ville de Paris, et aux environs d'Icelle : afin qu'on puisse avoir devant les yeux et regarder avec plaisir tout cela, qui ne se peut pas si facilement, ni si clairement apercevoir en lisant. Ces Tailles Douces sont toutes dessinées et gravées exactement, selon les Edifices mêmes : Ainsi que cela non seulement embellit l'Ouvrage, mais aussi de même aporte une très grande utilité. » *Préface de l'imprimeur de cette nouvelle édition.*

LA
VIE PRIVÉE D'AUTREFOIS

LA VIE DE PARIS
SOUS LA RÉGENCE

CHAPITRE PREMIER

CE QU'ON DOIT FAIRE PREMIÈREMENT QUAND ON EST ARRIVÉ A PARIS.

On arrive ordinairement à Paris, soit avec le chariot ordinaire, soit avec des chevaux de poste. Les chariots prennent leur gîte dans leurs auberges habituelles, où les voyageurs sont toujours sûrs de trouver des chambres. Si l'on n'a point à Paris de connoissances qui vous puissent renseigner, on doit, en attendant, demeurer là quelques jours, et s'y choisir une chambre bonne et bien située. On la paye quelquefois un peu plus cher qu'ailleurs, mais le mal n'est pas grand. L'on s'est lié, durant le voyage, avec le maître postillon, et si on lui donne de l'argent pour boire, comme c'est la coutume, il dispose dans la dernière auberge les gens du logis à vous prêter la main en toutes choses. Au reste, dans les auberges comme partout, avec de l'argent on peut se procurer ses aises à Paris plus qu'en aucun lieu du monde.

Si l'on y arrive avec des chevaux de poste et sans y connoître personne, l'on doit se loger dans une des principales hôtelleries, et y prendre une chambre pour huit ou quinze jours. Il y en a plusieurs très recommandables au faubourg Saint-Germain, comme l'*hôtel Impérial*, rue du Four ; l'*hôtel de Hambourg*, tout contre ; l'*hôtel d'Espagne*, rue de Seine ; l'*hôtel de Nîmes*, dans la même rue ; l'*hôtel d'Anjou*, rue Dauphine ; *la ville de Hambourg*, rue de Boucherie [1] ; l'*hôtel d'Orléans*, rue Mazarine ; l'*hôtel de Modène*, rue Jacob. L'on trouve, dans toutes ces auberges, beaucoup d'étrangers avec lesquels on peut se lier, et comme elles tiennent ordinaire [2] pour la plupart, on a l'occasion de s'informer de tout ce qu'on veut savoir. Mais il faut d'abord faire l'accord avec l'hôte et convenir que l'on payera la chambre par jour ; car autrement on compte par mois, et ces sortes de gens ne se font pas scrupule d'attraper ainsi les étrangers. D'ailleurs, qu'on achète

[1 Il faudrait *rue des Boucheries*. C'est aujourd'hui la partie du boulevard Saint-Germain comprise entre le carrefour de l'Odéon et la rue du Four.]

[2 Comme on y donne à manger.]

d'abord la *Description de Paris* par M. Brice[1], la
dernière édition en trois volumes, avec le plan
de la ville de Paris excellemment gravé par
M. Jaillot en 1714. Si l'on ne désire pas une si
ample description, qu'on lise *Les curiositez de
Paris*[2], avec *Le voyageur fidèle ou le guide des
etrangers dans la ville de Paris*[3]. C'est à quoi
l'on se peut amuser agréablement et avec profit
durant le jour, avant d'être définitivement installé.

CHAPITRE II

DU CHOIX D'UNE CHAMBRE.

Ainsi casé, l'on a tout le temps de chercher
une chambre commode. Les étrangers viennent
ordinairement à Paris dans l'intention d'apprendre les langues et les exercices du corps : ils ne
sauroient donc mieux faire que d'aller loger au

[1 *Description de la ville de Paris et de tout ce qu'elle
contient de plus remarquable, par Germain Brice. Enrichie
d'un nouveau plan et de nouvelles figures dessinées et gravées
correctement.* La meilleure édition est celle de 1752, en quatre
volumes.]

[2 Sans doute *Les curiositez de Paris* de Lerouge, ouvrage
réimprimé en 1723.]

[3 Par L. Liger, 1715, in-12. — Liger cite (page 325) beaucoup plus d'hôtels que n'en mentionne Nemeitz et, fait
étrange, aucun de ceux désignés par lui, sauf l'hôtel d'Orléans.]

faubourg Saint-Germain. Il y a déjà longtemps
que ce quartier est le rendez-vous des étrangers,
aussi y trouve-t-on les plus habiles professeurs,
ainsi que les académies ou manèges. C'est une
grande incommodité, et au maître et à l'écolier,
de demeurer loin l'un de l'autre.

La comédie est dans ce faubourg; et aux mois
de février et de mars on y a la foire Saint-Germain, deux endroits que les étrangers fréquentent souvent. L'Opéra, qui se tient dans la rue
Saint-Honoré, n'en est pas trop éloigné, surtout
si l'on traverse la Seine en bateau [1]. Beaucoup
de personnes de condition ont bâti ou loué des
maisons dans ce faubourg. L'air y est plus sain
qu'ailleurs, le quartier étant élevé et ayant des
rues assez larges. Ce sont sans doute les raisons
qui le font rechercher des voyageurs. Les environs du palais de Luxembourg l'emportent en
beauté sur tous les autres, notamment la rue de
Tournon, qui en est proche. L'on va souvent se
promener et prendre l'air dans ce jardin, dont
l'air pur et frais attire beaucoup de monde.

Si un étranger est assez heureux pour trouver
dans cette rue une chambre garnie, qu'il la
prenne. Mais elles sont très rares. Le grand *hôtel
d'Antragues* est très commodément situé, mais
ses appartemens se louent à haut prix. Aussi n'y
voit-on qu'évêques, princes étrangers et autres

[1 Aucun pont n'existait alors entre le Pont-Neuf et le
Pont-Royal.]

grands seigneurs. Si quelqu'un a envie de payer
un écu par repas, il y peut aussi manger. L'on
y rencontre toujours une réunion de gens de qualité. Du reste, l'on n'est pas obligé à Paris de
manger dans les auberges où l'on est logé.

Presque vis à vis de l'hôtel d'Antragues est
celui *de Tréville* [1], que le duc d'Ossune ambassadeur d'Espagne avait occupé tout entier, en mon
temps, avant de se rendre à Utrecht. Après son
départ, des particuliers y ont demeuré : M. Prior,
ci-devant ministre d'Angleterre, y avoit loué quelques appartemens. Le petit *hôtel de Bourgogne*
est tout auprès ; et au bout de la rue, il y en a
quelques autres, mais on n'y donne pas à manger. Il faut citer encore l'*hôtel des Ambassadeurs
extraordinaires* [2], celui *de Ventadour*, la maison
de M. Terrat [3], chancelier de Monsieur, et quelques maisons bien bâties, presque toutes habitées par des gens de condition.

Si l'on ne peut trouver ici une chambre garnie
chez des particuliers [4], il y a plusieurs hôtelleries

[1 Ni l'hôtel d'Antragues, ni l'hôtel de Tréville ne figurent
sur le plan de Lacaille, qui représente Paris vers 1715.]

[2 Il figure avec ce nom sur le plan de Lacaille. Il avait été
longtemps habité par le maréchal d'Ancre, et il devint dans
la suite hôtel de Nivernois.]

[3 Cet hôtel figure sur le plan de Lacaille.]

[4 Depuis longtemps, les plus grands seigneurs avaient
l'habitude de louer des chambres dans leur hôtel ou même
l'hôtel tout entier quand ils s'absentaient. Voy. les *Relations
des ambassadeurs vénitiens*, t. II, p. 609.]

et autres maisons dans les rues de Bussi, Dauphine et Mazarine où l'on choisira une chambre à son gré. Je ne voudrois pas conseiller à quelqu'un de prendre son logis dans la rue de Boucherie, parce qu'elle est étroite et que l'air y est infecté par la quantité des bètes qu'on y tue continuellement [1]. L'hôtel nommé *la ville de Hambourg* est encore acceptable. Il est situé au sortir de la rue, qui s'élargit un peu en cet endroit, formant un petit marché où l'on vend des poissons et toutes sortes d'herbes et de fruits.

Si l'on est logé dans une auberge dont les hôtes composent une sorte de petite république, l'on ne sauroit se dispenser d'entrer en relations avec quelques-uns. Mais il faut être bien circonspect sur ce point. La société d'honnêtes François, gens de condition surtout, est très agréable et très profitable. L'on s'exerce dans la langue, l'on prend insensiblement leurs manières, et ils nous peuvent procurer d'autres bonnes connoissances. L'on gagne peu dans la conversation avec des compatriotes ou avec d'autres étrangers, car ces personnes sont venues à Paris dans le même dessein que nous, pour apprendre ; et puis, on aura bien le temps de s'entretenir avec elles lorsqu'on sera de retour au pays. C'est pourquoi je conseille de les fréquenter aussi peu que pos-

---

[1 Presque toutes les maisons de cette rue étaient occupées par des étaux de bouchers, et les cours servaient d'abattoirs.]

sible, aussi peu que la bienséance le permet, non
par mépris pour eux, mais parce qu'on doit employer le temps, si précieux à Paris, à tout autre
chose qu'en leur compagnie.

Il y a quelquefois des dames logées en chambres garnies dans ces sortes d'hôtels. Elles veulent souvent passer pour des personnes de grande
extraction, qui ont été obligées de venir à Paris
à l'occasion de procès ou d'autres importantes
affaires. Elles s'intitulent parfois comtesse ou
marquise, mais ce ne sont que des grisettes ou
bien des maîtresses entretenues par des particuliers qu'elles font passer pour leurs cousins ou
leurs amis. Les connoisseurs du beau sexe en
France savent dès l'abord de quel aloi sont ces
dames-là. Il ne faut pas beaucoup d'enquêtes à
l'égard de la plupart, car elles se trahissent vite
elles-mêmes. Mais les étrangers sont parfois très
fiers d'avoir fait la conquête d'une de ces prétendues comtesses ou marquises. Leur bourse, d'ailleurs, ne tarde pas à s'en ressentir : ces petites
garces possèdent merveilleusement le secret de
demander aux amoureux novices les montres,
bagues et autres semblables objets. Je ne dis rien
de ce que leur coûtent le jeu, les soupers, les
spectacles, les carrosses, les parties de plaisir.
Gélanor acheta trop cher la connoissance de
Fulvie. Avant de s'être embarqué avec elle, il
possédoit plusieurs belles galanteries, comme des
tabatières, des bijoux, etc. Elle ne lui donna

jamais rendez-vous qu'il ne lui en coûtât quelque pièce de ses marchandises ; et malgré ces libéralités, elle le renvoya ordinairement avec la vaine espérance au moment où il croyoit toucher au faîte du plus grand bonheur.

Mais si un jeune homme trouve dans son quartier une dame vraiment honnête, il ne doit pas refuser de faire connoissance avec elle s'il est maître de sa passion. En tâchant de plaire, on devient poli et on apprend beaucoup. Toutefois, ces connoissances doivent être bien ménagées : elles dérobent beaucoup de temps, qu'on peut employer plus utilement, surtout si la dame aime le jeu, comme c'est la mode générale à Paris.

Le quartier du faubourg Saint-Germain est le plus peuplé de toute la ville. L'on y a ouvert beaucoup de cafés, de billards et de jeux de paume ; plusieurs loueurs de carrosses s'y sont établis pour l'agrément et la commodité des étrangers. Ceux d'entre eux qui ne veulent pas se livrer aux exercices du corps et aussi les marchands de profession feront mieux d'aller loger dans la ville [1]. Les chambres n'y sont pas si chères qu'au faubourg Saint-Germain, et s'ils aiment la compagnie, elle ne leur fera pas défaut, car la plupart des gens de robe et d'affaires, qui ont ordinairement de grands biens et qui vivent chez eux fort à leur aise, demeurent dans la ville, sur-

[1 Paris était alors divisé en trois parties, la Cité, la Ville (rive droite) et l'Université (rive gauche).]

tout dans le quartier qui s'appelle le *Marais*. Mais
on y est éloigné des spectacles et des promenades, dont on ne sauroit jouir qu'à la condition de
prendre un carrosse.

CHAPITRE III

DU LIEU OU L'ON MANGE.

Presque tout le monde croit que l'on fait bonne
chère en France et surtout à Paris : c'est une
erreur. Il est certain que les riches, les gens de
qualité ont une bonne table. Ils ont chez eux un
cuisinier, et les cuisiniers de France l'emportent
sur tous les autres; aussi peut-on rencontrer
quelquefois des mets de bon goût chez les rôtisseurs. Mais on vit assez mal dans les auberges,
les mets ne sont pas bien préparés, et la nourriture n'y est pas assez variée. On vous sert une
soupe, un bouilli ou une pièce de bœuf, une fri-
cassée de veau ou de côtelettes, un peu de légumes, du rôti, et pour dessert du lait, du fromage,
de petits biscuits, des fruits selon la saison, et
cela va ainsi d'un bout à l'autre de l'année. C'est
la seule chose que j'eusse voulu voir réglée autrement dans l'intérêt des étrangers. L'on payeroit
volontiers un peu plus pour être mieux servi et
avec plus de variété.

Les étrangers ont donc le choix entre trois procédés pour leur nourriture. Ils se font apporter leurs repas dans leur chambre soit par un rôtisseur, soit par leur hôte; ou bien ils se mettent en pension chez quelqu'un; ou bien ils vont manger à l'auberge[1]. Je ne sais si tout le monde est de mon avis, mais je mange toujours moins bien chez moi qu'à une table publique. Puis, les repas qu'on fait chez soi coûtent cher, et les valets François, qui ont partout le tour du bâton, en croquent ordinairement leur part. Les voyageurs d'un même pays se réunissent parfois à trois ou quatre, prennent un cuisinier à leurs gages ou mangent chez eux les mets que leur envoyent soit un traiteur, soit leur hôte. Il en coûte un peu plus cher que dans les auberges; mais entre gens qui se connoissent il est difficile d'éviter parfois quelques petites débauches; ensuite, celui chez qui l'on se rassemble en recueille bien des ennuis et perd beaucoup de temps. Une société semblable formée avec des François seroit plus avantageuse, mais difficile à organiser. Avant de se lier ainsi, il faut bien connoître ses compagnons de table, et puis les François ont l'esprit changeant, ne persévèrent pas longtemps dans la même résolution.

[1 « Les personnes qui ne peuvent faire qu'une très médiocre dépense trouvent, dans tous les quartiers de Paris, de petites auberges appelées *gargottes,* où l'on vit à la portion à si petit prix que l'on veut. » Liger, *Le voyageur fidèle* (1715), p. 327.]

Quant aux seigneurs de distinction logés dans des auberges grandes et renommées, il ne leur sied point de s'asseoir à une table publique, puisque tout le monde peut y prendre place. Ils devront donc engager un cuisinier ou se faire servir dans leur chambre. Comme ils arrivent à Paris la bourse bien garnie, il n'importe guère que la nourriture leur coûte un peu cher.

Relativement aux pensions, on les trouve ou chez les maîtres de langues, ou chez les écuyers [1], ou chez d'autres gens de cette sorte. Il n'en existe pas chez les bourgeois. Il faut se contenter de ce que ces gens-là vous donnent à manger, et comme on ne se joue pas volontiers à son maître, il est nécessaire quelquefois de dissimuler son mécontentement. Mais dans les auberges, j'ai la liberté de parler pour mon argent, et étant las de l'une, je vais dans l'autre. Donc, pour un gentilhomme, comme pour toute autre personne de condition qui aime le ménage [2], le mieux est de se choisir dans une auberge quelque bonne table.

Qu'il la prenne près de son logis : l'on gagne

---

[1] Les pensions des écuyers furent autrefois en grande considération, de sorte que même les plus grands, tant en France qu'au dehors, y mettoient leurs fils, comme par exemple à l'académie de Plessis. Mais à présent, ces académies de manège sont en grande décadence, et par conséquent peu d'étrangers s'y mettent en pension.

[J'ai parlé de ces académies dans *Écoles et collèges*, p. 310 et suiv. Voy. aussi ci-dessous, p. 27.]

[[2] Qui est économe, qui a de l'ordre.]

ainsi beaucoup de temps et l'on s'épargne les incommodités que causent le grand nombre de voitures qu'on rencontre dans les rues. En été et en automne le temps est mauvais, les rues sont presque toujours sales, et l'on est bien aise de n'avoir pas à faire un long trajet.

Qu'il ne la prenne pas là où la société est nombreuse. Il y vient souvent d'honnêtes mendians. Je veux dire les gens qui arrivent pour chanter ou jouer des instrumens durant le repas. Des moines quêtent en faveur de leur couvent, et vous offrent un plat de salade ; des filles vous présentent un bouquet ; des marchands et des marchandes d'oranges, d'huîtres, de fruits s'y succèdent. L'on ne sauroit s'imaginer que d'argent s'envole ainsi. Débourser un sou par-ci par-là semble une bagatelle, et au bout de l'année, ces bagatelles-là finissent par représenter une assez forte somme.

Qu'il ne la prenne pas dans les endroits où l'on parle la langue de son pays. On profite beaucoup plus en compagnie de François, mais encore est-il prudent de se tenir sur ses gardes. J'ai connu une auberge où se réunissoient de jeunes François, officiers pour la plupart, et les discours qu'on y entendoit n'étoient pas trop édifians ; il s'y mêloit même souvent des expressions grotesques et déplacées. Par exemple, si l'on peut trouver une société de François déjà un peu avancés en âge, qui ne soient pas petits maîtres, qui aient servi dans les troupes ou qui y servent encore, des gens sages, honnêtes et de condition, on retirera de leur fréquentation un très grand profit.

CHAPITRE IV

DES SCIENCES ET DES EXERCICES.

Les sciences qu'un homme de qualité doit apprendre à Paris sont la langue françoise, les mathématiques et le dessin. Quelles que soient la facilité, la pureté avec lesquelles on croie, hors de France, parler le françois, on éprouvera en y arrivant une grande désillusion. Dans le pays seulement, on peut apprendre l'accent, et encore n'y parvient-on qu'après beaucoup de peine et de temps. C'est pitié d'entendre les Allemans prononcer *ânes* pour *ans*, *couferneur* pour *gouverneur*, *boison* pour *poison*, *tendelle* pour *dentelle*. Les habitans de la Basse-Allemagne, les Suédois et les Danois ont la langue plus déliée, ils saisissent plus vite la bonne prononciation, et en réalité c'est dans l'accent que réside la vraie délicatesse d'une langue.

Il existe dans la langue françoise, comme dans toutes les autres, certains termes, certaines expressions et façons de parler qui ne sauroient se

traduire mot pour mot. Ainsi. *A Dieu ne plaise*
se dit en allemand *Gott verhüte es; il fait un froid*
à mourir, es ist eine sehr strenge kälte; il n'a qu'à
venir, er darff nur kommen ; il fait le fol, er ha-
siliret, etc., etc. Quels barbarismes, quelles ab-
surdités ne s'exposeroit-on pas à commettre si
l'on vouloit traduire mot pour mot ces galli-
cismes [1] !

La principale utilité de la langue françoise est
de savoir bien rédiger une lettre, et les François
ont poussé cette science jusqu'à la perfection.
Les lettres de Voiture, de Balzac, de Bussi-Ra-
butin, de Fontenelle, connu sous le nom de chevalier d'Her[2], et d'une infinité d'autres le prouvent
bien. Ces auteurs emploient certains tours qui
lient bien les parties d'une lettre, ils s'expriment
d'une façon succincte et énergique, retranchent
toute superfluité. On doit donc, aussitôt arrivé à Paris, prendre un maître de langue qui possède
ces qualités, je veux dire un homme qui ait l'ac-

---

[1] Il y a encore d'autres termes, dits *de cabale,* que les
maîtres de langue ne sauroient bien expliquer, mais qu'il faut
apprendre dans la conversation avec des gens polis et fins.
Par exemple : *C'est une espèce de Melchisédec ; le désa-*
gréable quart d'heure de Rabelais ; le train de Jean de Paris;
damer le pion aux Céladons et aux Amadis, etc. Il faut des
histoires entières pour expliquer toutes ces expressions, et il
y a beaucoup d'habiles François qui ne les entendent pas
eux-mêmes.

[2] Fontenelle a publié : *Lettres diverses de M. le chevalier*
d'Her..., Paris, 1683, in-12. Voy. Quérard, *Supercheries*
littéraires, t. II, p. 257.]

cent délicat et qui sache écrire promptement une
lettre. Qu'on s'exerce aussi soi-même. Qu'après
avoir rédigé une lettre, on en fasse composer une
sur le même sujet, et qu'on les compare. Un fu-
tur homme d'État ne doit pas s'attendre à ce
qu'on lui enseigne le style de la Cour et de la
chancellerie : les lettres qu'on lui donnera à
écrire rouleront sur des sujets galans, sur ceux
qui entretiennent la conversation de tous les jours.
En trois ou quatre mois, l'on peut ainsi réaliser
de grands progrès. Au reste, il ne faut négliger
aucune occasion de parler et il faut le faire avec
hardiesse. En général, les François ne sont pas
d'humeur à se moquer d'un étranger qui ne
s'énonce pas correctement : ils prennent au contraire la peine de corriger ses défauts de la manière du monde la plus obligeante, pour peu
qu'ils le connoissent.

Les mathématiques sont la seconde science
qu'un homme de qualité doit posséder. Je suppose qu'il en a déjà commencé l'étude dans son
pays, et puisqu'il vient ici pour la compléter, je
l'engage à choisir la partie[1] des mathématiques

[1] La mathématique a plusieurs parties qu'un homme de
qualité n'a que faire de savoir toutes : cela est aussi impossible.

[Notre traducteur emploie toujours le mot mathématique
au singulier. Il dit ceci : « La *Mathématique* est la seconde
science, qu'un homme de qualité doit posséder. Je présup-
pose qu'il l'a déja apprise avec d'autres études, dans sa patrie.
Et d'autant qu'il en doit achever ici son cours, je lui conseille

qui concerne plus directement sa future profession. Si, par exemple, c'est à l'état militaire qu'il
se destine, qu'il étudie surtout l'art des fortifications. Il existe à Paris une foule de maîtres qui
se vantent de connoître à fond les mathématiques,
mais ce sont de vrais gâte-métier qui amusent
leurs écoliers à des problèmes inutiles. Les bons
maîtres sont rares et se font payer cher. M. Chevalier, de l'Académie des sciences[1], prend par
mois trente-six livres, qui font un peu plus de
dix écus de notre monnoie, et il ne donne que
trois leçons par semaine : mais c'est un maître
excellent. Il a adopté les principes et il se sert
des manuscrits du célèbre Vauban, qu'il a accompagné dans ses campagnes. Les ingénieurs
destinés au service du Roi ne sont reçus qu'après
avoir été examinés par lui. Il enseigne depuis
longtemps, il s'exprime avec clarté et précision,
se montre infatigable dans ses démonstrations.
Il vaut mieux dépenser un peu plus et bien employer son temps.

On doit aussi se perfectionner dans l'art du
dessin. Certains professeurs enseignent seulement
le dessin appliqué aux fortifications, la manière
de lever un plan et de le laver, par exemple;

---

de s'appliquer à la *partie de la Mathematique* qui sert le
plus à sa future profession, et de la cultiver. Par ex. si quelcun veut *prendre le parti des armes*, qu'il se fasse montrer
dans la *Fortification* tout ce qui en fait partie... ».]

[1 Il fut reçu membre associé en 1707.]

mais ceux qui voudroient aller plus loin, apprendre même la peinture, trouvent les plus excellens maîtres à l'académie des peintres, au
Louvre. Quelques-uns d'entre eux excellent dans
la miniature, d'autres dans le portrait, le paysage,
les fleurs, la peinture sur émail, etc.

Il y a encore la musique vocale et instrumen-
tale. Si on les a cultivées déjà, l'on fera bien de
s'y perfectionner. Cela donne entrée à un jeune
homme dans le grand monde, il peut assister aux
meilleurs concerts et consacrer agréablement de
nombreuses heures à cet innocent plaisir[1]. Il ne
manque pas ici de maîtres excellens pour toutes
sortes d'instrumens, et je doute fort que l'on
trouve jamais tant d'habiles gens ailleurs qu'à Pa-

---

[1] J'ai assisté à plusieurs concerts chez le duc d'Aumont,
ambassadeur en Angleterre après la paix d'Utrecht; chez
l'abbé Grave; chez mademoiselle de Macs, qui en donne un
par semaine, et puis chez M. Clérambault qui en eut un environ tous les quinze jours ou trois semaines. Ces concerts
furent dirigés par les meilleurs maîtres de Paris. Celui de
M. Clérambault eut ceci de remarquable qu'une jeune fille
d'environ onze ans jouoit du clavessin avec une habileté et
une grâce peu communes. Les concerts de la fameuse damoiselle La Guerre ont cessé depuis quelques années. Cette damoiselle a composé de belles pièces et même quelques opéras
dans sa jeunesse.
[Louis-Nicolas de Clérambault, mort en 1749, organiste de
Saint-Sulpice et de la maison de Saint-Cyr, a écrit un grand
nombre de cantates et un opéra : *Le soleil vainqueur des
nuages.* — Élizabeth Jacquet de Laguerre, morte en 1729,
improvisait sur l'orgue et le clavecin. On lui doit un opéra :
Céphale et Procris.]

ris. Je connois près de trente compositeurs qui
se sont rendus célèbres dans leur art. Celui qui a
entendu la musique dans la chapelle du Roi, les
jours de fêtes et d'autres solennités, doit avouer
qu'il n'y a rien au monde de plus beau et de plus
achevé en ce genre. Les instrumens que l'on pré-
féroit en ce tems-là à Paris sont le clavessin et la
flûte traversière ou allemande. Les François jouent
aujourd'hui de cet instrument avec une délicatesse
extrême[1].

Les exercices que cultivent à Paris les personnes de condition sont la danse, l'escrime et
le manège. Il n'est pas difficile de prouver combien la danse recommande un jeune homme.
Tout le monde apprend aujourd'hui à danser un
menuet ; c'est au point que, même les compagnons cordonniers et tailleurs prétendent y ex-
celler. « La danse, écrit Senault, forme le corps

---

[1] Il faut distinguer entre jouer du clavessin et jouer de
l'orgue. Les Allemans surpassent beaucoup les François sur
ce dernier point, tandis que les François accompagnent d'une
façon charmante. Ils ont la main prompte et ne donnent rien
de superflu. Les Allemans ont inventé la flûte traversière ou
la grande flûte de travers, qui a gardé le nom de flûte allemande ; mais les François en jouent mieux que les Allemans
eux-mêmes. Ainsi, l'hombre se joue aujourd'hui plus exactement en France qu'en Espagne où ce jeu a été inventé. Les
François excellent à perfectionner ce que les autres ont
inventé.

[J'abrège beaucoup cette dernière phrase, dont voici le
texte : « Les *François* peuvent facilement et heureusement
adjoindre leurs adinventions à des choses que d'autres ont déjà
inventées. »]

des jeunes gens, elle leur apprend à marcher de bonne grâce, et elle leur donne je ne sais quelle distinction qu'on ne remarque pas en ceux qui ne l'ont pas apprise[1]. » Il est pourtant remarquable qu'on voit peu de François qui dansent bien et qui ont envie d'apprendre à danser. Je n'en saurois dire la raison. On trouve dans une salle de danse dix étrangers contre un François. Quelques-uns ont même brillé dans cet exercice jusqu'à égaler M. Balon, un des plus grands maîtres de nos jours. Après M. Balon, M. Blondi et M. Marcel[2] sont aujourd'hui les plus renommés. Qu'on aille donc s'exercer chez le maître le plus célèbre. L'air, la grâce, la souplesse qu'un tel maître vous donne vous demeurent à jamais. On n'arrive à rien avec les gâte-métier que la nécessité force à prendre des écoliers. Un des frères Dumoulin[3], qui a un défaut sur l'œil, est inimitable dans la danse grotesque.

L'escrime est un des exercices les plus néces-

[1 *Le monarque ou les devoirs du souverain,* par le P. J.-F. Senault. Paris, 1661, in-4°. Réimprimé en 1662 et en 1664. La citation est très exacte, elle se trouve p. 213 de l'édition de 1662.]

[2] Il danse dans l'opéra les furies, les tempêtes et toutes les danses véhémentes.

[3] Il y a à Paris quatre frères de ce nom, tous quatre danseurs de l'Opéra. Deux d'entre eux sont renommés pour les grotesques, les canaries, les gigues, les bourrées et autres danses semblables.

[La canarie était une danse très bizarre, que l'on trouve citée dans d'Aubigné, dans Brantôme, etc.]

saires et les plus utiles. Elle enseigne à se défendre,
elle développe l'adresse et la grâce. Quelques-
uns disent que les leçons sont oubliées dès que
l'on tient une épée au lieu d'un fleuret. Ce n'est
pas mon avis. Le plus souvent c'est par sa faute
qu'un homme est malheureux en duel, c'est parce
qu'il a quitté son terrain pour se jeter sur son
ennemi avec trop de chaleur. Il peut arriver
ainsi que le plus habile maître d'armes soit enfilé
par son propre écolier, même peu exercé, surtout
si le maître dédaigne trop son adversaire. Quand
un Anglois se bat contre un François, l'Anglois a
ordinairement le dessous ; tous deux s'attaquent
avec fureur, mais le François est plus habile. En
revanche, si le François a pour adversaire un
homme d'une autre nation, celui-ci en fait ce
qu'il veut s'il soutient de sang-froid la première
attaque, qui est très chaude. Les François se
montrent grands amateurs de cet exercice, aussi
les maîtres sont-ils nombreux à Paris[1].

Les François regardent le manège comme le
plus nécessaire de tous les exercices pour un
gentilhomme. Cet exercice est, en effet, très
noble. Mais il absorbe beaucoup de temps, que
l'on pourroit donner à des choses plus importantes quand l'on est à Paris. Il faut monter

---

[1] M. Rousseau, le jeune, est à présent le plus renommé
dans cet art ; on lui a promis la place de maître d'armes du
Roi. Il montre à beaucoup de princes et autres personnes de
qualité.

à cheval l'avant midi, et attendre quelquefois
longtemps son tour à cause du grand nombre
des écoliers; sans parler de la lassitude que
laisse après lui le manège, de sorte qu'au retour,
on traite fort négligemment les autres études.

Il y a quatre manèges ou académies, comme
on les appelle, dans le faubourg Saint-Germain.
Ce sont celles de M. Lonpré, de M. du Gast [1],
de M. Vandeuil, et celle de M. de la Guérinière
ouverte depuis peu. Tous ces établissemens sont
bien tenus et fréquentés par des princes et autres
grands seigneurs. L'on dit que les manèges de
France donnent à un jeune homme bel air et
bonne grâce à cheval, mais le véritable manège
s'apprend beaucoup mieux en Allemagne, en
Danemark et en Suède. Cet exercice est le plus
dispendieux de tous à Paris, car on paye par mois
cinquante et le premier mois cent francs, non
compris bien d'autres menues dépenses [2].

---

[1] La fille de M. du Gast qui, durant mon séjour à Paris,
avait environ dix-huit ans, monte d'une façon admirable. Je
l'ai vue, en présence du pape Bentivoglio et en d'autres occasions, faire une foule d'exercices à cheval et l'emporter sur
tous les élèves qu'avoit formés son père.

[Dans le pape Bentivoglio, il faut sans doute reconnaître le
cardinal de ce nom, qui fut nonce en France. Au lieu de du
Gast, peut-être faut-il lire Dugard; son manège, fort à la
mode, était, il est vrai, situé non au faubourg Saint-Germain,
mais près du jardin des Tuileries, dans un local où se réu-
nirent sous le Directoire les derniers Jacobins.]

[2] M. Vandeuil donna, de mon temps, deux carrousels
publics, mais la bourse de ses écoliers en a été bien allégée.

La répartition des études et des exercices auxquels doit se livrer un homme de qualité se peut
régler ainsi qu'il suit. Le maître de langues
arrivera à sept heures du matin; de huit à neuf,
on a le temps de répéter sa leçon, d'écrire une
lettre et de se rendre la grammaire familière.
Que le maître de mathématiques vienne à neuf
heures; de dix à onze, on travaillera la leçon
qu'on a prise. Puis on se rendra à la salle d'armes.
De midi jusqu'à une heure, on doit prendre un
peu de repos avant le dîner, en lisant un ouvrage
qui éveille l'esprit; si on a dessein d'aller ce jour-
là à la comédie, on peut lire la pièce qui va être
jouée. A une heure, on dîne presque partout dans
les auberges. Au sortir de table, on dessinera,
et à trois heures on se rendra à la salle de danse.
Quand on aura renoncé au maître de langues, on
pourra commencer la journée par l'étude de l'histoire de France et de la généalogie. L'on trouve à
Paris des maîtres qui enseignent aussi ces sciences
et qui ont quelquefois des particularités qu'on ne
trouve pas dans les livres. L'on doit continuer
les mathématiques et la danse jusqu'à ce que
l'on croie les posséder suffisamment. L'avant-
midi, la danse et le manège remplaceront l'escrime. Toutefois, je conseille de prendre les
leçons de manège durant les six derniers mois
seulement que l'on compte passer à Paris; cet
exercice nous fait perdre trop de temps, et
puis, c'est une grande fatigue de tirer des armes,

de danser et d'aller à cheval le même jour : l'on n'est plus guère capable ensuite d'autre chose. Au lieu de dessiner ou de peindre, on peut prendre un maître de musique et employer la fin de la journée à visiter les bibliothèques, les savans, les artisans et les ouvriers ; on peut aussi consacrer ces heures-là aux visites, aux promenades, aux spectacles, aux concerts et autres divertissemens de ce genre.

Si un jeune homme distribue ainsi son temps pendant qu'il est à Paris, je lui affirme qu'il l'emploie bien.

CHAPITRE V

COMMENT IL SE FAUT HABILLER.

Il y a beaucoup de gens qui n'attachent aucune importance à la toilette ; l'on peut cependant deviner la qualité et le caractère d'un homme par son costume. Il me souvient d'avoir connu, durant mon séjour à l'Université, un étudiant qui, ayant quelque fortune, chercha à se distinguer par sa mise bizarre ; il portait un juste-aucorps bleu et chamarré, une veste rouge, des culottes de velours vert et des bas noirs. On le prit pour un écervelé, et de fait il n'y eut jamais au monde un personnage plus absurde et plus fantasque que lui

2.

S'il existe un pays où l'on sait se bien habiller et avec goût, c'est en France. Les François ont un art particulier pour bien assortir un costume. Les dames surtout savent se donner de petits airs avec presque rien. Elles ont je ne sais quoi de charmant, lors même qu'elles portent seulement une robe de chambre et une petite coiffure. Aussi les modes françoises sont-elles si recherchées chez nous et en plusieurs autres pays.

La première règle à observer par un étranger est de ne pas se singulariser, mais de s'habiller comme tout le monde. Si vous êtes à Rome, il faut vivre en tout comme les gens de Rome, dit le vieux proverbe. Ce n'est pas assez de ne se point habiller en Espagnol ou en Polonois : si vous avez apporté quoi que ce soit qui ne se concilie pas avec la mode de Paris, il y faut aussitôt renoncer[1]. Florinde vint ici avec une garniture de boutons d'acier à fleurs d'or, de ceux que l'on nomme boutons de Berlin : tout le monde le regarda avec étonnement. Sylvius eut un collet et des paremens de velours à son juste-au-corps : on le prit pour un laquais portant la livrée de son maître. Balde nouvellement arrivé, entra dans un café avec un colletin de peau, une

---

[1 Il y a dans le texte : « Il n'est pas ici assez de ne pas s'habiller à la façon des *Espagnols* en Espagne ni à celle des *Polonois* en Pologne, mais si on a apporté à *Paris* quelque chose d'autre païs qu'on ne porte pas à *Paris*, il le faut quitter d'abord. »]

culotte de cuir et des bottes : il passa pour un campagnard descendant de cheval. Toutefois, les Anglois ne modifient pas volontiers leurs modes quand ils sont à Paris. Ils gardent ordinairement leurs courts juste-au-corps, leurs petites cravates, leurs petits chapeaux et leurs étranges perruques.

Pour tout ce qui concerne le costume, il vaut mieux imiter les François, non qu'il soit honteux de paroître étranger, mais parce qu'il est inutile que toute la canaille s'aperçoive que vous l'êtes. Les gueux, les cochers, les décrotteurs ne vous laissent point en repos et veulent tous tirer quelque chose de vous. Ils ne s'attaquent pas si volontiers aux François.

N'étalez pas un luxe supérieur à votre condition. Quelques-uns croient qu'on les honorera davantage quand ils seront couverts d'or et d'argent, mais ils se trompent fort. C'est la personne, non l'habit doré qu'honorent les François dans un étranger dont ils connoissent le rang et le caractère. Ne vous parez pas comme une femme, mais gardez-vous aussi d'être mal-propre sur votre personne ou crasseux sur vos vêtemens.

Il faut être pourvu de linge fin et en mettre du blanc tous les jours. On reconnoit à cela un homme de qualité.

Il suffit donc à un gentilhomme de se commander un habit chamarré. En effet, des solennités ont lieu à la Cour qu'un étranger est curieux de

voir, et comme elles attirent toujours une grande
foule, on n'y est pas admis sans peine ; mais avec
un habit chamarré et une bonne mine, on peut
passer pour un officier, et en France les officiers
sont fort estimés et accueillis partout. J'ai connu
des étrangers de condition qui, habillés en uni et
sans galons, ont été repoussés par les Suisses
postés à l'entrée des appartemens, tandis que
d'autres bien chamarrés passoient hardiment.
L'abbé de Bellegarde, homme fort aimable à
qui j'ai eu souvent l'honneur de parler, s'exprime
sur ce sujet en termes très expressifs : « Un habit
doré, dit-il, donne des entrées dans des lieux où
l'on ne seroit pas souffert si l'on étoit plus mal
vêtu. Le mérite n'est pas gravé sur le front. Un
sot avec un extérieur brillant marche sur le
ventre à un bel esprit qui n'a pour son partage
que beaucoup de savoir [1]. » Outre cet habit
galonné, il faut aussi en avoir un simple. J'entends par là un vêtement de même étoffe et de
même couleur, juste-au-corps, veste et culotte,
sans galons d'or ou d'argent. La doublure sera
de taffetas ou d'un autre tissu de soie. Qu'on se
fasse faire aussi une veste de drap d'or ou
d'argent : elle s'harmonise avec toute sorte d'habit et produit un bel effet. Un surtout d'écarlate
est utile quand il pleut, et est reçu dans les socié-

[1 *Réflexions sur le ridicule et les moyens de l'éviter*. La
citation, très exacte, se trouve p. 161 de l'édition donnée en
1697.]

tés du second rang. Il faut aussi être pourvu d'un habit noir. La Cour prend le deuil au décès des souverains étrangers; toutes les personnes de condition portent alors des vétemens noirs, au milieu desquels un habit de couleur fait pauvre figure. Les costumes brodés et superbes sont l'apanage des hommes de grande distinction et de grandes richesses qui ont plusieurs autres habits et peuvent en changer journellement.

Qu'on choisisse un tailleur en réputation, il vaut mieux payer un peu plus et ne pas risquer de perdre une belle étoffe. Presque tous les tailleurs dérobent, et il vaut mieux être volé par un bon ouvrier que par un mauvais[1]. Je parlerai plus loin des précautions qu'il faut prendre avec les marchands pour n'en être pas trompé.

En ce qui concerne la perruque, ne regardez pas à quelques écus de plus ou de moins. Une perruque bien faite est l'ornement du visage, la plus noble partie de l'homme. Qu'on fasse mettre l'une sur les cordes pendant qu'on portera l'autre, et qu'on en change ainsi tous les mois; l'on ne sauroit croire combien cela conserve les perruques[2]. Je crois superflu de dire qu'il faut être bien chaussé, les souliers et les bas ne constituent pas une grosse dépense.

[1 Le client fournissait toujours l'étoffe au tailleur. Voy. *Les magasins de nouveautés*, t. I.]
[2 Sur l'usage des perruques au dix-huitième siècle, voy. *Les soins de toilette*.]

CHAPITRE VI

SI ON DOIT PRENDRE POUR VALET UN FRANÇOIS.

L'on ne sauroit se passer à Paris d'un servi-
teur. La servante de l'auberge où vous logez ou
de la chambre garnie que vous occupez ne vous
rend d'autre service que de faire le lit et de tenir
la pièce propre. Il est donc indispensable qu'un
homme de qualité ait un valet, et il n'est pas
difficile d'en trouver un. Ils sont très nombreux
et appartiennent à toutes sortes de nations; la
plupart d'entre eux, mariés et établis à Paris, ne
connoissent d'autre métier que celui de servir
les étrangers. Quand un maître les quitte, ils
en cherchent un autre, et continuent ainsi jusqu'à ce que l'âge les en ait rendus incapables.
J'en ai connu qui avaient cinquante et même
soixante ans. Ils ne servent pas volontiers leurs
compatriotes et préfèrent de beaucoup les étrangers, qui sont moins exigeans. Pendant que le
maître prend ses leçons, le valet fait ce qui lui
plaît; une fois le maître couché, le valet s'en va
retrouver sa femme, et ne revient que le lendemain matin. Un étranger ayant en général peu
de relations à Paris, sa vie est bien réglée, ce qui
plaît fort aux valets. Ceux-ci tirent profit des
voyageurs, non seulement pendant leur séjour,

mais aussi au moment de leur départ; car on
leur abandonne alors une foule de bagatelles
dont on ne veut pas se charger en route. Les
François ne ménagent pas leurs valets et la connoissance qu'ils ont du pays les rend plus difficiles à tromper. Je connois des Allemans qui ont
choisi des valets de leur nation, les supposant
plus fidèles que les François, et ils ont eu lieu de
s'en repentir. Les valets allemans qui viennent
servir en France sont ordinairement des vauriens
ou des déserteurs. Mon avis est donc que l'on
s'adresse à un François, celui-là du moins ne
pourra, sous prétexte qu'il est compatriote de
son maître, vouloir faire pardonner son inexac-
titude ou ses fautes. De plus, on s'exerce bien
mieux dans la langue en parlant à un valet françois.

Qu'on ne prenne pas le premier qui se présen-
tera; que l'on s'informe de lui auprès des personnes qui le fréquentent et de celles qu'il a ser-
vies. Il faut aussi lui faire donner caution, on
risque trop à confier sa personne et son bien à
un homme que l'on connoît à peine.

Qu'on ne prenne pas un valet trop jeune. Ils
ne sont bons qu'à badiner. Ce sont des marauds,
coureurs de gargotes et de mauvais lieux. Ils
conseillent mal leur maître et, pour s'insinuer
dans leur confiance, leur facilitent toutes sortes
de débauches.

Qu'on ne prenne pas non plus un homme trop

âgé. Les vieillards ne sont pas toujours de bonne humeur, et il est très ennuyeux pour un maître de devoir ménager l'esprit bizarre d'un valet et de régler là-dessus ses actions. En outre, un vieillard veut faire le maître valet, surtout auprès des jeunes gens, donner des leçons à son maître, lui enseigner comment il se doit conduire.

Qu'on choisisse donc un valet d'âge médiocre, qui ait bonne mine, qui soit sain, de belle taille, et recommandé par d'honnêtes gens qui répondent de lui.

Il faut dire à la louange des valets françois qu'en général ils sont fidèles. Les exemples sont rares de ceux qui ont abandonné ou volé leur maître, et un étranger a le droit, comme un François, de faire arrêter son valet pour le vol d'une bagatelle. La justice de Paris ne fait pas grande cérémonie en ce point : celui qui a volé aujourd'hui peut être pendu demain. De plus, les valets françois sont prompts et alertes, bons à tout. Je crois qu'ils passeroient au travers du feu pour l'amour de leur maître. Ils l'aiment et le respectent, prennent bien soin de ses hardes. Si le maître a une querelle, ils ne l'abandonnent pas, risquent même leur vie pour lui. Mais ils sont intéressés au dernier point ; c'est le plus grand défaut que j'ai remarqué en eux, et tous l'ont plus ou moins. Ils ne dérobent pas, mais tirent gain de tout. Par exemple, si vous les envoyez acheter une livre de poudre, ils paieront

huit sols et vous en compteront neuf ou dix ; il en
sera de même pour le bois, les chandelles, le
sucre, le thé, le vin, etc., toutes bagatelles qui
finissent par faire une somme. Ils lèvent aussi
une contribution sur les tailleurs, les cordonniers, les perruquiers, les gantiers, à qui ils font
accroire que c'est grâce à eux que leur maître
les emploie. Ces sortes de gens se soucient peu
d'abandonner quelque bribe à des valets qui
peuvent leur procurer la pratique des étrangers.
Il faut donc être sur ses gardes quand un valet
recommande des marchands ou des ouvriers :
tout en s'entendant très bien avec eux, il fein-
dra au besoin de prendre les intérêts de son
maître.

En somme, si l'on est satisfait de son valet,
qu'on le conserve pendant le séjour que l'on fait
à Paris : c'est encore le mieux. Mais si un valet
ne garde plus de mesure, s'il est insolent, il faut
lui donner son congé et en prendre un autre.
Mais que l'on ait soin de ne pas tolérer au début
trop de licence, le pli une fois pris le seroit pour
toujours. Les valets sont hardis[1]. Si on leur
abandonne un doigt, ils veulent avoir toute la
main. Un valet coûte par jour un franc ou vingt-
cinq sols, avec lesquels il se nourrit et s'habille.

[1] Le proverbe dit : Les valets allemans sont camarades
de leurs maîtres, les anglais esclaves, les italiens respectueux,
les espagnols soumis ; les valets françois sont les seuls qui
commandent à leurs maîtres.

Comme aux laquais, il leur est défendu de porter
l'épée, à cause de leur nombre[1] et des querelles
qui s'élèvent entre eux.

CHAPITRE VII

COMMENT IL SE FAUT SERVIR DES SPECTACLES.

L'on a à Paris trois sortes de théâtres, le
Théâtre françois[2], le Théâtre italien et l'Opéra.
Les comédies françoises sont, les unes de
Molière, les autres d'écrivains nouveaux, comme
les deux Corneille, Baron, Dancourt, Poisson,
Regnard, Le Grand et autres ; les tragédies sont
aussi des deux Corneille, puis de Campistron, de
Racine, de Crébillon, etc. A Paris, dit-on, la
tragédie est jouée dans la perfection ; mais j'en
ai peu vu durant mon séjour, car j'aime mieux
lire les tragédies que les voir représentées. Les
gens qui vont au spectacle pour s'amuser n'y
manquent guère quand on donne *Le joueur*,

---

[1] L'on compte près de cent mille de cette sorte de gens à
Paris.
[Chiffre très exagéré. Voy. *L'enfant*, t. II, p. 59.]
[2] Il y eut autrefois un Théâtre françois au Marais, mais il
a subsisté peu de temps.
[Il subsista jusqu'en **1673**, année où les comédiens se réu-
nirent les uns à la troupe de l'hôtel de Bourgogne, les autres
à celle de Molière.]

*Tartuffe, Amphitryon, L'homme à bonnes for-
tunes, Le malade imaginaire, Le jaloux désabusé*
et semblables pièces comiques. Elles sont incomparables et bien jouées, surtout quand Poisson[1]
ou La Torillière[2] font le rôle du valet ou crispin.
Cette troupe est dite *Les comédiens du Roi*[3]. Ils
furent jadis subventionnés par la Cour ; mais aujourd'hui ils n'ont pas de directeur, et ils se partagent chaque soir la recette que la pièce vient
de faire[4] : l'un reçoit part entière, un autre la
moitié, d'autres un quart, un huitième, un
seizième, selon sa capacité et le rôle qu'il rem-
plit. La maison où est le théâtre[5] a été bâtie à
leurs dépens. Ils sont aussi obligés de payer eux-
mêmes leurs costumes et leurs perruques de
théâtre. D'où il résulte que les comédiens sont
habillés plus pompeusement et plus richement

[1] Crispin est le rôle favori de Poisson, quoique Murail le
joue aussi très bien.
[Raimond Poisson, mort en 1690, avait débuté à l'hôtel de
Bourgogne.]
[2] Pierre Lenoir de La Thorillière, mort en 1731, à l'âge
de 75 ans.]
[3] Cette troupe se composait de celle de l'hôtel de Bourgogne, de celle du théâtre du Marais et de celle de Molière.
Pendant les trente-cinq dernières années du règne de Louis XIV,
il n'y eut plus qu'un seul théâtre à Paris, celui des Comédiens
du roi.]
[4] L'on croit que la Comédie de Paris fait plus d'argent que
l'Opéra.
[5] Elle est au faubourg Saint-Germain dans une rue qui
porte le nom de rue de la Comédie.
[Aujourd'hui rue de l'Ancienne-Comédie.]

que les acteurs de l'Opéra[1], qui sont habillés
par le théâtre. Ils jouent tous les soirs, excepté
les quinze jours qui précèdent Pâques et les huit
jours qui le suivent, comme aussi le premier
jour de deux autres grandes fêtes, la Toussaint
et la Conception de la Vierge, auquel temps les
spectacles de Paris ferment leurs portes.

Après la mort de Louis XIV, le Régent[2] auto-
risa les comédiens Italiens à rouvrir leur théâtre
dans l'hôtel de Bourgogne[3]. Ils avoient dû le
fermer vingt ans auparavant[4], à cause des liber-
tés qu'ils prirent dans leurs pièces, où ils
n'épargnoient ni la Cour, ni les grands seigneurs[5].
Ils s'intitulent *Troupe italienne de Son Altesse
royale le duc d'Orléans*, parce qu'ils doivent à ce
prince leur rétablissement. Les acteurs sont

[1] On prétend qu'il y en a quelques-uns dont la garde-robe
vaut depuis vingt jusqu'à trente mille écus.

[2] Le duc d'Orléans.

[3] Il est ainsi appelé parce que les anciens ducs de Bourgogne y ont fait leur séjour.

[[4] « Tout le monde y courut, mais après trois ou quatre
représentations qu'ils donnèrent de suite, ils eurent ordre de
fermer leur théâtre et de vider le royaume en un mois. »
Saint-Simon, t. I, p. 427.]

[5] Madame du Noyer en donne la raison dans le premier
tome de ses *Lettres galantes,* lettre VI, où elle écrit : « Les
comédiens italiens se sont ressentis de sa mauvaise humeur
[elle parle ici de madame de Maintenon]. On les a chassés
pour avoir joué *La fausse prude,* dans laquelle on dit que
Madame de Maintenon s'est reconnue. Tout Paris regrette
cette perte. »

[Cette citation, très exacte, figure t. I, p. 44 des *Lettres
historiques et galantes* de Mme Dunoyer.]

presque tous bons, surtout Lelio[1] et l'Arlequin. Mais ce théâtre paroît avoir peu d'avenir, car il n'est guère fréquenté que par les habitans du Marais.

Le troisième théâtre de Paris est l'Opéra, où l'on joue surtout[2] des tragédies, et où tout se passe en musique, dont on fait presque plus de cas que des paroles. Les pièces de Lulli sont les meilleures, quoique plusieurs nouveautés ne soient pas à dédaigner, telles que *Iphigénie*, *Callirohé*, *Médée et Jason ;* d'autres aussi ne manquent pas non plus de mérite[3].

Les personnes appartenant à l'Opéra, chanteurs, danseurs, joueurs d'instrumens, forment une petite république composée d'environ deux cens personnes. Les moindres d'entre eux sont ceux qui exigent les billets auprès des portes et des loges, ceux qui reçoivent l'argent et ceux qui manœuvrent les machines. Tous sont sous l'autorité du duc d'Aumont, directeur général des bâtimens du Roi. M. de Landeviseau, maître

[1] Nom de théâtre de Louis Riccoboni qui, vers 1716, avait amené en France une troupe de comédiens italiens.]

[2] Je dis surtout, car on y joue aussi des ballets, des pastorales et d'autres petites pièces, par exemple *Les fêtes vénitiennes*, *Les amours déguisés*, *Les fêtes de l'été*, *Les fêtes de l'Amour et de Bacchus*, principalement en été où il y a peu de spectateurs.

[3] M. des Touches, inspecteur général de l'Académie royale de musique, dirige les vieux opéras, instrumens et chant. Les auteurs le font eux-mêmes dans les nouvelles pièces. M. Rebel conduit l'orchestre, et M. Pecourt le vieux les ballets.

des requêtes, le représente à l'Opéra. L'administrateur est M. Francine, maître d'hôtel ordinaire
du Roi[1]. Les recettes sont d'environ 300,000 livres,
les frais se montent aux deux tiers.

· L'Opéra joue trois fois par semaine, le dimanche, le mardi et le vendredi[2]. La salle est située
au Palais-Royal[3], édifice bâti par le cardinal de
Richelieu et que le Roi a donné au duc d'Orléans. Cette salle est trop petite, quoique le cardinal l'eût destinée aux tragédies qu'il fit jouer
dans son palais[4]. Après sa mort, les comédiens

---

[1] Il y a peu de temps que M. Francine, accablé de dettes,
abandonna cette charge à quelques banquiers de Paris, se
réservant une pension de douze mille livres pour son privilège.

[2] En hiver, on joue aussi le jeudi, et alors l'on donne un
ballet ou quelque autre petite pièce. En juillet 1723, cinq
artistes d'opéra sont venus de Londres à Paris pour donner
des représentations, il y a deux femmes, deux châtrés et une
autre personne. Le Roi fournit à chacun un costume et une
gratification de trente-cinq mille livres. Ils pourront prendre
douze violons de l'orchestre et autant de chanteurs et de danseurs qu'ils voudront. Chacun de ces derniers recevra vingt-
trois livres. Le Roi va faire hausser d'un tiers le prix des
places.

. [3 Cette salle, détruite par le feu en 1763, fut reconstruite
en 1770 et brûlée de nouveau en 1781. On transporta alors
l'opéra boulevard Saint-Martin. Voy. *L'enfant*, t. I, p. 165.]

; [4] Ce seigneur a eu une passion singulière pour la tragédie.
Ses importantes occupations ne l'ont pas empêché de fréquen-
ter les théâtres, et même de composer une tragédie intitulée
Mirame, qui fut représentée dans son palais.

: [C'est à cette occasion que Richelieu fit construire la salle
dont il vient d'être parlé.]

Le Palais Royal.

ordinaires du Roi l'ont occupée; puis, le Roi
s'étant installé à Versailles et l'Opéra ayant
abandonné les Tuileries, la salle du Palais-Royal
fut donnée à Lulli. Quant aux comédiens, ils
firent bâtir à leurs frais, comme je l'ai dit ci-dessus[1], une maison au bas de la rue Neuve-des-
Fossez-Monsieur-le-Prince, que quelques-uns
nomment encore rue de la Comédie. Il faut faire
remarquer qu'un gentilhomme ou une dame
noble peuvent paroître sur la scène de l'Opéra
sans déroger, mais s'ils s'enrôlent dans la troupe
des comédiens, ils perdent la noblesse[2].

A propos des spectacles, j'avertis les étrangers
qu'ils doivent bien se garder de lier connoissance
trop étroite avec les dames de l'Opéra ou de la
Comédie. Presque toutes celles qui ont un peu
de beauté sont entretenues par d'illustres et
riches seigneurs. Des ducs et pairs en ont même
quelques-unes pour maîtresses. Je connois plusieurs de mes compatriotes qui ont pensé toucher le ciel avec le doigt quand ils sont parvenus
à contracter avec une d'elles quelque alliance
amoureuse. Philémon, fils d'un riche négociant
allemand, s'attacha à Angélique, chanteuse de
l'Opéra. Il assistoit à toutes les répétitions, cour-

[1 Voy. ci-dessus, p. 39.]
[2] Peut-être est-ce en raison de l'excommunication qui
frappe les comédiens. Mais ceux de l'Opéra sont considérés
comme vertueux, aussi le théâtre est-il appelé *Académie
royale de musique*.

tisant sa maîtresse sur le théâtre. Il l'adoroit,
dépensoit beaucoup pour elle, s'imaginant avoir
affaire à une Lucrèce, tandis que la belle étoit
la plus débauchée des filles de cette sorte.

· Toutes diffamées qu'elles sont, ces créatures
s'entendent mieux à séduire un cœur que les
plus honnêtes personnes. On trouve, hors de la
Comédie et de l'Opéra, bien d'autres femmes
belles et charmantes, mais une intrigue avec
une actrice semble plus séduisante. On oublie
que ces dernières n'ont pour elles que le pres-
tige de la scène, et que, vues ailleurs, elles perdent la moitié de leur beauté. Celle-ci consiste
surtout dans le rouge et le blanc dont elles se
couvrent. Elles ressemblent aux pommes de
paradis : leur apparence est d'une beauté incomparable, leur dehors est charmant, mais dès
qu'on les touche, elles tombent en poussière. Il
en coûte cher pour nourrir de pareils chevaux.
Il faut avoir la bourse bien garnie pour l'emporter, dans ces marchés, sur les riches seigneurs
françois, car ces dames sont difficiles à satisfaire.
L'on rit de Philémon, qui s'estime très heureux
de grappiller après un duc et pair, ou se montre
très fier d'avoir remplacé tels grands personnages.
Pourtant l'amour de ceux-ci pour des femmes
semblables est rarement de longue durée, et
l'auteur de l'*Arlequin misanthrope* dit avec raison : « Si vous voulez voir les fortunes de théâtre,
les voilà : un moment les élève, un moment les

détruit[1]. » Je ne parle pas des inconvéniens, des querelles auxquels exposent ces liaisons dans lesquelles on risque sa santé ou sa vie. Il est donc plus sûr de ne pas se trop familiariser avec les femmes de ce genre. On peut, si l'on se trouve près d'elles au théâtre ou ailleurs, ne pas leur marchander les civilités ; mais, à part cela, il faut les laisser pour ce qu'elles sont.

A la Comédie, un homme de qualité se place sur le théâtre, dans une première loge ou au parterre, rarement aux secondes loges qui sont destinées aux bourgeois, jamais à l'amphithéâtre où s'assemble toute la racaille. Toutefois, à l'Opéra, l'amphithéâtre est honorable au même titre que les premières loges. Les secondes loges sont encore acceptables, ainsi que le balcon situé à côté du paradis ; pour ce dernier, il n'y faut point penser. Le balcon situé tout en bas, près de la scène, est occupé par des gens de qualité, et coûte dix livres par personne. Des gens de la plus haute distinction se placent quelquefois au parterre, parce qu'ils y trouvent l'avantage de pouvoir entrer et sortir sans déranger personne.

Au parterre de la Comédie ou de l'Opéra, il faut se bien garder de siffler quelque acteur ou de battre des mains pour se moquer de lui. On

[1 L'*Arlequin misanthrope*, par Brugière de Barante, pièce jouée à l'hôtel de Bourgogne en décembre 1696. La citation, tirée de l'acte II, scène VIII, est très exacte.]

risque de s'attirer des querelles, et de pareils insolens ont quelquefois été enlevés du milieu du parterre par les gardes. Un acteur est assez confus quand il se trompe, et il ne faut pas chercher son plaisir dans les fautes d'autrui.

Un étranger peut très bien, sans négliger ses affaires, aller à l'Opéra une fois tous les quinze jours, et à la Comédie tous les huit jours.

Les Jésuites donnent chaque année, avec beaucoup d'apparat, au commencement du mois d'août, une tragédie latine dans leur collège Louis-le-Grand[1]. Comme ces Pères veulent briller en tout, ils ne négligent rien pour augmenter la magnificence de ce spectacle. Le théâtre est orné des plus belles décorations, les

---

[1] L'évêque de Clermont, fils naturel du chancelier du Prat et grand ami des Jésuites, leur donna sa maison de Paris, qu'ils convertirent en un collège appelé par eux d'abord *collège de Clermont*, puis *collège Louis-le-Grand*. Lorsqu'ils le firent réparer, ils substituèrent sur la porte extérieure ces derniers mots à l'inscription primitive : *Collegium Claromontanum Societatis Jesu*. Le fameux Santeuil, chanoine de Saint-Victor, fit alors ce distique :

Sustulit hic Jesum posuitque insignia Regis
Impia gens, alium non novit illa Deum,

qui a été ainsi traduit en françois :

Quoi ! le nom de Jésus est biffé en ce lieu
Et celui de Louis est écrit en sa place !
La profane troupe d'Ignace
Ne reconnoît point d'autre Dieu.

Il faut noter que les Jésuites sont haïs de tous les autres ordres.

acteurs sont parés des plus riches habits ; ils
font venir les meilleurs acteurs et les meilleurs
musiciens de l'Opéra, et placent entre chaque
acte un ballet dont M. Blondi a ordinairement la
direction. La scène est établie en plein air dans
la cour du collège, à cette occasion recouverte
d'un voile. La cour, carrée et très spacieuse,
est garnie de bancs destinés aux spectateurs, et
non seulement toutes les places sont occupées,
mais les fenêtres qui donnent sur la cour sont
garnies de monde. Après la pièce a lieu la dis-
tribution des prix.

Je ne sais si je dois mettre au nombre des
spectacles publics les comédies et les divertissemens que Mme la duchesse du Maine fait parfois
représenter dans sa résidence de Sceaux près
Paris. Elle et ses invités y jouent souvent un
rôle, et c'est une chose extraordinaire qu'une
princesse d'un rang si élevé ait à ce point pris
goût aux spectacles. Ces représentations lui
coûtent fort cher. Elle fait une grosse pension à
Baron[1], fameux comédien, qui ne s'éloigne
guère de Sceaux. M. Balon, qui enseigne la
danse aux fils de la princesse et qui règle les
ballets, est aussi fort bien traité. Les artistes de
l'Opéra appelés à Sceaux pour y chanter, ne
s'en retournent jamais sans présens. Les per-

[1 Baron mourut en 1729, laissant la réputation d'un
admirable comédien et d'un auteur dramatique fort esti-
mable.]

sonnes qui auront l'occasion d'assister à une de ces représentations ne la doivent pas négliger. Ils y verront deux grands maîtres, Balon et Baron, qui ne paroissent plus sur d'autre théâtre ; ils y verront de plus des princes et des princesses de sang royal[1] jouer la comédie en public.

Surtout au moment des foires, il y a encore à Paris d'autres spectacles, des danseurs de cordes, des marionnettes et d'autres jeux dont je parlerai plus au long dans un chapitre spécial.

CHAPITRE VIII

DE LA FRÉQUENTATION DES CAFÉS, DES JEUX DE PAUME ET DES BILLARDS.

C'est une habitude presque générale à Paris de prendre une tasse de café après le dîner. Je ne sais si cette boisson est vraiment saine ; elle fait du bien aux uns, du mal aux autres. On estime que c'est un bon remède contre la mélancolie, témoin certaine dame[2] qui, apprenant que son

---

[1] L'écervelée dont il est ici question était petite-fille du grand Condé et avait épousé le duc du Maine, fils légitimé de Louis XIV.]

[2] L'on prétend que ce fut une illustre duchesse, dont je n'ose divulguer le nom, par respect.

mari avoit été tué à l'armée, s'écria : « Ah!
malheureuse que je suis! Vite, vite, qu'on m'ap-
porte du café! » Les amateurs du tabac en
prennent volontiers une tasse quand ils fument,
ils disent que l'on passe ainsi le temps avec grand
plaisir. La chanson qui recommande tant le café
est connue [1].

Il y a à Paris un nombre infini de cafés. L'on
en trouve jusqu'à dix, douze et plus dans une
même rue; quelques-uns sont très renommés et
fréquentés par des princes et autres grands personnages. L'on y entre sans être toujours obligé
de faire de la dépense. Les cafés qui avoisinent
l'Opéra et la Comédie sont fréquentés par des
centaines de personnes, qu'attire la curiosité de
voir qui entre au spectacle et qui en sort. La
veuve Laurent, dans la rue Dauphine, tient un
café, dit *le café des beaux esprits*, où s'assemblent
certaines gens qui traitent toutes sortes de matières curieuses et spirituelles. Grimarèt, ce célèbre maître de langues, qui a écrit les campagnes du roi de Suède [2], présidait jadis cette
réunion. Il y en a une autre, toute semblable
chez Poincelet, sur la rive gauche, à la descente

[1 Voy. dans cette collection *Le café, le thé et le chocolat*.]
[2 Le Gallois de Grimarèt, mort en 1720, avait pour spécialité d'enseigner le français aux nobles étrangers qui visi-
taient Paris, et, comme Nemeitz, il remplissait auprès d'eux
le rôle de cicerone. Ses *Campagnes de Charles XII*, Paris,
1720, in-12, n'ont aucune valeur.]

du Pont-Neuf. Dans la ville [1], rue Rouillé [2], il en existe encore une autre, rendez-vous de quelques savans qui s'y entretiennent de sujets littéraires : il s'appelle le *café savant*. On en voit encore où se rencontrent les nouvellistes qui raisonnent sur les affaires d'État. Paris possède une foule de fainéans qui ne font tout le jour que courir les cafés pour y apprendre quelque nouvelle.

L'on ne fume point dans ces cafés, comme cela se pratique en Hollande et en Allemagne, car il y a en France très peu de personnes de condition qui aiment le tabac à fumer. On y trouve rarement les gazettes, mais des colporteurs les vendent dans les rues ; on peut aussi aller les lire dans de petites boutiques quai des Augustins. On y trouve le *Mercure galant*, le *Journal des savans*, les *Mémoires de Trévoux*, ceux de *Verdun* et autres publications semblables. Ce n'est pas non plus la coutume de jouer aux cartes ou aux dés dans les cafés, mais on y joue quelquefois aux échecs.

J'approuve qu'un jeune voyageur aille de temps en temps dans ces cafés, l'après-dîner ou vers le soir, pour y écouter la conversation des nouvellistes. Ces gens-là raisonnent quelquefois à tort et à travers, mais ils se montrent aussi parfois très spirituels. L'on n'est pas obligé de se

[1 Voy. ci-dessus, p. 14.]
[2 Je ne connais aucune rue de Paris qui ait porté ce nom ou même un nom analogue.]

mêler à la conversation ni de combattre les opinions que l'on ne partage point. On n'en fait pas
moins de grands progrès dans la langue françoise, et l'on peut se livrer à d'utiles études de
caractères [1].

L'on sert dans les cafés toutes sortes de liqueurs, mais qu'on se garde d'en boire à la glace ;
prises ainsi, elles nuisent à l'estomac et sont très
dangereuses quand on n'y est pas accoutumé ou
que l'on a très chaud : une telle débauche est
ordinairement suivie de fièvre chaude et d'autres
graves maladies.

Le nombre des jeux de paume et des billards
n'est pas inférieur à celui des cafés ; on les rencontre surtout au faubourg Saint-Germain, rendez-vous des étrangers. Le jeu de paume est pratiqué par des rois et des princes, il faut donc
qu'un homme de qualité s'y exerce, surtout s'il
compte s'établir un jour dans quelque cour. Les
grands seigneurs sont séduits souvent par peu de
chose, de sorte qu'un habile joueur de paume
peut parfois, en raison de son adresse, entrer fort
avant dans leurs bonnes grâces. Il ne faut pourtant rien exagérer, ni négliger ses occupations en

[1 Il y a dans le texte : « Quelquefois ces gens là raisonnent
comme une cruche, à tort et à travers, mais quelquefois ils
tiennent des propos très spirituels. L'on n'est pas toûjours
obligé de se mettre de la conversation, ni de soûtenir le contraire, lorsqu'on n'est pas justement de leur opinion. Cependant on s'avance beaucoup dans la langue, et on decouvre à
cette occasion les differens caractéres du monde. »]

passant toute la journée dans les tripots [1]. Qu'on s'y rende les jours où l'on n'a pas de leçons chez soi, et qu'on s'y fasse enseigner quelques coups par le paumier.

On peut très bien se passer du jeu de billard, car un homme de qualité n'est pas forcé de le connoître. C'est ordinairement la distraction des désœuvrés et des ennuyés. J'estime le temps qu'un étranger passe à Paris trop précieux pour qu'il aille le perdre à un jeu si inutile.

CHAPITRE IX

DE LA CIRCONSPECTION DONT ON DOIT USER LE JOUR DANS LES RUES, ET SI L'ON PEUT SANS DANGER LES FRÉQUENTER LE SOIR.

Il faut être attentif lorsque, de jour, on se trouve dans les rues de Paris. Outre la foule de ceux qui vont à pied et qui souvent se heurtent, il y a un nombre considérable de carrosses et de fiacres qui roulent çà et là jusqu'à la nuit noire : ces voitures vont très rapidement, surtout si les chevaux sont bons. Il faut avoir l'œil de tous côtés. On veut éviter la personne qui est devant vous, et l'on est déjà pressé par celle qui vous

[1 Tripot était alors synonyme de jeu de paume.]

suit, car le bruit des voitures empêche de l'entendre. De plus, les cochers sont des marauds,
ils ne crient gare que lorsqu'il est devenu presque impossible de se retirer du chemin : de là,
fréquemment, des rencontres sanglantes quand
chacun veut avoir raison. Le long du Pont-Neuf,
du Pont-Royal et ailleurs aussi, on a placé des
banquettes ¹ pour la commodité de ceux qui vont
à pied : on est ainsi hors d'atteinte des carrosses.
D'autre part, il faut se mettre en garde contre
ceux qui vont à pied, en particulier sur le Pont-
Neuf. Souvent, tandis qu'un étranger s'arrête à
considérer l'incomparable situation de ce pont,
le grand nombre de ceux qui le traversent à pied
ou en carrosse, les différentes marchandises éta-
lées dans les tentes et dans les boutiques placées
de chaque côté du pont, un filou pénètre jusqu'à
lui pour lui couper la bourse.

Lorsque le temps est humide et mauvais, je ne
conseille à personne de se vêtir proprement. La
moindre pluie rend les rues de Paris impratica-
bles : elles sont très vite remplies de boue, et
cette boue augmente sans cesse par le va-et-vient
des passans. On dit que *Lutetia* dérive de *lutum ;*
ma foi, ce peut être vrai, car les rues y sont rare-

[¹ Ces *banquettes,* les premiers trottoirs qu'ait vus Paris,
étaient très élevées ; on y montait par deux marches. Elles ont
subsisté jusqu'en 1854. La première rue où l'on ait établi des
trottoirs est la rue de l'Odéon (alors rue du Théâtre-François),
qui fut percée en 1782.]

ment nettes, en dépit des règlemens des maîtres
de police. Quelque attention que l'on porte à ne
se point salir, il est impossible de se garder propre, et surtout d'éviter les éclaboussures des
passans [1]. Ceux qui se couvrent volontiers
d'écarlate doivent surtout prendre de grandes
précautions, car les éclaboussures laissent des
traces dans le drap rouge, et il est impossible de
les faire disparaître, quel que soit le remède
qu'on y applique. On dit que cela tient à la terre
noire et grasse qui forme la boue de Paris.

Il est très agréable, surtout lorsque le temps
est mauvais, de trouver dans les principales rues
des fiacres et des chaises à porteurs dont on se
peut servir immédiatement. Lorsqu'on va à pied,
on est partout sollicité par des décrotteurs, qui
offrent de nettoyer vos souliers.

Ici, l'on ne salue personne dans la rue, à moins
de rencontrer quelqu'un que l'on connoît particulièrement. C'est une coutume fort commode,
autrement il faudroit avoir constamment le chapeau à la main, quoiqu'il soit de mode à Paris de
porter le chapeau sous le bras, afin de ne pas
gâter la perruque. Quand il fait mauvais, on est
pourtant bien obligé de le mettre sur la tête.

Pour ce qui est de sortir le soir, on peut le
faire en toute sécurité dans les grandes rues jusqu'à dix ou onze heures. Dès qu'il fait nuit, les

[1 Sur tout ceci, voy. *L'hygiène*, p. 148 et suiv.]

gens dont c'est le métier allument, dans toutes
les rues et sur les ponts, des lanternes publiques
qui luisent jusqu'à deux ou trois heures du matin. Ces lanternes sont suspendues en l'air au milieu de la rue, à distance égale les unes des autres,
ce qui est très agréable à voir, surtout d'un carrefour [1]. Nombre de boutiques, la plupart des
cafés, les rôtisseries, les cabarets restent ouverts
jusqu'à dix ou onze heures; les fenêtres de ces
établissemens sont garnies d'une infinité de
lumières qui répandent une grande clarté dans
les rues. C'est pourquoi, surtout lorsque le
temps est doux et agréable, on rencontre ici le
soir autant de monde que dans la journée. Il
arrive donc fort rarement qu'on soit attaqué et
volé dans les grandes rues, où une foule de
monde passe et repasse sans cesse. Mais je n'affir-
merois pas que dans les petites rues, dans les
endroits où il y a beaucoup de coins, on ne soit souvent insulté. Je ne conseille à personne d'aller
par la ville à la nuit noire. Car quoique le guet ou
garde à cheval patrouille par toute la ville pour
y empêcher les désordres, il y a bien des choses
qu'il ne voit pas. On a de cela de nombreux
exemples. Il y a peu de temps, le duc de Riche-
mond, allant en carrosse sur le Pont-Neuf, fut
attaqué à minuit par un inconnu qui lui passa
l'épée au travers du corps : la blessure heureu-

[1 En 1715, Paris comptait 5,522 lanternes de ce genre.
Voy. la légende du *plan de Lacaille*.]

sement ne fut pas mortelle. La Seine, qui traverse la ville, doit entraîner quantité de corps
morts, qu'elle rejette sur la rive dans son cours
inférieur. Il vaut donc mieux ne s'arrêter trop
longtemps nulle part et se retirer chez soi de
bonne heure. On peut avoir encore des fiacres et
des chaises à porteurs jusqu'à dix et onze heures
du soir, mais cette heure passée, on n'en trouve
plus, offrît-on, pour les louer, leur poids d'argent. D'ailleurs, lorsqu'on sort le soir, on doit
toujours faire marcher devant soi son valet muni
d'un flambeau. Il vaut toujours mieux être deux
que seul, et les bandits ne s'attaquent pas volontiers à deux hommes bien résolus et bien armés.
Je ne parle pas de ces femmes qui, le soir, dans
les rues, s'accrochent aux passans. Un honnête
homme fuit toute société de ce genre, qui peut
compromettre sa réputation et causer sa perte.

CHAPITRE X

S'IL EST UTILE DE FAIRE DES CONNOISSANCES.

Il n'est pas difficile de se faire des relations
dans Paris, car les François ne sont pas misan-
thropes. Ils aiment à se lier et à vivre en société,
ils aiment particulièrement les étrangers. Ils sont
curieux, ils s'informent de tout et ils donnent
cent occasions de parler. Cependant un étranger

doit faire grande attention avant de donner sa
confiance. Tels sont de bonne mine, ont de beaux
vêtemens, se vantent d'être comtes et marquis,
qui ne sont quelquefois que de francs filous prêts
à vous duper en paroissant vous rendre service.
D'autres, de bonne maison et assez honnêtes, sont
quelquefois de ces enfans de Paris qui, n'ayant
point de métier solide, perdent leur temps dans
l'oisiveté. Les relations avec ces gens-là sont
non-seulement inutiles à un étranger, mais nui-
sibles et incommodes, puisque ces personnes,
par leurs visites oiseuses, détournent des affaires
les plus nécessaires. D'autres encore, pour s'insinuer dans l'amitié des étrangers, leur proposent
toutes sortes de parties de plaisir : il faut fuir
cette sorte de gens, car en vous provoquant à
des dépenses inutiles, ils cherchent ordinairement leur propre profit.

Il est certain que les étrangers doivent se créer
des relations à Paris. Je ne parle pas ici pour
ceux qui ne passent à Paris que cinq ou six mois,
le temps nécessaire pour se perfectionner dans
les exercices : leur séjour étant très limité, s'ils
veulent faire des progrès dans les sciences, ils ne
peuvent avoir beaucoup de relations.

Mais je suppose quelqu'un qui veuille rester à
Paris au moins un an. Je ne trouverois pas bon
qu'il entrât d'abord dans le grand monde, ignorant encore le petit. Il faut qu'un étranger se
mette avant tout au courant de ses études, et

qu'il y fasse de réels progrès. C'est là le but
essentiel qu'on se doit proposer lorsqu'on vient
à Paris. Les relations, le monde détournent de
ces travaux, comme d'ailleurs des occupations
plus pressantes. Qu'on s'attache donc, durant les
six premiers mois, avec toute l'application possible, à ce qu'on veut particulièrement apprendre, et qu'on s'y prenne comme il faut. Cela
d'ailleurs n'empêchera pas de fréquenter au moins
deux maisons dès le début, afin de se divertir
agréablement et utilement aux heures de repos.
C'est assez d'aller dans le monde deux fois par
semaine. On a encore les spectacles, auxquels
on donne aussi quelques heures. Mais, après
les six premiers mois, quand on a bien fait ses
affaires, on peut étendre ses relations. La chose
est très facile. Dès que l'on est connu dans une
maison, on l'est très vite dans dix autres. Si
l'on y trouve quelques personnes à son gré, on
peut chercher une occasion de les aller voir chez
elles. A Paris, c'est la mode qu'un ami intro-
duise son ami dans une maison; cela se fait très
bien. Mais, ce qui vaut mieux, c'est d'être présenté par un ministre de sa nation ou bien par
une personne de distinction.

Dans ce cas, on doit observer les quatre règles
suivantes :

S'informer avant tout de la situation des maisons dans lesquelles on veut être présenté. Il y
a des personnes de condition dont la réputation

est sujette à caution. Inutile de les rechercher. Les honnêtes gens parlent contre eux, cela suffit : qu'ils soient coupables ou innocens, on peut compromettre, en les fréquentant, sa bonne réputation. « On est connu par son compagnon, » dit le proverbe. D'ailleurs, s'ils sont en effet coupables, on peut facilement dans leur commerce contracter de mauvaises habitudes, et l'on seroit ensuite mal accueilli par d'autres personnes avec lesquelles on voudroit se lier. Eurilas a, par ses relations trop étroites avec Bellérophon, gravement compromis l'estime que sa naissance et ses manières agréables lui avoient assurée. Bellérophon tient un rang considérable dans le Parlement, néanmoins sa maison ne jouit pas d'une bonne réputation. On raconte qu'il s'y passe bien des choses contraires à la bienséance, c'est pourquoi l'on éconduit très volontiers Eurilas dans les familles qu'il fréquentoit autrefois. Il existe aussi des maisons bien notées où l'on semble faire profession du jeu. Notre voyageur les doit éviter. Quelquefois, par amour-propre, et sans avoir auparavant examiné sa bourse, on se laisse aller à hasarder quelque coup, et l'on se trouve alors souvent en défaut. La fréquentation de dames dont la passion dominante est le jeu offre aussi des dangers. N'ayant souvent point de ressources, elles sont, si elles perdent, capables de commettre toutes sortes de mauvaises actions. Elles vous demandent de satisfaire leur passion, et la chose

ne se fait pas toujours sans quelque difficulté.
Nérine perdit un jour cent louis d'or à la bassette.
Outrée de dépit et de douleur, n'ayant plus de
quoi jouer, elle quitta la table. Dorimon qui l'aimoit, et qui jusqu'alors n'avoit pu se faire écouter, profita du foible de Nérine et lui offrit une
bourse de cent louis d'or. Elle reprit donc sa
place, espérant être plus heureuse que la première fois. Mais elle perdit de nouveau. Quel
coup ce fut pour elle! Comment s'acquitter vis-
à-vis de Dorimon? Je ne sais comment ils ont
liquidé ensemble cette affaire. Mais on n'ignore
pas que, depuis, Dorimon n'a plus eu à se plain-
dre des rigueurs de Nérine.

Qu'on se crée des relations dans des maisons
d'un rang médiocre. La maison d'un duc et pair
ne peut être pour un étranger qui n'a pas dessein
de faire figure à Paris et d'y dépenser beaucoup.
Ceux qui n'ont qu'un simple équipage ou qui se
servent parfois du carrosse de remise ne doivent
pas aspirer aussi haut. Ceux qui sont de leur rang,
ce sont les présidens et les conseillers au Parlement, les intendans, les financiers, les fermiers
généraux et semblables personnes, quelquefois
aussi des ministres étrangers de second ordre et
d'autres qui ont des emplois inférieurs à la Cour
ou dans la milice. On a un peu plus de liberté
dans ces maisons, et l'on y est moins pointilleux
sur les détails. Ces personnes savent vivre extrêmement bien, leurs maisons sont meublées pro-

prément et bien disposées. Pour peu que l'on sache entrer dans leurs bonnes grâces on y entend et on y voit bien des choses et on y reçoit mille honnêtetés. Il est bon aussi d'être présenté à quelques grands seigneurs, à un cardinal, par exemple, à un maréchal de France, à un grand ministre, à un capitaine des gardes, à un chambellan ou à d'autres personnes de ce genre. On peut parfois avoir besoin de leur protection, et il est alors très utile d'avoir fait auparavant leur connoissance. Mais il ne faut se montrer à de tels seigneurs que de loin en loin, pour se rappeler à leur souvenir, et se bien garder de leur rendre de longues visites, car leur temps est précieux. Qu'on explique en peu de mots l'objet de la démarche et qu'on supplée au reste par une belle révérence.

Qu'on lie connoissance avec quelques banquiers et marchands bien connus, mais qu'on ne leur fasse pas de trop fréquentes visites : leurs minutes sont comptées. Il est bon cependant, lorsque les circonstances le permettent, de les assurer de son amitié ou de s'insinuer auprès d'eux.

Qu'on entre aussi en relations, autant que les convenances le permettent, avec d'autres honnêtes gens qui vous font quelques avances, et qui désirent simplement vous connoître. Il faut être aimable avec tout le monde, mais ne se familiariser avec personne. Tel s'est repenti de s'être lié trop précipitamment avec des inconnus. Des paroles douces et des complimens ne coûtent rien dans les choses indifférentes, et pour les avoir dites on ne laisse pas d'être homme de bien; mais pourquoi confier ses secrets à ceux qu'on ne connoît pas? Quelle preuve avons-nous de leur fidélité? Le vieux proverbe dit : « fide, sed cui, vide, » fiez-vous, mais voyez bien à qui. Les François changent d'amis avec la même facilité qu'ils changent de modes. Souvent il arrive qu'après un certain temps de rapports fréquents avec eux, ils vous font aussi froide mine que s'ils ne vous avoient vu de leur vie. On doit se garder de leur confier des secrets, car généralement ils ne savent pas les conserver. D'ailleurs, il faut apprendre à vivre avec tout le monde : il n'est pas toujours en notre pouvoir de nous créer des relations à notre gré. On a quelquefois à faire à des gens de toute condition et de toute humeur : celui qui sait s'entendre également avec tous se fait aimer et estimer, et s'épargne bien des ennuis.

CHAPITRE XI

DE LA CONVERSATION AVEC LE BEAU SEXE.

Il n'y a pas de société à Paris où il n'y ait des femmes ou des jeunes filles. Celles qui sont tant soit peu au-dessus du commun passent la matinée devant leur toilette, l'après-dînée et la soirée en visites, aux spectacles, aux promenades et au jeu. Par conséquent, on ne peut éviter de les rencontrer et de causer avec elles. Cela dit, il faut absolument savoir comment on se doit comporter en cette circonstance. Je ne prétends point donner ici un ensemble de règles, il y a sur cette matière des traités entiers, je veux simplement communiquer au lecteur quelques réflexions qui me sont tout à fait personnelles.

Ainsi, j'ai remarqué très souvent qu'un extérieur agréable est fort estimé dans une réunion de dames. Un physique doux et obligeant dispose en faveur d'un étranger. L'éducation fait beaucoup en ceci : ceux qui dès leur jeunesse sont habitués à voir le monde et à s'entretenir avec les personnes du sexe, ont une supériorité sur les autres. Je ne comprends pas la sotte politique de quelques pères et mères qui ne veulent pas permettre à leurs fils, alors que ceux-ci sont encore dans l'adolescence, de fréquenter les

4.

jeunes filles. Ils le leur interdisent aussi rigou-
reusement que s'il y alloit du bien de la famille,
et souvent le jeune drôle ignore le motif de la
défense. Si, poussé par la curiosité, il cherche à
le connoître, il apprend, lorsqu'on y pense le
moins, qu'il y a deux sortes d'êtres au monde.
Si on laissoit un tel jeune homme dans son état
d'innocence, peut-être n'y entendroit-il jamais
malice : ce que l'on voit tous les jours ne produit plus sur nous d'émotion, et à la longue on
s'en fatigue. Au contraire, quelle que soit la sur-
veillance exercée sur lui, celui qui a des passions
et des inclinations coupables trouve mille occasions de les satisfaire, dût-il s'attaquer à la servante de la maison. Les parens ne peuvent pas
toujours avoir leurs enfans auprès d'eux. Quand
un jeune homme ainsi surveillé entre dans le
monde, il est comme le jeune poulain fougueux
mis hors de l'écurie : il ne sait quelles folies faire
pour user de sa liberté. C'est donc mon sentiment
que dès le jeune âge on ne tienne pas les enfans
trop sévèrement. L'habitude est une seconde
nature. Si de bonne heure les jeunes gens ont
vu du monde chez eux, ils seront plus tard
beaucoup moins embarrassés. Tels ceux qui,
dans leur jeunesse, ont été accoutumés à manier
de l'argent, ils en font généralement meilleur
usage que ceux qui n'en ont jamais eu entre
les mains : il n'est pas rare de voir ces derniers
se vite ruiner, lorsque les circonstances les met-

tent brusquement en possession d'une grosse
fortune.

Le sexe françois est de tous le plus obligeant,
le plus poli, le plus agréable, le plus spirituel.
C'est pourquoi je ne désapprouve point la fréquentation des femmes françoises[1]. En s'effor-
çant de leur plaire, on devient galant et l'on
prend insensiblement de bonnes manières.

. Toutefois, ces conversations sont dangereuses
pour les gens qui s'enflamment facilement, qui
ne savent pas réprimer leurs passions. Il y a certaines maisons de bon air, où règnent la propreté
et la magnificence, et qui ne sont que de mauvais lieux où des jeunes filles et parfois même
des femmes mariées sont prêtes à tout pour de
l'argent. Il n'est pas rare que le maître et la maîtresse du logis vivent ainsi, spéculant sur l'in-

---

[1] Senault dans *Le monarque* dit : « Venons à la galanterie.
Si je la condamnois absolument, on me feroit sans doute passer pour ennemi de la raison et de la vertu; car il semble,
comme on en parle maintenant, qu'elle fasse la perfection
d'un honnète homme, et qu'il ne soit accompli qu'autant
qu'il est galant. Les femmes, qui défendent cette cause avec
un peu de chaleur, croient que c'est en leur conversation que
les hommes se polissent, et qu'ils sont rudes et sauvages s'ils
n'ont acquis de la douceur auprès d'elles. Il y a quelque chose
de véritable dans ce sentiment, et il faut tomber d'accord,
qu'un homme qui n'a jamais conversé avec les femmes n'a
pas l'air si doux, ni l'esprit même si délicat, que ceux qui
ont eu plus de conversation avec ce sexe qui fait, au juge-
ment d'un grand homme, la plus belle moitié du monde. »
[Cette citation, très exacte, se trouve p. 215 de l'édition
donnée en 1662.]

conduite de leurs parentes ou de leurs propres
filles. Je ne veux pas appliquer à Paris ce que
M. Didier dit de Venise que « sur dix filles qui
s'abandonnent, il y en a neuf dont les mères et
les tantes font elles-mêmes le marché[1], » mais
il s'en trouve. Je me souviens que, de mon
temps, une dame d'apparence assez distinguée
abandonna sa fille, pour quelques milliers de
livres, au trésorier d'un grand prince étranger.

Quand on fréquente des maisons honnêtes, on
doit régler sa conversation suivant l'humeur des
femmes qui s'y trouvent. Avec des dames jeunes
et belles, que l'on se garde bien de faire le phi-
losophe. Un homme qui s'aviseroit de leur
rompre la tête avec les préceptes d'Aristote ou
de Descartes passeroit d'abord pour un pédant.
Mais elles recherchent toutes le plaisir. Les pensées ingénieuses et plaisantes sont de leur goût,
parfois aussi les paroles équivoques, à condition
de n'aller pas trop loin. Les femmes aiment à
être louées sur leur beauté, et il ne faut pas se
faire scrupule de brûler cet encens sur leur autel.
Elles sont avec cela ordinairement coquettes, et
elles donnent beaucoup d'avantages aux amoureux. Mais qu'on se garde de ces filets. Plus une
femme est raffinée, plus il faut user de précau-
tion sur ce point.

[1 Il faut ajouter : « et conviennent du prix. » Voy. Limo-
jon de Saint-Didier, *La ville et république de Venise,* édit.
de 1780, p. 335.]

Il y en a quelques-unes qui, dans les réunions,
ne se lassent jamais de babiller. Aussitôt qu'elles
sont assises, le babil commence et il ne prend
fin que lorsqu'elles se lèvent. Si la dame qui
parle a de l'esprit, elle propose quelquefois des
choses agréables, et alors on l'écoute avec plaisir,
pourvu que son éloquence n'ait rien de piquant
et que son discours ne soit pas une critique des
actions d'autrui, car la médisance est le défaut
ordinaire des femmes et des filles spirituelles. Mais
si les dames qui parlent sont simples d'esprit,
leurs discours sont forcément ennuyeux pour
ceux qui les écoutent; car que m'importe le prix
de leur coiffure, la façon de leur costume, la conduite de leurs enfans, le nombre de leurs domestiques et autres niaiseries de ce genre? En ce cas,
il faut tâcher de détourner la conversation, et pour
peu qu'on soit soutenu par quelqu'un de la société,
la chose est facile. Les femmes qui dans leur jeunesse ont été belles et coquettes prétendent, quand
elles sont avancées en âge, passer pour sages et
modestes. Leur visage, qui eut autrefois tant
d'adorateurs, est maintenant ridé. C'est pour
elles un déplaisir très sensible de n'être plus adu-
lées comme autrefois. Tant qu'on peut remédier
à cet état de choses par quelque bon fard, on se
console; mais quand cela même devient impossible, il faut, pour entretenir la conversation avec
les hommes, qu'une sagesse affectée supplée au
défaut de beauté. Et vraiment, lorsqu'une telle

personne a de l'esprit, sa conversation est très
profitable, surtout aux jeunes gens. L'on apprend
beaucoup avec elles ; leurs discours sont solides,
elles se piquent de quelques lectures, elles font
quelquefois, sur des livres anciens et nouveaux
où sur d'autres écrits récens, des raisonnemens
très justes. Quelquefois même certaines d'entre
elles écrivent et publient leurs ouvrages. Le
meilleur moyen pour s'introduire dans les bonnes
grâces des dames dont je viens de parler, c'est
de les écouter, de les applaudir, d'admirer tout
ce qu'elles disent.

Les femmes affectées et les fausses prudes deviennent ordinairement *précieuses* [1] *;* elles se rendent aussi *ridicules,* car pour se maintenir dans ce
caractère, elles emploient le vert et le sec. Leur
conversation, d'ailleurs, a peu de valeur et est
sans profit. Mais qu'on évite surtout les femmes
intéressées et les grandes joueuses. Elles n'ont
généralement pas une bonne réputation. A dire
vrai, tout le sexe dans Paris est intéressé, mais
surtout les femmes qui aiment le jeu et le luxe.
Leurs revenus sont souvent insuffisans pour satisfaire leurs passions, de sorte que l'offre d'une
somme d'argent les tente toujours. Les plus
sérieuses mêmes se laissent quelquefois gagner.
Voici une maxime qu'il faut garder dans la conversation avec les dames : se montrer avec elles

[1] Molière a fait une comédie sur les *Précieuses ridicules,*
où elles sont dépeintes assez au naturel.

courtois, sage, un peu sérieux, et se garder surtout d'être trop familier. Par nature, les François
aiment le monde, et d'eux-mêmes ils s'attachent
aux étrangers. Montrez donc un peu de retenue.
Si quelque dame a une fois pris trop de liberté et
de laisser-aller avec vous, sa conversation vous
donnera plus d'ennui et de dégoût que de contentement. Les femmes ont le cœur double et caché. Toutes les douceurs qu'elles vous racontent
semblent être sincères : il n'en est rien. Elles
vous en donnent à garder, et puis elles se mo-
quent de votre simplicité pour les avoir tant
adorées.

Pour conclure, j'ajouterai encore cette remarque : les relations avec les dames de condition sont moins coûteuses en France qu'ailleurs.
Ce serait leur faire affront que de payer pour
elles, par exemple, à l'Opéra, à la Comédie, ou
chez les danseurs de corde au temps des foires.
Les grisettes et les prétendues demi-castors [1]
aiment à être défrayées dans ces occasions, mais
non pas les dames de qualité. Chacun paie pour
soi. Il en est de même lors des parties de plaisir
qu'on fait dans les auberges et dans les cabarets
hors de la ville, à moins qu'on ne les ait invitées
exprès pour les régaler. A la foire, on ne leur
donne presque rien; si je mène ma dame ou ma
damoiselle, seule ou avec d'autres, dans une

[1 Sur le sens des mots *grisettes* et *demi-castors*, voy. *Les
magasins de nouveautés*, t. III, p. 108 et 204.]

boutique de la foire, et si l'on peut jouer, chacun
paie sa part. Cependant, si un cavalier de la compagnie gagne ce qu'on a mis au jeu, par complaisance il en fait présent à une des dames. La
plus grande dépense qu'on fait avec elles, c'est
celle du jeu ; et encore, si l'on joue bien, il est
facile de contre-balancer la perte avec le gain.

CHAPITRE XII

DE LA CONVERSATION AVEC LES ABBÉS ET
AVEC LES JEUNES FRANÇOIS.

J'avois toujours cru qu'en France tous ceux qui
portent le petit collet et le manteau court étoient
triples clercs ou gens d'Église. C'est pourquoi
chaque fois qu'il m'est arrivé de voir en quelque
taille douce un abbé jouant aux cartes avec des
dames ou se trouvant dans une réunion de femmes,
j'ai pensé qu'en s'émancipant de la sorte, ces saints
personnages compromettoient leur caractère.
Mais je suis revenu de cette opinion, et j'espère
que mon lecteur ne trouvera pas mauvais que je
lui fasse part de ce que j'ai remarqué sur ce point.

Le nom d'abbé est assez commun en France.
On le donne généralement à tous ceux [1] qui sont
en habit noir ou violet, avec un petit rabat ou

---

[1] Autrefois on appeloit abbés tous les gens d'Église. Qui

collet sous le menton. Il y a à Paris une multitude innombrable de ces messieurs : on peut le
diviser en cinq classes. Les uns possèdent actuellement des abbayes, des prieurés ou d'autres
bénéfices ecclésiastiques : on les appelle ordinairement Monsieur l'Abbé, ou Monsieur le
Prieur de tel ou tel lieu. D'autres sont aumôniers [1] de telle ou telle personne de qualité ecclésiastique ou séculière, soit qu'ils possèdent déjà
quelques biens d'Église, soit qu'ils demeurent
auprès de ces personnes dans l'espérance d'en
obtenir : tels sont M. l'abbé Bignon, abbé de
Saint-Quentin, doyen de Saint-Germain-l'Auxerrois, Conseiller d'État, de l'Académie françoise,
membre honoraire de l'Académie des Sciences
et de celle des Inscriptions et Médailles [2] ; le cardinal de Polignac, abbé de Bonport, autrefois
ambassadeur du Roi en Pologne et plénipotentiaire au traité d'Utrecht [3] ; l'abbé Louvois [4], abbé
de Bourgueil et de Vauluisant, bibliothécaire du

plus est, les Génois ont anciennement donné ce titre au chef
de leur république.

[En 1270, les Spinola et les Doria s'arrogèrent le pouvoir
à Gênes, sous le titre de *protecteurs de la liberté*, et en accor-
dèrent au peuple l'apparence par l'institution d'un *abbé du
peuple*, tribun sans importance et sans autorité.]

[1] En France les aumôniers sont semblables à nos chapelains
de Cour, de régiment ou à d'autres prédicateurs. Mais le pasteur
d'une paroisse ou communauté s'appelle Monsieur le Curé.

[[2] Mort en 1743.]

[[3] Melchior de Polignac, mort en 1742.]

[[4] Camille Le Tellier, mort en 1718. Il était fils du célèbre
ministre.]

Roi; l'abbé d'Estrées, commandeur de l'Ordre du Saint-Esprit, autrefois archevêque de Cambrai et assesseur du Conseil pour les affaires étrangères[1]; l'abbé Renaudot, de l'Académie françoise et de celle de la Crusca en Italie[2]; l'abbé Boissy, aumônier et bibliothécaire du cardinal de Rohan[3]. Ces abbés sont déjà âgés et presque tous gens de condition, qui tirent de grands revenus de leurs charges.

Les autres sont jeunes et aux gages de quelques honnêtes gens comme précepteurs de leurs enfans. Cette seconde sorte d'abbés est la plus nombreuse, il n'est même pas de réunion dans laquelle on n'en trouve quelqu'un. Dans les familles où il y a plusieurs fils, c'est la coutume d'en mettre un dans le clergé régulier; par exemple, dans la famille d'un duc, l'aîné se nomme M. le Comte, les puînés M. le Marquis, M. l'abbé, M. le chevalier, et ainsi du reste. La raison de cette coutume c'est que l'ecclésiastique, surtout s'il est d'une illustre maison, obtient souvent de très gros bénéfices; il peut alors amasser beaucoup de biens qui, après sa mort, passent à ses héritiers, puisqu'il n'est pas marié : de sorte qu'un tel abbé peut relever une famille à moitié ruinée.

[1 Jean d'Estrées, mort en 1718.]
[2 Eusèbe Renaudot, mort en 1720. Il était fils du fondateur de la *Gazette de France*.]
[3 Jean-Baptiste Thiaudière de Boissy, mort en 1729.]

Tant qu'un abbé de ce genre n'est pas tonsuré,
il peut quitter la soutane et choisir une autre
profession, quelle qu'elle soit. Il arrive souvent
que le puîné, après la mort de tous les aînés
d'une famille, renonce à l'Église à laquelle on
l'avait d'abord destiné, et ayant recueilli toute la
succession de son père, fait fortune soit à la
Cour, soit dans les armes. Mais dès qu'ils sont
tonsurés, les abbés sont absolument obligés de
demeurer dans l'Église, et déjà ils jouissent ordinairement de quelques bénéfices, bien qu'ils
soient quelquefois fort jeunes. L'on peut compter aussi parmi les abbés de cette sorte ceux
qui vivent sans quelque emploi public, ou bien
anssi ceux qui figurent dans la clientèle de quelques bons bourgeois ou de quelques personnes de
condition. C'est ainsi que vécurent l'abbé Baluze[1], l'abbé Fraguier[2], l'abbé Raguenet[3] et
bien d'autres.

Il y a une troisième catégorie d'abbés qui en
réalité jouissent de bénéfices ecclésiastiques,
mais qui n'ont ni reçu la tonsure, ni fait le vœu
de chasteté. Ils sont ordinairement vêtus d'habits
violets, quelquefois de bruns. Ils peuvent également quitter l'Église, et si bon leur semble

[1 Étienne Baluze, mort en 1718. Il fut bibliothécaire de
Colbert.]

[2 Jean-François Fraguier, l'un des principaux rédacteurs
du *Journal des savans*. Il mourut en 1728.]

[3 François Raguenet, mort en 1722. Il fut précepteur des
neveux du cardinal de Bouillon.]

choisir une autre carrière : ainsi fit monseigneur Brice [1], auteur de la *Description de Paris*.

La quatrième classe des abbés comprend les ecclésiastiques qui vivent, ou des bénéfices des couvens, ou de quelques autres fonctions tenant à l'Église, par exemple des enterremens, des processions ou cérémonies analogues. Ces derniers sont les plus pauvres de tous, ils ont quelquefois à peine de quoi vivre.

Enfin, comme partout il y a des abus, il existe encore une cinquième catégorie d'abbés qui ne sont ni ne veulent appartenir à l'Église ; ils ne portent l'habit noir et le petit collet que par économie et par vanité. Un habit noir coûte bon marché, et le petit collet suffit pour se faire donner tout au long le titre de Monsieur l'Abbé.

Je crois que pour un homme de condition c'est surtout avec les abbés de la première catégorie qu'il convient d'avoir des relations. Mais ces messieurs sont si occupés qu'il leur est presque impossible de recevoir des visites qui ne sont que des démarches de politesse. Il faut attendre quelquefois des heures entières dans l'antichambre de l'abbé Bignon, tant sont nombreux ceux qui ont à lui parler d'affaires. Ses appartemens sont toujours pleins de monde, et il seroit à souhaiter que cet homme supérieur, surnommé à

[1 Germain Brice, mort en 1727, avait fini par devenir cicerone des étrangers visitant Paris. La *Description* n'est qu'un *guide* écrit à leur intention.]

juste titre l'ornement du monde savant, fût un peu
moins occupé, afin que l'on pût profiter un peu
plus de sa conversation agréable et profonde. La
conversation avec les abbés de la deuxième catégorie ne seroit pas à dédaigner non plus, quoique
ces messieurs soient pour la plupart encore assez
jeunes; mais ils se montrent tous très spirituels et
très agréables en société. Ils sont obligeans, courtois, discrets, bien que ces belles qualités soient
quelquefois ternies par des défauts assez graves. Il
me semble que personne n'a tracé leur portrait
plus au naturel et avec des couleurs plus vives
que l'abbé de Bellegarde, leur compatriote, dans
ses *Réflexions sur le ridicule* [1]. Il s'y exprime

---

[1] Le premier tome de ces *Réflexions* a été traduit en allemand et imprimé à Leipsick, 1708-1712, d'où j'ai transcrit ici
le passage qui suit. Le traducteur a traduit les mots : *dans
les ruelles,* par d'autres mots allemans qui en notre langue
signifient *devant le lit.* Or il faut savoir que le mot *ruelle* a
un double sens : il est le diminutif de rue, et, par analogie,
il désigne la petite allée qui est entre le lit et la muraille.
Car les François ne placent pas volontiers leurs lits contre
les murs, ils laissent un petit espace entre les deux, afin qu'un
compagnon de lit puisse aller se coucher ou puisse se lever
sans incommoder l'autre. Ces ruelles servent quelquefois de
retraite aux amans surpris auprès de Madame. Dans ce cas, le
mot ruelle s'explique très aisément par le sens de petite rue ;
car ces ruelles sont les retraites ordinaires de ceux qui n'aiment
pas à être trop connus, et qui ne paroissent qu'à la brune, avec
les chauves-souris : c'est d'ailleurs pour cette raison qu'on les
appelle les chauves-souris de Vénus. Il est certain que la
plupart de ces abbés ne sont pas difficiles : ils aiment le cotil-
lon, dit le proverbe ; et de même que les hommes de qualité

ainsi : « La police ne devroit-elle pas régler le train, l'équipage, la dépense de certains abbés, qui paroissent plus immodestes et plus fanfarons que des pages? Ils ont l'air plus hautain, plus cavalier, plus guerrier que des colonels de dragons. Ils se font traîner impunément dans des carrosses aussi pompeux et aussi magnifiques que ceux d'un ambassadeur qui fait son entrée solennelle. Tout le temps qu'ils devroient employer à l'étude, se passe à la comédie, à l'Opéra, dans les

qui traversent la ville incognito, ils cherchent quelquefois ces ruelles ou petites rues.

A propos de ces messieurs je me souviens d'un exemple que l'auteur des Mémoires de Saint-Évremond rapporte sur lui-même. Il raconte qu'étant encore abbé, une femme inconnue l'aborda un jour, le priant de se rendre dans une certaine maison qu'elle lui désigna, près de la porte Saint-Martin, non loin de l'église Saint-Sauveur : là se trouvoient, disoit-elle, quelques personnes disposant d'un gros bénéfice ecclésiastique, et ce bénéfice étoit destiné à l'abbé. Il y va. On le fait monter dans une vieille maison, au second étage. A peine est-il au milieu d'une vilaine chambre, qu'il s'aperçoit qu'on l'a mené dans un b....l et dans une caverne de brigands. On fit d'abord entrer une jeune fille pour l'entretenir, puis peu après deux bretteurs qui l'épée à la main se jetèrent sur lui en criant : « Ah! monsieur l'abbé, vous aimez donc aussi les dames? » Je ne sais comment il se tira d'affaire, mais je crois que sa bourse en souffrit considérablement. Il faut remarquer que le quartier Saint-Sauveur est rempli de petites rues et de vieilles maisons, et je ne doute pas qu'on n'y trouve aussi bon nombre de filles de joie, comme on les appelle. Malgré tout, je laisse à chacun la liberté de donner au mot ruelle le sens qu'il voudra. La première signification n'est pas mauvaise : il y a de petits collets qui savent trouver la ruelle du lit aussi bien qu'une autre.

ruelles, aux cabarets. Ils perdent au jeu des sommes immenses, qui sont le pur sang des pauvres. Au temple, ils scandalisent tout le monde, ils n'ont ni respect pour le lieu sacré, ni attention pour le saint mystère. Leur vie est une imposture perpétuelle. C'est une nouvelle espèce de colonels, en habit noir et en petit collet[1]. » Voici un portrait peu flatté, et, ma foi, cependant il est vrai. Qu'on ne soit pas trop empressé à rechercher la fréquentation de ces messieurs, à moins qu'on en trouve quelques-uns d'une vertu exemplaire et d'une conduite irréprochable. Il y a d'autres personnes qu'eux pour nous servir de modèles. Cependant si l'on est assez heureux pour pouvoir entrer en relations avec les savans abbés dont j'ai parlé plus haut, il faut le faire. Le profit que l'on retire de cette fréquentation est considérable, d'autant plus que ces messieurs sont peu occupés et qu'ils ont le loisir de voir les étrangers.

D'ailleurs, pour exprimer mon opinion sur l'ensemble de la jeunesse françoise, je dirai qu'il n'y a pas au monde de créature plus insupportable que l'homme qui n'a jamais quitté Paris, surtout s'il n'est pas instruit. Un tel personnage a la vanité de croire qu'il est quelque chose, tandis qu'il est le plus grand nigaud de la terre. Moi-même, j'ai entendu parler d'eux par un

[1 Cette citation, très exacte, est tirée de *Réflexions sur le ridicule et les moyens de l'éviter*, p. 181 de l'édition donnée en 1697.]

homme fort intelligent : «Nos jeunes gens, disoit-il,
sont vains, sots, médisans, hautains : telles sont
leurs qualités. » Béton n'est-il pas ridicule quand
il demande en pleine compagnie s'il existe des
églises en Suède et en Danemark, et si l'on y
baptise aussi les enfans? Quelques-uns d'entre
eux sont si sots et si simples qu'ils ne savent
même pas d'où viennent le vin et le froment, ni
comment se fabrique la bière. Ces drôles ne
mettent jamais le pied hors de Paris, ils grandis-
sent comme les saules sans se mettre en peine
d'apprendre quelque chose de bon et de solide.
L'on voit d'un coup d'œil le bel avantage que
l'on peut tirer de la fréquentation de ces jeunes
gens.

Ce n'est pas tout encore. Il y a une autre sorte
de jeunes Parisiens très différens des premiers,
car autant ceux-là sont rudes et simples à l'excès,
autant ceux-ci sont habiles et fins, ou tout au moins
se piquent de l'être : c'est pourquoi on les appelle
vulgairement des *Petits-Maîtres*[1]. Ceux qui les connoissent disent que leur conversation est très agréable, car ils ont de l'esprit et ils sont instruits. Pour
moi, je n'ai jamais aimé leur conversation, soit

---

[1] On prétend que le nom de *Petit-Maître* a son origine
dans la parole d'un Roi de France qui avoit à son service un
grand nombre de petits courtisans et d'officiers de Cour.
Comme ces jeunes gens affectoient toujours une certaine élégance et certaines façons précieuses pour se distinguer des
autres, le Roi dit un jour en les montrant : « Ce sont mes
petits-maîtres. »

parce que je suis un peu sérieux et que mon
humeur est très différente de la leur, soit parce
que des affaires plus pressantes ne m'ont pas
permis de fréquenter des compagnies futiles et
d'un commerce inutile.

Cependant, pour donner au lecteur une idée
de ce que sont ces jeunes gens, je dirai que ce
sont des personnes qui sortent beaucoup, qui par
conséquent sont au courant de toutes les nouvelles.
Celui qui désire être exactement renseigné sur ce
qui se passe dans Paris n'a qu'à entrer en relation
avec un Petit-Maître, sûrement il aura pleine
satisfaction sur ce qu'il désire. Quand les promenades commencent, ils sont les premiers à s'y
montrer. Ils ne se dispensent pas volontiers des
mascarades, bals, festins et autres parties de
plaisir. Ils paroissent souvent aux spectacles, non
pas tant pour voir que pour être vus, et surtout
pour avoir occasion de saluer les dames. Néanmoins, ils ne veulent pas passer pour amoureux;
ils prétendent que la belle à laquelle ils portent
de l'affection doit s'estimer très heureuse. La
foire Saint-Germain semble être pour eux seuls : il
ne se passe pas de soir où ils ne se placent dans
une boutique, pour de là faire la revue des
passans. S'ils ont de l'esprit, ils cherchent toutes
les occasions de le faire paroître. Ils décident de
la paix et de la guerre; ils réglementent toute la
Cour, regardant du haut de leur grandeur les
gens d'une expérience consommée. Ils savent

réciter par cœur des rôles en vers et des pages entières de pièces de comédie, chanter des airs d'opéra ; ils ont leurs poches remplies d'éloges, d'épigrammes, de faveurs de dames. Il se piquent d'être très corrects dans leur façon de s'habiller : ils sont les premiers à porter les modes nouvelles, quelquefois ils les inventent. Volontiers, comme les femmes, ils se mettent devant la toilette pour ajuster leur chevelure, surtout si elle est belle et longue. Ils emploient beaucoup de temps à se parer ; quelquefois ils se collent des mouches sur le visage[1] ; ils s'ornent de rubans. Ils ont une démarche efféminée et des gestes étudiés. Ils parlent avec affectation ; ils font les mauvais plaisans ; ils s'estiment eux-mêmes agréables et beaux ; ils sont extrêmement courtois, quelque fois même trop ; ils sont d'un goût difficile dans le choix de leurs relations ; ils sont, pendant qu'ils ne font rien, presque toujours pressés d'affaires. Voilà leurs principales qualités. Jugez, d'après ce portrait, si leur compagnie doit être agréable.

CHAPITRE XIII

DES PROMENADES.

Les François aiment les promenades. A Paris la plupart des gens qui n'ont pas grand'chose à

[1 Voy. *Les soins de toilette,* p. 92 et suiv.]

faire se promènent ordinairement, durant la
belle saison, en voiture ou à pied. Il y a donc
deux sortes de promenades : à pied et en carrosse.
Je ne prétends pas faire ici le dénombrement
des endroits qui sont peu fréquentés. Paris étant
situé dans une des contrées les plus charmantes
du monde, étant orné à l'intérieur de la ville de
grands et beaux jardins[1] appartenant à des particuliers ou à des congrégations, on a cent occasions
de faire des promenades. Ce dont je veux parler
ici, c'est des places publiques, où l'on trouve,
durant la promenade, un grand nombre de personnes.

On se promène à pied aux Tuileries, au
Luxembourg, dans le jardin du Palais-Royal,
dans le jardin du Roi, dans celui de l'Arsenal,
autour du palais du président Bretonvilliers,
dans le jardin des religieux de Sainte-Geneviève,
dans celui des Petits-Pères, à la place des
Victoires ; dans celui des Célestins, près de
l'Arsenal. Que le lecteur ne s'attende pas à une
description de tous les endroits que je viens de
signaler. On trouve assez de détails sur ce sujet
dans la *Nouvelle description de la Ville de Paris*[2]

[1. « Il y a huit jardins qui servent de promenade au public, » dit le plan de Lacaille.]

[2] On en est déjà à la sixième édition. Les précédentes ne
consistent qu'en deux tomes, qui ont très peu de tailles-douces.
Peut-être y a-t-il eu depuis une autre édition, car le livre se
vend beaucoup ; tous les étrangers s'empressent de l'acheter.
[Voy. ci-dessus, p. 9.]

publiée par M. Brice en 1713. La dernière édition a été très augmentée, et de plus embellie par un grand nombre de gravures qui se vendent séparément. Je ne dirai donc ici que ce qui est indispensable pour le sujet que je veux traiter dans ce chapitre.

La promenade principale et la plus fréquentée est celle des Tuileries. On appelle ainsi le jardin situé devant le palais du même nom, et que le roi Louis XIV a fait tracer : ce nom de Tuileries a son origine dans les fabriques de tuiles qui, pendant longtemps, existèrent en cet endroit. La partie supérieure renferme le parterre, qui offre la vue très charmante et très amusante de mille et mille fleurs[1] de différentes sortes. La partie inférieure consiste en un grand nombre d'allées très régulières et couvertes de quantité d'arbres touffus, où des rossignols, par leur gazouillement mélodieux, charment agréablement l'oreille de ceux qui viennent jouir de ces ombrages rafraîchissans. Ce jardin est, presque toute l'année et surtout en été, fréquenté par un grand nombre de personnes. Et, quoiqu'on y trouve du monde pendant toute la journée, c'est surtout le soir quand l'air commence à devenir frais, qu'il y a affluence : alors les carrosses venant du Cours[2]

---

[1] Il faut noter qu'il est interdit de cueillir des fleurs ou quoi que ce soit, aussi bien dans ce jardin que dans les autres places royales où l'on va se promener.

[2] Je dirai tout à l'heure ce qu'on appelle le Cours.

LE PALAIS DES THUILLERIES

arrivent en foule. Il y a là tant de personnes de
tout âge, de tout sexe et de toute condition qu'on
a quelquefois de la peine, surtout dans la grande
allée, à traverser la foule. Là, on voit les costumes les plus soignés, les modes les plus nouvelles ; là on badine, on parle sérieusement et on
s'amuse. De chaque côté sont des arbres, des
bancs sur lesquels on peut se reposer. Mais ils
sont peu nombreux pour une multitude aussi
considérable. Mais l'on a encore, un peu à
l'écart et pour reposer sa vue du mouvement,
des labyrinthes et des gazons sur lesquels on
s'assied et où, dans une charmante solitude, l'on
rêve tout à son aise.

C'est dans cette promenade des Tuileries que
se présente la meilleure occasion pour entrer en
relation avec le beau monde. On y rencontre les
plus grands personnages de l'un et de l'autre
sexe, très souvent même des princes et des
princesses de la famille royale. On s'accompagne
de quelque ami ou de quelques François que
l'on connoît et l'on se fait montrer les personnes
et dire qui elles sont. On passe aussi près d'elles
que possible pour les mieux voir. D'ailleurs, j'ai
remarqué qu'il se donne beaucoup de rendez-
vous dans les Tuileries : ils ont lieu généralement
le matin, avant midi, lorsqu'il y a peu de monde,
pour être plus libre dans le tête-à-tête : si l'amour
est de la partie, Mademoiselle ou Madame fait
croire aux siens qu'elle va à la messe. Ce jardin

est ouvert tout le jour, depuis le matin jusqu'à la
nuit close. Tout le monde peut y entrer, sauf les
laquais et la canaille; deux petites maisons,
placées à l'entrée du jardin, servent d'asile aux
huissiers du Roi, qui guettent les entrans et les
sortans[1].

Après les Tuileries, il y a une autre promenade,
celle du jardin du palais du Luxembourg. Elle
passe pour être plus saine que la précédente, à
cause des mauvaises odeurs qui se dégagent de
la Seine et qui arrivent jusque dans le palais
des Tuileries. Le jardin du Luxembourg est situé
sur un terrain élevé, de sorte que l'air de la
campagne y circule librement. Autrefois les
personnes de condition n'alloient pas se promener aux Tuileries : elles n'aimoient pas s'y rencontrer avec ce menu peuple qui y accourt en
foule surtout les dimanches et les jours de fête,
et qui est en effet une compagnie peu agréable
pour les honnêtes gens. Mais du jour où Madame
de Berry[2] eut fixé sa résidence au palais du
Luxembourg, les huissiers du Roi firent plus
attention qu'autrefois aux entrans et aux sortans ;

---

[1] Ce que je dis ici au sujet des Tuileries se passoit lorsque
la Cour étoit encore à Versailles. Pendant que le jeune Roi
habitoit le palais situé près de ce jardin, les Parisiens y alloient
moins souvent. Aujourd'hui ils y retournent comme autrefois,
puisque Sa Majesté (depuis qu'elle a atteint sa majorité) a fixé
sa résidence ordinaire à Versailles.

[2 Marie-Louise-Élisabeth, duchesse de Berri, fille du
Régent, morte en 1719.]

on vit alors dans le Luxembourg nombre de
personnes de qualité, surtout quand Madame
de Berry tenoit sa cour. Depuis la mort de cette
princesse, l'usage ancien a reparu. D'ailleurs, la
situation de ce jardin est très avantageuse, et les
rossignols nichés dans le jardin d'un monastère
de religieuses placé près de là, charment par
leur doux ramage mille et mille auditeurs.

Le jardin du Palais-Royal est un des mieux
tenus, quoique non un des plus grands de Paris.
Le Palais-Royal, élevé par le cardinal de Richelieu, passa, après la mort de ce prélat, entre les
mains du Roi; Sa Majesté en fit ensuite don à
son frère, et quand la Cour se fut transportée à
Paris, feu le duc Régent y fixa sa résidence. Ceux
dont les habitations donnent sur le derrière de ce
jardin ont obtenu de Son Altesse Royale l'autorisation de pratiquer des escaliers qui conduisent
dans le jardin. De là vient que ces maisons,
situées si agréablement, sont habitées par nombre
de personnes de qualité. Les jours où il y a foule
dans ce jardin sont ceux où la Cour est réunie,
ou bien lorsqu'il y a Opéra[1].

Le jardin du Roi, quoiqu'un peu éloigné du
centre, ne laisse pas d'être fréquenté par les
gens qui habitent aux environs et par beaucoup
d'autres personnes. Les amateurs de botanique
s'y rendent assidûment. Dans ce jardin se trouve

[1] Car l'Opéra se tient au Palais-Royal.
[Voy. ci-dessus, p. 42.]

une grande quantité de plantes et d'arbustes rares et étrangers que le feu Roi a fait acheter en Orient, à de très hauts prix, par le célèbre Tournefort[1]. Le grand aloès mérite d'être particulièrement remarqué : en 1714 il porta des fleurs. En 1713, je vis quatre autres aloès, de dimensions plus petites[2], fleurir aussi dans ce jardin. Pour sa culture, le roi dépense par an près de 48,000 livres. Monsieur Chirac[3], premier médecin de feu son Altesse Royale le duc Régent, en a l'intendance[4], et en cette qualité il entretient le jardin et les édifices qui l'entourent, il paye les professeurs qui y enseignent, il salarie tous ceux qui y ont quelque emploi. Chaque année, pendant les mois de juin et de juillet, certain professeur de médecine[5] est tenu de faire gratuitement, pour le plus grand bien des médecins, des conférences publiques sur la botanique : les voyageurs, qui veulent s'instruire, ne manquent pas d'assister à ces leçons. D'une petite colline du jardin, on découvre une vaste campagne ; outre cette vue très remarquable, on respire ici un air parfumé des suaves odeurs qui se

[1 Mort à Paris en 1708.]

[2] Il y a aujourd'hui, dans le jardin du Roi, vingt-quatre aloès d'espèces différentes.

[3 Chirac, anobli par Louis XV, mourut en 1732.]

[4] Cette charge lui rapporte six mille livres par an.

[5 Bernard de Jussieu, nommé démonstrateur de botanique en 1722, mourut en 1777.]

L'ISLE DE NÔTRE DAME.

dégagent des roses et autres fleurs placées le long des allées.

Le jardin de l'Arsenal est également public. Il pourroit être cultivé avec plus de soin. Ce jardin et le palais qui y touche appartiennent au duc du Maine comme Grand Maitre de l'Artillerie. Le prince y réside fort rarement; il préfère, ainsi que la princesse, habiter le château de Sceaux. Ce qu'il y a de plus remarquable dans ce jardin, c'est la vue, qui embrasse une très vaste étendue du côté du faubourg Saint-Antoine.

Le grand mail est tout près de là, de sorte que de la muraille du jardin, on peut voir ceux qui y jouent.

Dans la belle saison on se promène beaucoup aussi dans les environs du palais appartenant au président de Bretonvilliers, à l'extrémité de l'ile Notre-Dame[1]. Il a la forme d'une demi-lune. Sa situation est très remarquable, car d'un côté l'on découvre la Seine à perte de vue, de l'autre, et à la grande satisfaction de ceux qui regardent, une partie considérable de la ville. Autrefois, on pouvait y entrer en carrosse; mais on s'est aperçu que ce beau palais étoit endommagé par les secousses imprimées au terrain par un si grand

[1 Tallemant des Réaux dit que « c'est après le sérail » le bâtiment du monde le mieux situé. Il avait été commencé par le père de Le Ragois de Bretonvilliers, président à la chambre des Comptes, et terminé par son fils. Il resta célèbre pendant plus d'un siècle.]

nombre de voitures roulant au grand galop, et le
président a obtenu de la Cour l'autorisation de
faire planter des poteaux de chaque côté du palais, de sorte que les promenades en carrosse n'y
sont plus possibles.

Enfin, il y a encore quelques jardins appartenant
à certains religieux, comme à ceux de Sainte-Geneviève, aux Petits-Pères et aux Célestins, jardins qui peuvent être comptés parmi les promenades publiques. Celui qui aime la conversation
de ces Pères a une excellente occasion de les y
rencontrer. Dans les deux premiers couvens dont
j'ai parlé, il y a aussi des bibliothèques complètes,
et dans les salles de ces bibliothèques les livres
sont disposés de telle façon que de là on peut
voir tous les jardins des environs. Ces ecclésiastiques sont presque tous hommes du monde, et
ils ont plaisir à s'entretenir pendant quelques
heures avec ceux qui les viennent voir.

Les promenades en carrosse se font dans le
faubourg Saint-Antoine, sur le Cours, dans les
Champs-Élysées, dans le bois de Boulogne et dans
le bois de Vincennes. On sera peut-être surpris
que je parle ici du faubourg Saint-Antoine, et
l'on se demandera quelle promenade on y peut
faire. Patience, je vais en dire un mot. Cette
promenade n'a lieu qu'un jour par an, le premier
lundi de carême. Comme tout le monde, et surtout la populace, va ce jour-là en masque par les
rues pour finir le carême-prenant, le faubourg

Saint-Antoine est quasi le rendez-vous des masques vulgaires, qui paroissent là en toutes sortes d'équipages et de figures. Tout, le monde afflue pour les voir, c'est pourquoi il y a quelquefois dans ce quartier cinq à six cens carrosses qui ne font que passer et repasser dans les rues les plus larges. Cette promenade est comme le prélude des promenades en carrosse, d'autant que la saison devient de plus en plus douce. Elle est, peu après, suivie des promenades sur le Cours.

Le Cours est composé de trois allées formées par quatre rangs d'ormes. On l'appelle le Cours-la-Reine, parce qu'il servoit autrefois de promenade à la reine Marie de Médicis et à la Cour. Depuis que la Cour s'est transportée à Versailles, on a séparé par une muraille les Tuileries et le Cours[1]. Ces promenades ne commencent à être fréquentées qu'après la fermeture des spectacles, laquelle a lieu quinze jours avant Pâques. Pendant les pluies, le Cours est fermé, parce que l'on craint que le sol en soit trop foulé et que les courses répétées des carrosses y rendent la boue trop abondante : on se contente du pavé placé sur les côtés. Mais en été et au printemps, quand il fait beau et sec, les carrosses y sont si nombreux qu'on a pu en compter souvent près de

[1] Lorsque le jeune roi résida au palais des Tuileries, on perça cette muraille et on pratiqua sur le fossé sec qui séparoit le jardin du Cours, un pont de communication, de sorte qu'on put aller de plain pied des Tuileries au Cours et aux Champs-Élysées.

mille [1]. Cette promenade est fréquentée par des
gens de la plus haute distinction, et par la famille
royale elle-même; mais ceux qui ont du temps
et qui peuvent s'offrir un carrosse s'y rendent
aussi et imitent les autres. On y acquiert la connoissance d'un grand nombre de gens qu'on ne
voit guère ailleurs. Les carrosses sont entourés
et suivis par des filles, des femmes, des hommes
chargés de toutes sortes de friandises, de confitures, de beignets, de fruits de la saison, etc. Ces
gens sont souvent les messagers fidèles qui portent les billets doux d'un carrosse à l'autre, et les
entremetteurs officieux qui par cet excellent
moyen nourrissent le feu d'amour entre tant
d'amans enflammés.

Les Champs-Élysées sont situés à côté du Cours,
sur la droite. Cette belle plaine est couverte
d'arbres de haute futaie, disposés symétriquement
et formant quantité de longues allées qui se terminent en forme d'étoile sur une éminence d'où
l'on a la vue la plus charmante et sur la ville et
sur la campagne. Ceux qu'ennuie l'embarras des
carrosses sur le Cours se retirent quelquefois à
l'écart vers les Champs-Élysées. On y est plus
libre et plus au large, et on peut quand on le
veut descendre de voiture. Ce lieu est dans la
belle saison très fréquenté [2] : on s'assied alors à

---

[1] La grande allée est si large que six carrosses peuvent passer de front sans se heurter.

[2] Principalement les jours de fête, lorsqu'une foule consi-

l'ombre des arbres touffus, pour y trouver la fraîcheur du soir.

Le bois de Boulogne est le petit bocage qui se trouve à droite sur le chemin de Versailles. Ce bois n'est pas très loin du Cours, puisque seul le gros village de Passy l'en sépare ; aussi tient-il par un côté aux Champs-Élysées. La situation de ce petit bois est très agréable : il abrite nombre de biches et d'autres bêtes fauves. C'est pourquoi la famille royale y va souvent chasser, et c'est une curiosité pour les Parisiens d'aller prendre part à ces réjouissances. Ce bois est aussi fréquenté à d'autres momens, en particulier les dimanches et les jours de fêtes. On y fait beaucoup de parties de plaisir.

Le bois de Vincennes est analogue au bois de Boulogne. Il est situé de l'autre côté de la ville, au delà du faubourg Saint-Antoine. Il est ainsi nommé à cause du château royal de Vincennes élevé tout près de là. Un peu moins vaste que celui de Boulogne, on ne s'y amuse pas moins. Il a cela de particulier que sa verdure répand une odeur très suave et très fortifiante au mois de mai et au mois de juin, de sorte que les médecins y envoient les malades convalescens qui ont besoin de l'air de la campagne. Durant ces deux mois, on y trouve toujours beaucoup de monde.

Tout près de ce bois sont de petites montagnes

dérable d'habitans de Paris s'y transporte à pied pour s'amuser.

ou des collines qui servent de retraite à des milliers de lapins[1].

Je ne sais si je dois parler ici du moulin de Javelle[2]. C'est une maison peu éloignée de Paris, et
en été on y fait beaucoup de parties de plaisir. L'on
peut, pour son argent, y être traité en prince. Il
s'y passe quelquefois des aventures extraordinaires; elles ont même donné lieu à une petite
comédie souvent représentée sur le théâtre à Paris, et qu'on appelle *le Moulin de Javelle*[3].

Pour ce qui est des promenades, que notre
voyageur se souvienne de la règle suivante : fréquenter, pour se reposer et après avoir achevé
sa besogne, les meilleurs et les plus saines promenades; se garder dans ces promenades de
toute vanité; ne pas s'y rendre ridicule; y être
sociable, doux, complaisant, y être toujours accompagné d'honnêtes gens.

---

[1] Les Allemans ne mangent pas le lapin, mais en France
et ailleurs il sert à faire des mets fort exquis.

[[2] On écrit aujourd'hui *Javel*.]

[[3] *Le moulin de Javelle*, comédie en un acte, attribuée
tantôt à Dancourt, tantôt à Michault, musique de Gilliers.]

CHAPITRE XIV

DE LA FRÉQUENTATION DES FOIRES SAINT-GERMAIN ET
SAINT-LAURENT. SI L'ON Y DOIT VOIR LES DAN-
SEURS DE CORDE, LES MARIONNETTES ET AUTRES
CHOSES QU'ON Y MONTRE.

Il y a tous les ans deux grandes foires à Paris :
celle de Saint-Laurent et celle de Saint-Germain. La première ouvre au commencement
d'août et tire son nom à la fois du saint fêté dans
ce mois et du lieu où elle se tient, qui s'appelle
le faubourg Saint-Laurent. Les boutiques y sont
disposées en forme de rues. Derrière ces boutiques, surtout derrière celles des traiteurs et
derrière les cafés, il y a des jardins avec de jolies maisons de plaisance où l'on se repose et où,
lorsqu'il fait chaud, on se rafraîchit en buvant
toutes sortes de liqueurs. Dans cette foire qui
dure six semaines et quelquefois plus, on voit
surtout des campagnards et des gens qui demeurent aux environs. Elle n'est guère fréquentée
par les personnes de condition, soit parce que
Saint-Laurent est un peu éloigné de la ville, soit
parce qu'en été on préfère se promener : celui
qui a une maison de campagne y passe volontiers
l'été. D'ailleurs, cette foire est couverte de tentes
remplies de toutes sortes de marchandises ex-

quises, et les danseurs de corde, les marionnettes et autres bateleurs n'y manquent pas.

La foire Saint-Germain est plus importante,
elle commence le 3 février et ne se termine que
quinze jours avant Pâques. Elle compte parmi
les plus grands plaisirs de Paris. Elle se tient dans
le faubourg Saint-Germain, non loin de l'abbaye
dont elle porte le nom. Son emplacement est
formé par des balustrades en bois, et elle est
garantie de la pluie par une sorte de toit. Les
tentes y sont disposées de telle façon qu'elles
forment rues, comme dans le faubourg Saint-
Laurent. A la foire Saint-Germain, on trouve les
plus belles denrées, les plus riches vêtemens des
fabriques de Paris; seuls, les livres ne s'y vendent pas, et la plus grande partie des marchandises consiste en galanteries, confitures et café.

La foule n'y arrive pas avant huit heures du
soir, alors que les spectacles et les danses de
corde sont finies. Toutes les boutiques sont éclai-
rées par des chandelles très bien rangées, et à ce
moment la presse est si grande qu'on a de la
peine à se frayer un passage. Là, tout est pêle-
mêle, maîtres, valets et laquais; filous et honnêtes gens se coudoient. Les courtisans les plus
raffinés, les filles les plus jolies, les filous les
plus habiles sont comme entrelacés ensemble.
Toute la foire est, d'une extrémité à l'autre,
pleine de monde. Ceux qui sont seuls ou inoccupés se placent dans une boutique et, de là, ils

regardent les passans. Ceux qui sont en compagnie, surtout ceux qui sont avec des dames s'as-
seyent dans une boutique et achètent un objet
pour le jouer. Celui qui gagne, le garde, ou, s'il
est galant, l'offre à une des dames présentes. Il
faut faire ses achats de jour, car le soir il est difficile de marchander, gêné que l'on est par la
foule. Il y a d'autres boutiques où l'on joue aux
dés, divertissement très aimé de quelques personnes, et qui rapporte beaucoup de profit au
maître de la boutique. Après dix heures, chacun
se retire dans son quartier, et l'on ferme toutes
les portes.

Le plus grand divertissement de la foire Saint-
Germain est celui que donnent les troupes des
danseurs de corde. Il y a quelquefois quatre ou
cinq sortes de ces troupes qui dressent leur théâtre partie dans la cour de la foire, partie au dehors. Le monde y vient en foule. D'ailleurs, à ce
moment de l'année, les spectateurs ne manquent
pas, même les spectateurs de distinction, puisque
les personnes de qualité ont quitté leurs maisons
de campagne et que nombre d'officiers sont revenus de l'armée (en temps de guerre), sans parler de tous les provinciaux que les procès ou
d'autres raisons attirent à Paris. Moi-même, j'ai
souvent remarqué que, non seulement l'opéra et
les comédies ordinaires, mais cinq troupes de
danseurs de corde ont été à tel point assiégés
qu'il leur falloit refuser du monde. La troupe qui

a une fois pris le dessus est la plus fréquentée :
on se précipite sur la tente qui lui appartient
comme si on alloit la prendre d'assaut. La danse
sur la corde est moins recherchée que la comédie
qu'ils jouent ensuite. C'est qu'il y a dans ces
troupes quelques acteurs du prétendu Théâtre
Italien, fermé il y a longtemps sur un ordre exprès de la Cour et ouvert de nouveau après la
mort du roi Louis XIV[1]. En temps de foire, on
laisse passer bien des choses qui, à d'autres momens, seroient interdites ; en sorte que ces messieurs, sous prétexte de danser sur la corde, ont
relevé leur premier théâtre, mais il n'est, dit-on,
que l'ombre de l'autre. Au début, n'ayant la permission ni de chanter, ni de parler, ils se con-
tentoient de représenter leurs pièces par des
signes et par des postures ; mais ils n'ont pas
tardé à les chanter, et, pour cette licence, ils
payent une gratification annuelle à l'Opéra, auquel ils font quelque tort. Le temps dira s'ils ar-
riveront à se raccommoder avec les comédiens,
de façon à recouvrer la liberté de parler[2] : tout
au moins, ils s'en flattent. Les pièces qu'ils représentent sont, pour la plupart, empruntées au
théâtre italien de Gherardi[3], et suivant le succès

[1 Voy. ci-dessus, p. 40.]

[2] Feu le duc d'Orléans a permis à cette troupe de chanter
ou de réciter ses pièces, comme bon semblera aux acteurs,
quoique la plus grande partie de ses pièces se donne en musique.

[3 Gherardi, à la fois auteur et acteur, était originaire de la

qu'ils obtiennent, ces messieurs jouent quelquefois la même pièce quinze jours de suite. Les
troupes se jalousent l'une l'autre et remuent ciel
et terre pour attirer le plus possible de spectateurs. Cependant celle qui a le meilleur Arlequin
l'emporte ordinairement sur les autres ; les mots
bas et burlesques, et quelquefois des gestes assez
impudens ne diminuent point du tout le succès
d'une pièce. J'ai vu souvent avec étonnement
des dames de condition entendre et regarder sans
rougir de honte ces saletés ; bien plus, elles ne
pouvoient cacher la satisfaction qu'elles ressen-
toient de ce spectacle, puisqu'elles rioient de
très bon cœur. Mais qu'importe, c'est la mode de
Paris, plus une drôlerie est naturelle et grotesque,
plus elle divertit. Tout est permis à Arlequin et
à Colombine, ces deux bons enfans.

Outre les danseurs de corde, il y a à la foire
quelques montreurs de marionnettes. Ces gens
font un terrible vacarme quand on passe, car
les querelles n'y sont pas rares. Il y a quelques
années, un de ces aventuriers fut particulièrement heureux : il représentoit la victoire de
Denain, et le maréchal de Villars, visitant la
foire, voulut entrer dans la boutique. Tout le
monde suivit l'exemple de ce grand seigneur, et
comme la salle ne pouvoit contenir une si grande

Toscane, et il mourut en 1700. Il joua d'abord les Arlequins,
puis devint directeur de la troupe italienne. Il a publié un
recueil, souvent réimprimé, des pièces jouées sur ce théâtre.]

foule, le maître des marionnettes fut obligé de répéter la pièce cinq et six fois le même soir, tandis que les autres, peut-être aussi habiles, ne purent attraper un seul spectateur. Voilà les caprices des badauds de Paris[1]. Le Polichinelle est quelquefois assez grossier et assez lourd, n'empéche que les dames de qualité elles-mêmes vont souvent voir ce spectacle.

Au reste, pour attirer l'argent, on montre encore pendant cette foire un grand nombre de curiosités. Il est impossible de les indiquer toutes ici. Cependant j'espère que le lecteur ne trouvera pas mauvais que je rappelle, comme en passant, ce qu'on a vu de rare et de surprenant à la foire Saint-Germain durant la dernière année que je fus à Paris. Le voici :

L'Escarmouche d'une troupe de danseurs de corde, non seulement dansa et se tourna sur la ligne sans contrepoids, mais il joua aussi fort habilement *La folie d'Espagne* d'un violon qu'il tint, tantôt derrière le dos, tantôt sous les bras, tantôt au-dessus de sa tête.

Quelques voltigeurs sans pareils, parmi les-

---

[1] Faire le badaud veut dire s'attrouper avec surprise d'un rien qui vient de se passer, s'il est un peu extraordinaire. Comme le peuple de Paris est très curieux sur ce point et qu'il donne fort dans les bagatelles, on appelle les Parisiens par dérision badauds.

[« Le peuple de Paris est tant sot, tant badault et tant inepte de nature, qu'ung basteleur, ung porteur de rogatons, ung mulet avec ses cymbales, ung vielleux au milieu d'ung

quels un Anglois qui se distingua par son adresse.

Un homme, dansant sur l'échelle, fit avec elle des cabrioles surprenantes, tout en sachant la maintenir toujours en équilibre.

La prétendue tourneuse angloise, âgée de quelque vingt ans, qui demeura près d'une demi-heure sur le même point, toujours en tournant comme un sabot avec une grande rapidité. Elle prenoit souvent le change tantôt à droite, tantôt à gauche, avec les six épées nues qu'elle avoit dans les mains, les pointes tournées contre elle-même. Elle en mettoit une dans sa gorge, une autre dans son œil, une autre sur sa poitrine, etc., etc., les changeant même pendant qu'elle tournoit sans cesse. A la fin, elle les ramassa toutes les six sous son bras avec une vitesse inconcevable, faisant là un métier très dangereux.

Un Anglois, également d'une vingtaine d'années, fit des contorsions et des mouvemens de corps extraordinaires. Ses membres étoient comme disloqués et rompus.

Un enfant à quatre bras et d'autres monstres de toutes sortes.

Un lion d'une grandeur peu commune.

Un singe habillé d'abord en mousquetaire, puis en demoiselle et ensuite en arlequin. Cet animal salua la compagnie, ôta lui-même son

carrefour, assemblera plus de gens que ne feroit ung bon prescheur évangélique. » Rabelais, *Gargantua*, liv. I, chap. xvii.]

petit chapeau et le remit ; il s'assit sur une chaise faite à son usage, comme eût fait un homme. Il fit avec son petit mousquet tous les exercices d'un fantassin et tira un coup de pistolet. Il dansa un menuet. Il fit plusieurs tours dans le cercle, monté sur un chien qu'on avoit dressé exprès pour cela ; il tenoit un drapeau avec sa patte. Il se livra enfin à plusieurs autres exercices du même genre. On dit que le maître de ce singe a gagné, pendant la foire, plus de cinq mille livres.

Un lièvre qui battoit la caisse et fumoit du tabac.

La prétendue académie des pigeons. Il y avoit quelques pigeons auxquels un certain homme avoit appris à tirer un petit chariot, comme les chevaux ; à tourner la broche dans laquelle on avoit placé de la viande à rôtir ; à passer, comme les chiens, par-dessus une baguette ; à courir reprendre ce qu'on leur avoit jeté ; à faire enfin plusieurs autres tours de souplesse.

Un petit chariot traîné par deux chevaux (le tout en bois), qui faisoit plusieurs tours sur la table, retournant de lui-même au point de départ lorsqu'il étoit arrivé au bout : tout cela par l'effet de quelque ressort qu'on avoit pratiqué à l'intérieur du chariot, et qui le faisoit marcher.

Une autre invention mécanique de papier, qui représentoit le théâtre de l'Opéra. Une certaine machine faisoit entrer et sortir les personnages ; un homme, dans l'orchestre, battoit la mesure, et à la fin on voyoit paroître l'enfer, avec tous les supplices que les poètes ont décrits.

Un autre homme exhiboit le mobile perpétuel [1].

Un autre montroit un char de triomphe, artistement fabriqué en papier. Un autre enfin, faisoit voir des oiseaux rares de diverses sortes, etc. [2].

Il seroit impossible d'énumérer toutes les bagatelles qu'il y eut à cette foire, avec le nombre infini de bateleurs et de joueurs de gobelets qu'on y vit.

Il reste encore à dire comment notre voyageur se doit conduire durant cette fête. Pour ce qui est de la foire elle-même, je lui conseille de ne pas attendre ce moment pour acheter ce qu'il lui faut ou ce qu'il veut. On le peut toujours avoir au Palais pour le même prix et quelquefois pour un prix inférieur. Ces marchands ont à donner une somme assez élevée pour la location des places occupées par leurs tentes et par leurs

---

[1] Ce mobile perpétuel étoit en réalité une sphère qui rouloit sans discontinuer dans une certaine machine faite de fil d'acier et qu'un ressort, quand elle touchoit le fond de la machine, relançoit en haut : et cela alloit ainsi sans cesse et sans repos.

[2] M. Grimarèt, dans la vie de Molière (qui est traduite également en allemand), fait connoître l'imposture d'un certain Raisins, qui a amassé plus de vingt mille livres pendant une seule foire Saint-Germain, simplement avec une épinette qu'il faisoit jouer presque d'elle-même.

[Voy. *La vie de M. de Molière*, par Grimarest, édit. de 1877, p. 46.]

boutiques, et conséquemment ils haussent le prix de leurs marchandises. Cependant, si notre voyageur veut faire quelque emplette, qu'il la fasse de jour. Je ne trouve pas bon qu'on aille le soir à la foire : c'est une perte de temps, les affaires en souffrent, et même l'on risque sa vie : la grande foule de ceux qui passent et repassent rend les querelles fréquentes, et on peut pour un rien se trouver pris dans l'une d'elles. Les boutiques sont ouvertes tous les jours, excepté le dimanche, mais il est suffisant d'y aller deux fois par semaine.

Lorsqu'on est à la foire, on peut se promener dans les allées, puis aller se placer dans une boutique, si l'on en voit une où l'on ait des connoissances. Mais que l'on fasse attention à ses poches, tant à l'intérieur de la foire qu'au dehors. Les montres, les tabatières, les mouchoirs et cent autres bagatelles sont alors en grand péril. On est dans la foule et on ne sait qui passe auprès de vous. Ceux qui crient : *gardez vos poches*, à l'entrée de la foire et auprès des danseurs de corde, sont quelquefois les plus sujets à caution. Méfiez-vous d'eux. Silverius avoit à peine fait deux pas après avoir entendu ce cri, qu'on lui avoit déjà enlevé une belle tabatière d'argent. Crinon, dans le trajet d'une boutique au café où il alloit retrouver ses camarades, fut volé, et on lui déroba tout l'argent qu'il avoit dans son gousset. Qu'on se garde bien aussi, quand on

est le soir dans quelque café, de manger trop de
ce poisson apprêté en salade qu'on appelle du
thon. Qu'on ne boive pas trop non plus de ces
vins qui échauffent, comme le vin de Saint-Laurent, de Muscat, de Frontignac, etc., qui sont
alors très en vogue. Qu'on ne se surcharge pas
l'estomac avec des marrons, des glaces, des
pistaches en dragées, des truffes et autres confitures de ce genre. Ces excès entraînent ordinairement des fièvres chaudes et d'autres maladies
dangereuses. Qu'on évite les cafés placés dans
les petites allées de chaque côté de la foire. Ce
ne sont que de francs b....ls, et les appartemens du second étage sont pour les amateurs de
la partie carrée.

Si l'on peut se dispenser de courir à la foire
avec des femmes ou des filles, tant mieux. On
est avec elles fort embarrassé et on n'en est pas
quitte sans laisser de ses plumes. Cependant,
quand on est une fois parti avec elles, on doit
être de bonne humeur et prendre part à tout ce
qui leur plaît.

Je laisse à chacun la liberté d'aller voir les
théâtres des danseurs de corde, les décorations,
les hommes qui prennent la figure de bêtes sauvages en se couvrant de la peau de ces bêtes,
les brocards, les turlupinades et les vilenies qui
s'y disent et s'y font. Les postures lascives et
indécentes des filles qui dansent choquent la
raison et la pudeur. Et quant aux danseurs de

corde. eux-mêmes, les exercices qu'ils font,
quelquefois au péril de leur vie, et surtout les
estrapades et les branles qu'ils se donnent sur
la corde font dresser les cheveux aux spectateurs.

Je suis sur ce point du même avis que l'auteur
de la Suite des caractères de Théophraste et des
Pensées de M. Pascal. Quoiqu'un peu long, le
passage suivant de son livre mérite d'être rapporté :

« Ne nous retranchons plus sur le tempérament qu'on a apporté au théâtre ; nous ne
sommes pas moins coupables que ceux qui, dans
le règne du paganisme, offroient à la vue d'un
peuple assemblé des combats de gladiateurs[1].
Notre barbare curiosité s'immole tous les jours
d'aussi sanglantes victimes, quoiqu'elle ne se
repaisse pas tout à fait de pareils objets. Pour
plaire à des chrétiens cruels, on en voit qui
exposent leur vie. Une femme suspendue dans
les airs[2] s'agite et se balance. Un homme armé
marche sur une corde, et y danse de la même
manière qu'on feroit sur la terre ferme, tantôt

---

[1] Cela se voit encore presque tous les jours en Angleterre,
chose qui fait qu'on est surpris du naturel sanguinaire de cette
nation.

[2] Il n'y a pas fort longtemps que la Cour de France a
défendu expressément aux femmes de danser sur la corde.
Elles ont aujourd'hui, en dépit de la dite défense, repris cette
coutume vicieuse, et, il y a quelques années, j'ai vu à Lille
une jeune fille voltigeant et s'agitant sur la corde lâche avec
une hardiesse surprenante.

perdant l'usage des mains, tantôt celui des pieds :
chaque mouvement le menace d'une chûte mortelle et donne des frayeurs qui passent le plaisir.
Un baladin sur le théâtre imite les poissons, un
autre contrefait les plus vils animaux de la terre.
A regarder ces choses en elles-mêmes, les
païens qui se plaisoient dans le carnage n'étoient
pas plus blâmables que les admirateurs de
telles représentations[1]. »

Les charlatans qui jouent en public dans la
cour de la foire ne sont que pour la canaille : un
homme de condition ne s'amuse pas à ces bagatelles, et quand par hasard on est obligé de se
frayer un passage à travers la foule, on doit se
méfier des voleurs. D'ailleurs, si parmi ces bagatelles qu'on crie dans la foire, quelqu'une en
vaut la peine, on peut aller la voir. Il ne faut
pourtant pas y aller un des premiers, il faut auparavant connoître là-dessus l'opinion de ceux
qui y ont été. Tout ne mérite pas d'être vu. Il y
a beaucoup d'impostures. Ainsi, un homme se
vantoit un jour de montrer un crocodile vivant ;
quand il eut, par son mensonge, attiré un grand
nombre de personnes, il fit voir seulement le
corps empaillé d'un crocodile. De cette façon l'argent s'en va insensiblement et sans aucun profit,
il ne reste que la honte de s'être laissé duper.

[1 Citation exacte. Elle est tirée de : *Suite des caractères de
Théophraste et des pensées de M. Pascal*, par Alleaume, avocat de Rouen, édit. de 1705, p. 240.]

CHAPITRE XV

DE LA FRÉQUENTATION DES BALS PENDANT LE CARNAVAL.

Dans les grandes villes, dans les résidences des rois et dans celles des princes, il y a, pendant le carnaval [1], des bals et des mascarades. Les carnavals d'Italie, ceux de Venise en particulier, sont très renommés. De toutes parts, des milliers d'étrangers accourent pour les voir. A Paris, on ne dort pas non plus durant le temps du carnaval. Sans parler des réunions privées, formées par quelques bons amis qui veulent s'amuser (et cela se fait tous les soirs à Paris dans divers quartiers de la ville), celui qui aime ces sortes de plaisirs peut les goûter souvent sans qu'il lui en coûte beaucoup de peine, car l'on est, à ce moment de l'année, excusé de la façon dont on ose paroître sans en avoir la permission dans les endroits où l'on fait de la musique. J'ai l'intention de m'arrêter un peu sur les grandes et publiques mascarades et bals

[1] Carnaval représente presque *Caro vale*, ce qui peut signifier ou : « porte-toi bien, ma chair, » jouis des plaisirs; ou bien : « adieu, ma chair, » je renonce à toi et à tes délices, parce que le carnaval est suivi du carême, époque pendant laquelle les catholiques s'abstiennent de chair pendant quarante jours.

[Voy. le *Dictionnaire* de Littré, au mot *carnaval*.]

que certaines personnes de condition donnent à
l'époque du carnaval.

Un bal consiste dans la réunion d'un certain
nombre de personnes de l'un et l'autre sexe,
masquées de diverses façons, passant la nuit en
costumes variés, dansant ensemble, et se rafrai-
chissant avec toutes sortes de confitures, de liqueurs et autres choses. Ces divertissemens commencent immédiatement après le nouvel an et
durent jusqu'aux Cendres. Cette période de l'année peut avec raison être appelée l'âge d'or à
Paris, et il est permis de dire que ceux qui ne
se sont pas amusés jusque là ne peuvent s'en
défendre à ce moment. Les femmes sont pires
que les hommes, elles courent les bals et sont
presque toujours les premières à organiser des
parties. Comme elles n'aiment pas à y aller
seules, à cause de plusieurs accidens inattendus
qui leur peuvent arriver, elles tâchent d'emmener avec elles des cavaliers qu'elles connoissent
et qui les secourent au besoin. Offrez à une demoiselle de la mener au bal, je vous garantis
qu'elle acceptera avec plaisir et qu'elle vous en
saura gré. On a ici la liberté de paroître avec
toutes sortes de masques, les hommes en habits
de femmes, les femmes en habits d'hommes;
avec des masques de toutes sortes de pays, de
tout âge, de toutes façons, quelque étranges et
drôles qu'ils soient. Ici, tout est permis, et plus
un masque est bizarre, plus on l'admire.

On ne doit pas quitter la dame que l'on mène
à la mascarade, on doit danser avec elle et lui
offrir des rafraîchissemens. Si l'on est avec plusieurs personnes, il faut faire attention de ne pas
se séparer, surtout dans les bals où il y a beaucoup de monde, car au milieu d'une si grande
foule, l'on ne se retrouve pas aisément quand
on s'est perdu. C'est ordinairement à minuit que
les bals sont plus animés. Çà et là on a de la peine
à être admis, surtout lorsqu'il n'a été distribué
qu'un certain nombre de billets. En d'autres
endroits, la porte est ouverte à tous les masques.
Pendant toute la nuit jusqu'au grand jour, on
s'amuse. Les uns dansent, les autres restent
assis et causent ensemble, d'autres vont se rafraîchir, d'autres enfin s'occupent de mille manières.

On ne sauroit décrire les aventures étranges
qui se passent dans les mascarades de ce genre.
Si Madame ou Mademoiselle ne peuvent avoir chez
elles d'occasion pour s'entretenir tête à tête avec
son amant, un tel lieu et la figure d'un masque
sont, pour jouer un rôle amoureux, d'excellens
moyens. Telle dame fait semblant de connoître
un masque, et s'égare en effet à bon escient,
pour vérifier si un inconnu peut entretenir véritablement une inconnue. Pareille aventure arriva
dans un grand bal à Pythias. La personne qui
l'arrêta leva son masque, et au visage il reconnut
que c'étoit une dame de très grande extraction.

Il hésita d'abord, quoique encore masqué, et pendant qu'il se demandoit s'il devoit prendre auprès d'elle la place de son prétendu amant, elle lui rappeloit mille choses qui s'étoient passées entre eux. Il accepta enfin la partie, mais quand Pythias se fit connoître, la dame s'aperçut qu'elle s'étoit trompée. Comment s'en tirer? A chose faite, point de remède : entre un si grand nombre de personnes déguisées, il est quelquefois impossible de distinguer ses propres amis. Beaucoup ont le même masque, et ceux qui ne veulent pas être reconnus changent non seulement leur façon de parler, mais troquent leur costume contre celui d'un de leurs amis. Corbini, voulant un jour chercher fortune dans un bal, aborda un masque qu'il ne connoissoit ni par le vêtement, ni par le langage; et c'étoit sa propre femme, qui avoit changé de l'un et de l'autre. Celle-ci ayant la même intention, il ne leur fut pas difficile, à l'un et à l'autre, d'obtenir ce qu'ils recherchoient. Enfin l'accord se fit, mais après le dénouement de l'intrigue, ils eurent raison tous deux de se reprocher mutuellement leur infidélité.

Le plus grand et le plus superbe des bals donnés en France lorsque j'y étois fut celui qu'offrit en 1714 le duc de Berry, mort à Versailles il y a quelques années. Ce bal dura trois mois, et tout y fut royal : musique, rafraîchissemens, confitures, service. On y compta plus de trois mille masques, parmi lesquels le duc et la duchesse, tous les

princes, princesses et autres grands seigneurs
de la Cour, même un grand nombre des principaux habitans de Paris. La séance duroit jusqu'au
grand jour, et les gardes du duc étoient toute la
nuit sous les armes, tant pour parader que pour
empêcher et prévenir les désordres. On assure
que chaque bal coûta plus de trente mille livres.

Quelque temps après, à Versailles, le duc de
Bourbon-Condé donna un bal pendant trois jeu-
dis consécutifs. On y déploya beaucoup de magnificence, néanmoins il y eut une différence
considérable avec le bal précédent.

A cette époque, le prince de Conti donna aussi
un très beau bal à Paris. Mais le nombre des
masques fut si considérable qu'on pouvoit à peine
remuer dans les appartemens. Il falloit s'arrêter
brusquement là où l'on se trouvoit, et les masques qui voulurent danser n'eurent point de
place. On s'estimoit heureux lorsqu'on pouvoit
attraper un petit verre de liqueur ou quelque
autre rafraîchissement au buffet.

La duchesse du Maine donne régulièrement
tous les mardis gras [1] un superbe bal dans son
château de Sceaux ; cette fois, elle n'épargna
rien pour le rendre aussi brillant que de coutume.
Quoique Sceaux soit à deux lieues de Paris, il
vint une quantité considérable de masques.

Le bal de l'ambassadeur de Sicile ou de Savoie

[1] C'est avec ce bal que finit le carême-prenant.

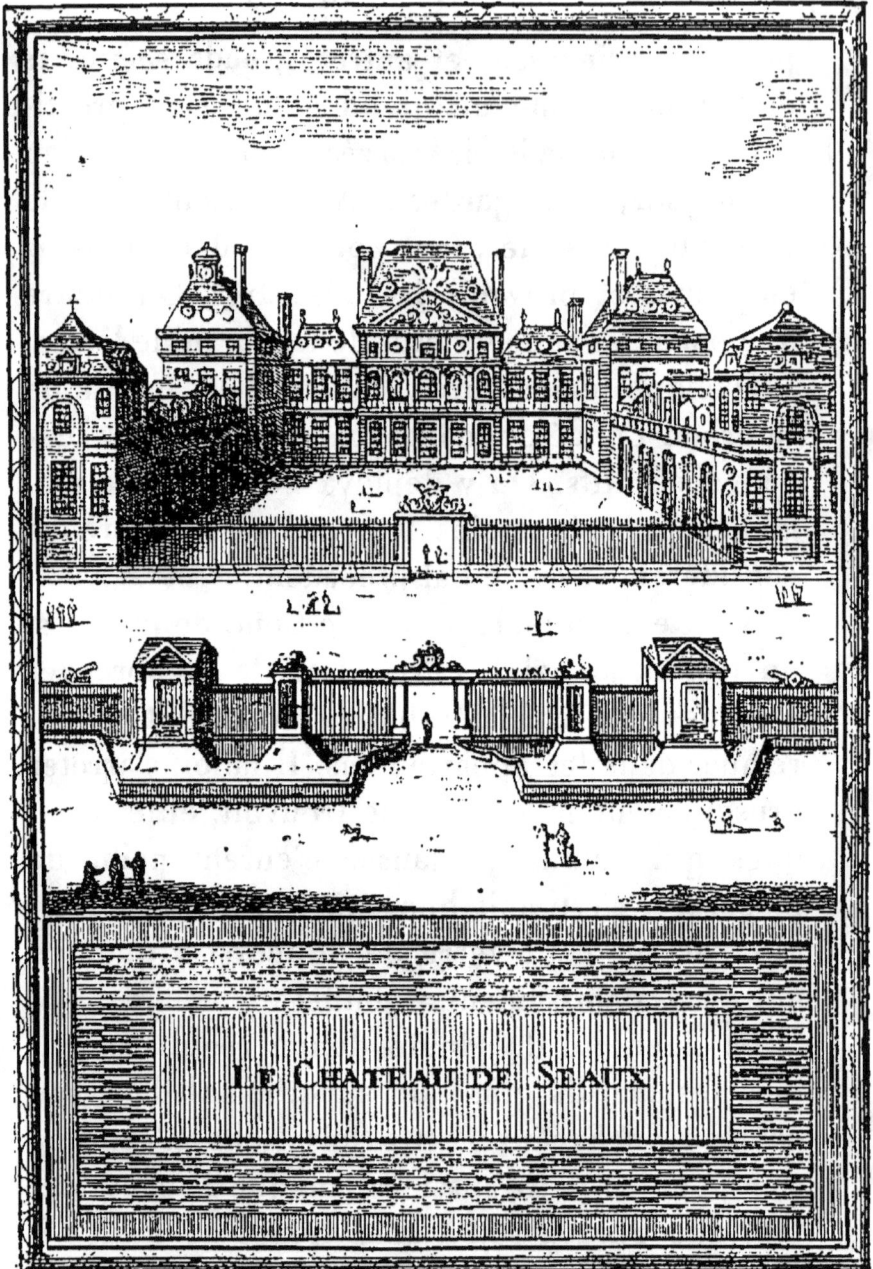

LE CHÂTEAU DE SEAUX

fut passable : l'hôtel étoit trop petit et l'entrée fut difficile, même pour les masques munis de billets.

Le bal donné à Rambouillet par quelques jeunes seigneurs et dames de qualité fut fort agréable. On n'y admit pas plus de masques qu'il n'étoit possible d'en recevoir pour être à l'aise, aussi tout s'y passa-t-il avec beaucoup d'ordre.

Le duc d'Ossune [1], ambassadeur d'Espagne, qui étoit encore à Paris, donna régulièrement, au moins deux fois par semaine, pendant le carnaval, un bal superbe. Ce prince dépensa des sommes immenses, et sans grand éclat. Tous les bals étoient mal surveillés : il s'y passa des choses horribles.

Enfin, craignant que la ville de Paris manquât de divertissemens, feu le duc Régent permit à l'Opéra et à la Comédie-Françoise de donner sur leurs théâtres des mascarades publiques deux fois par semaine.

Il me semble inutile d'entrer dans de plus longs détails, mon seul but étant d'examiner si notre voyageur doit fréquenter ces sortes de bals et de mascarades.

[1] C'est le même ministre d'Espagne qui résida ensuite à Utrecht, en qualité d'ambassadeur et plénipotentiaire du Roi catholique.

CHAPITRE XVI

DU JEU.

Un homme de qualité qui veut profiter de son séjour à Paris doit aller dans le monde. Or, comme on ne trouve guère à Paris de sociétés où l'on ne joue, il ne sera bien reçu que s'il sait jouer. Les François et surtout les dames aiment fort cette distraction. Aussi trouve-t-on certaines maisons où tout le monde peut aller jouer sans avoir été présenté. Ces maisons retirent chaque année un grand bénéfice du jeu, et même quelques personnes de condition n'ont pas honte de donner ainsi à jouer chez elles. De mon temps, on jouoit chez l'ambassadeur de Gènes, et aussi à l'hôtel du prince Ragotzy [1], dans le faubourg Saint-Germain. Ces personnages étoient autorisés par la Cour à tenir table pour les jeux de hasard. Au reste, ces jeux sont permis aux ministres et aux princes étrangers, tandis qu'ils sont absolument défendus aux sujets du Roi [2]. Il existe cepen-

[1 François-Léopold Ragotzki, prince de Transylvanie, mort en 1735.]

[2] Comme il s'est fait bien des changemens en France après la mort du roi Louis XIV, il y a eu quelques modifications au sujet du jeu. Le duc Régent avoit non seulement autorisé tous les jeux de hasard, mais même on jouoit publiquement à l'hôtel de Trêmes depuis le matin jusqu'à la nuit noire, et chacun pouvoit y aller tenter la fortune. Au début, on y jouoit

dant certaines maisons où l'on y joue à la dérobée.

Le jeu est un moyen de s'introduire dans les meilleures sociétés. Voici ce que j'ai vu un jour à Versailles, dans l'appartement de Madame la duchesse de Berry : tandis que tous les princes et princesses du sang royal, ainsi que d'autres illustres courtisans, tous assis à une grande table ronde, jouoient à l'ombre devant un lit de parade sur lequel la duchesse étoit couchée, j'ai vu des gens de médiocre condition, debout derrière tous ces nobles personnages, jeter à leur tour des louis d'or sur la table. Mais combien d'exemples n'a-t-on pas de gens qui, en dépit de leur basse extraction, se sont introduits par le jeu auprès des princes et des grands seigneurs, et ont ainsi fait leur fortune ! Le professeur de jeu, le maître de trictrac Tout-à-Bas, dans la comédie intitulée *Le joueur* [1], dit assez plaisamment sur ce sujet :

aux dés dans une grande salle avec dix tables; puis il y eut deux appartemens pour le pharaon et le lansquenet; il y en eut deux autres encore où l'on jouoit au trictrac et au toccadille; enfin dans un autre on vit quantité de tables pour le jeu de l'ombre. Le fameux comédien Poisson entretenoit tous ces jeux en payant mille livres par mois au duc de Trêmes, gouverneur de Paris, propriétaire de la maison. Mais cette académie ne dura guère. Le bruit couroit, ces temps derniers, que certains entrepreneurs avoient offert à la Cour une somme considérable pour avoir le droit exclusif de tenir une table de jeu : on ne sait s'ils ont obtenu l'autorisation. Cependant, vers la fin de l'année 1722, on permit à M. Blouin, premier valet de chambre du feu Roi et intendant de Versailles, de tenir chez lui une assemblée de jeu.

[1] Regnard est l'auteur de cette pièce incomparable. C'est

. . . . Le jeu fait vivre à l'aise
Nombre d'honnêtes gens, fiacres, porteurs de chaise,
Mille usuriers fournis de ces obscurs brillans
Qui vont de doigts en doigts tous les jours circulans,
Des Gascons à souper dans les brelans fidèles,
Des chevaliers sans ordre, et tant de demoiselles
Qui sans le lansquenet et son produit caché
De leur foible vertu feroit fort bon marché,
Et dont tous les hivers la cuisine se fonde
Sur l'impôt établi d'une infaillible ronde[1].

Je n'allègue pas ces exemples pour persuader
à un jeune homme de s'adonner au jeu en négli-
geant tout le reste : on peut faire fortune dans
le monde par des moyens plus honnêtes. Cependant j'oserois dans une certaine mesure recommander quelques jeux, comme les dames, le trictrac, la tocadille et parmi les jeux de cartes le
piquet, et surtout l'ombre. Ce jeu est maintenant
reçu presque partout, et l'on trouve peu d'endroits où il ne se joue. Et, ma foi, c'est un des
plus beaux et des plus ingénieux parmi ceux qui
ne dépendent pas uniquement du hasard. L'esprit
n'y perd point ses droits et peut corriger les ma-
lices du sort. Un homme qui connoît ce jeu-là,
en sait assez et brillera partout. J'oserai dire qu'un

une des meilleures qui aient jamais été jouées au Théâtre
parisien. Rien n'est plus vivant que les rôles de Beaubourg
et de La Torillère (le premier personnage est le joueur, le
second son valet). Cette pièce m'a tant plu, que je n'ai presque
jamais manqué de l'aller voir quand on la donnoit.

[1 Passage extrait de l'acte I, sc. x.]

voyageur en France ne sauroit s'en passer. Supposez que, dans une société où je me présente
pour la première fois, l'on ne me demande pas
d'abord : « Monsieur sait-il jouer? » Je ne l'échap-
perai pas la seconde fois. Et si je m'excuse sur
mon ignorance, je suis assuré qu'à partir de ce
moment l'on me fera une révérence de moins.
Passe encore; mais quelquefois il arrive qu'une
dame vous offre d'être de moitié avec elle : impossible alors de refuser, à moins de paroître
avare et incivil. Dans ce cas, j'aime mieux avoir
la satisfaction de jouer moi-même que d'être
assis en spectateur inutile, tandis que d'autres
jouent mon argent.

En général, je conseille à notre voyageur de
ne pas entrer souvent dans ces maisons où le jeu
est une profession, et que l'on appelle *assemblées
de jeu* [1]. Mais si l'on va chez des particuliers où
l'habitude est de jouer, il faut observer les règles
suivantes.

Ne pas s'offrir au jeu, attendre qu'on vous le
propose : c'est alors à vous de juger si la bienséance permet de refuser. Parfois deux personnes voudroient faire une reprise d'ombre. Il leur
faut une troisième personne, et alors, à moins de
passer pour l'homme du monde le plus grossier,
vous ne pouvez vous dispenser de tirer une des
trois cartes qui vous sont présentées. Mais s'il y

[1] Tel est l'hôtel de Trêmes, nommé plus haut.

a là d'autres invités qui savent aussi jouer à l'ombre, on peut toujours trouver de bonnes raisons pour s'excuser. On dira, par exemple, que cette fois on dispose de trop peu de temps, qu'on a un rendez-vous pour telle ou telle heure, ou bien que l'on est mal pour le moment et que tel ou tel tiendroit bien mieux la place, etc. Quand on est connu et un peu habitué dans la maison, ces excuses peuvent passer.

Ne point jouer aux jeux de hasard, tels que la bassette, le lansquenet, le pharaon, le brelan, la dupe, le hoque [1] et autres, quels que soient leurs noms. Ces jeux sont bons pour ceux qui n'ont aucune occupation, qui sont riches ou qui font profession de jouer. Les étrangers de qualité doivent mieux employer leur temps et leur argent. Les jeux de hasard ont beaucoup de charme, et une fois que l'on s'est embarqué dans cette galère, on ne la quitte qu'avec beaucoup de peine. Pendant ce temps, les jours passent, on risque l'argent dont on doit vivre, et puis l'on n'est pas à Paris pour jouer ou pour s'enrichir. Si l'on aime cette sorte de jeux, que l'on attende d'être revenu dans sa patrie.

A Paris, on ne se livre aux jeux de hasard que quand on le veut bien. Il y a toujours là dix per-

[1] L'hombre était un jeu espagnol, le hoc un jeu italien. Le *hoc Mazarin,* très aimé du célèbre homme d'État, différait du *hoc de Lyon.* Voy. l'*Académie universelle des jeux,* édit. de 1765, t. I, p. 268.]

sonnes pour une qui acceptent la partie ; il vaut
donc mieux choisir un jeu de commerce, c'est-à-
dire une reprise d'ombre, mais avec peu d'argent. Je connois des sociétés où l'on joue à l'ombre, et où, dans une seule partie, on peut gagner
ou perdre de quinze à vingt écus ; mais j'en connois aussi d'autres où l'on joue beaucoup moins.
Qu'on ne s'engage point dans de gros enjeux,
qu'on préfère toujours les plus petits : ce sont les
meilleurs. Quand l'on joue, c'est pour être en
compagnie, non pour s'enrichir. Si l'on est assez
heureux pour ne rien perdre ou pour perdre peu
de chose, on doit être satisfait.

Qu'on joue toujours à jeu égal, c'est-à-dire
qu'on ne joue pas aujourd'hui gros jeu et petit
jeu demain. On peut en jouant gros jeu, et en
admettant qu'on soit heureux à chaque coup,
perdre en une seule fois plus qu'on ne sauroit
regagner en dix coups au petit jeu. Mais en
jouant toujours le même prix, on reprend quelquefois en une partie ce qu'on a perdu dans les
autres ; de sorte qu'en faisant le calcul de ce
qu'on a gagné et perdu pendant l'année, on
trouve, à moins qu'on n'ait été par trop malheureux, que la perte est inférieure au gain.

Qu'on joue avec tout le monde. Je me souviens
d'avoir vu dans certaines réunions des étrangers,
des compatriotes même, se mettre à part dans
quelque coin pour jouer : c'étoit mal de la part
de ces messieurs de se plumer ainsi l'un l'autre.

A mon avis, les étrangers de passage à Paris ne
devroient jamais, à moins d'y être tout à fait obligés, jouer ensemble. Lorsqu'ils sont entre eux,
personne ne les y force; le fait même d'être compatriotes permet, sans que personne puisse s'en
offenser, de refuser une partie. Dans les réunions où il y a des étrangers, il peut arriver qu'il
soit impossible de se dispenser de jouer avec
d'autres étrangers; mais ce qu'on perd d'un côté
on le rattrape de l'autre, car on trouve là l'occasion de s'exercer dans la langue françoise, de voir
et de connoître du monde, de gagner l'estime et
l'affection de ceux avec lesquels on joue, tous
gens qui, à l'occasion, nous peuvent rendre service.

Ne jouer qu'avec ceux que l'on connoit bien.
Il est dangereux de s'engager avec des gens que
l'on n'a jamais vus. Ignorant leurs façons d'agir,
on paye toujours son apprentissage, surtout s'ils
ont les doigts un peu prompts et subtils pour bien
mêler les cartes. Quelquefois aussi, ils sont particulièrement habiles au jeu, et alors on court
risque de perdre. Qu'on choisisse donc, parmi
ceux que l'on fréquente, les gens avec qui l'on
veut se lier. Qu'on s'attache également à ceux
qui sont forts au jeu : c'est un moyen de rattraper très vite les pertes que l'on a faites.

Enfin, on doit jouer avec calme. Celui qui
n'est pas maître de soi-même ne doit pas jouer.
N'est-ce pas une pitié que d'entendre Néophyte

prononcer des jurons à chaque coup malheureux,
ou de voir Aglante déchirer la carte et la jeter
derrière soi? Que diront les gens d'esprit de ces
extravagances? D'autres, pendant tout le jeu se
plaignent de leur mauvais sort. Est-on venu là
pour écouter leurs doléances et leurs soupirs, et
prétendent-ils qu'on prenne part à leur malheur? Quand on se met à jouer, il faut être indifférent au gain ou à la perte. Il faut, par avance,
considérer comme perdu l'argent qu'on met au
jeu, et regarder comme un présent ce qu'on
gagne par hasard.

C'est se leurrer étrangement que de prétendre
gagner toujours. Qu'on accepte tout ce qui arrive
au jeu; et si, quoi qu'on fasse et quelle que soit
la façon dont on s'y prenne, la fortune est toujours contraire, que l'on quitte la partie et que
l'on remette la revanche à un autre moment.

CHAPITRE XVII

SI L'ON PEUT MIEUX EMPLOYER SON TEMPS EN
HIVER QU'EN ÉTÉ QUAND ON EST A PARIS.

Ceux qui aiment le travail savent s'occuper en
tout temps et en tout lieu. S'ils n'ont point de
livres, ils réfléchissent sur un sujet, et ils écrivent; même isolés, ils sont ainsi moins seuls, et,

même sans travail, ils sont moins oisifs. La conversation avec d'autres voyageurs n'est pas toujours sans profit. L'un sait une chose, l'autre en
sait une autre ; les officiers, les gens d'Église ou
d'autres gens éclairés sont particulièrement inté-
ressans. Souvent, même dans les cabarets, on
voit sur les vitres, à côté de sornettes assez
grossières, des choses curieuses et de belles
pensées que quelques beaux esprits de passage
en ces lieux y ont gravées. Et puis, si l'on ne
s'instruit pas, on s'amuse, on échange des idées.
Il suffit d'un compagnon de voyage intelligent
pour passer son temps agréablement.

Paris est un lieu où les étrangers ont toute
l'année l'occasion de bien employer leurs loisirs.
On y apprend toujours quelque chose de nouveau : les fêtes y ont lieu à époque fixe ; on y
peut toujours à n'importe quel moment de l'année
s'entretenir avec les savans, avoir des professeurs, visiter les bibliothèques, les manufactures
et autres curiosités analogues : de sorte que
les différentes saisons de l'année paroissent avoir
la même valeur. Pour moi cependant, je crois
que l'hiver y est, pour les étrangers, plus utile,
et voici pourquoi.

J'entends ici, par hiver, l'espace de temps compris entre la Saint-Michel[1] et Pâques. Car, bien
qu'en France, octobre soit ordinairement aussi

[1 29 septembre.]

beau que les mois d'été, et qu'en mars le doux
printemps se fasse sentir avec toute sa force, personne ne me blâmera de comprendre dans l'hiver
le laps de temps que je viens d'indiquer. Et c'est
cette époque qui me paroît être la plus utile pour
les étrangers de séjour à Paris. Si l'on y vient,
c'est surtout pour s'instruire et pour apprendre
la langue par la conversation. Or, j'ai remarqué
qu'en été l'on travaille beaucoup moins qu'en
hiver. Les chaleurs excessives lassent vite les
maîtres et les écoliers, surtout lorsque l'on doit
pendant tout un jour tirer des armes, danser et
monter à cheval. Rarement, on peut à ces exercices consacrer tout le temps qu'on leur destinoit.
Quelquefois les professeurs ont, aux environs de
Paris, des maisons de campagne où ils vont pour
se divertir, ou pour faire avec d'autres des parties de plaisir. Ils profitent pour y aller du grand
nombre de jours de fête, les étudians étant, malgré tout, obligés de payer le mois complet. Il
est vrai que quelques-uns de ces messieurs paient
leurs maîtres au cachet : ils leur en donnent un
à chaque leçon, par exemple douze ou seize par
mois et ils les leur remboursent tous ensemble.
Mais, passer deux mois avec un si petit nombre
de leçons, cela ne me conviendroit pas : plus mon
maître vient souvent, plus vite j'apprends et plus
mes progrès sont rapides. Outre cela, la belle saison invite à visiter les jardins royaux, à fréquenter
les promenades, qui sont alors fort agréables : on

voit là beaucoup de monde, et l'on s'y divertit.
Quant à la conversation, quoiqu'il y ait en été
encore assez de monde dans la ville pour pouvoir
causer, les principaux habitans sont partis :
presque tous ont, dans les environs de Paris ou
dans les provinces, des maisons de campagne où
ils se retirent durant quatre ou cinq mois. Les
officiers vont ou en campagne ou dans leurs garnisons, et la Cour elle-même se rend souvent à
Marly ou dans d'autres palais de plaisance : du
mois d'août au mois d'octobre, elle est ordinairement à Fontainebleau. Les académies, le Parlement et tous les établissemens publics ont en été
des vacances assez longues ; les spectacles sont
moins nombreux et moins fréquentés. Au contraire, aussitôt après la vendange, tout le monde
revient de la campagne. A partir de ce moment,
la Cour reste à Paris ; les gouverneurs de provinces, les principaux officiers de l'armée ou des
garnisons s'y rendent également ; les provinciaux
qui ont des procès y arrivent en foule, puisque
les séances du Parlement recommencent à cette
époque ; on donne sur les théâtres de l'Opéra ou
de la Comédie de plus belles pièces qu'à tout
autre époque de l'année; les Académies repren-
nent leurs séances; les professeurs redoublent
d'attentions pour les étudians. De Noël à Pâques
se place véritablement l'âge d'or à Paris, c'est-à-
dire le carnaval et la foire Saint-Germain. Je
crois que ceux qui ont passé toute l'année à

Paris auront aisément remarqué la différence
que je signale ici entre l'hiver et l'été.

Cependant je ne prétends point détourner les
étrangers et ceux qui peuvent dépenser largement de demeurer à Paris en été. Ils auront la
pleine jouissance des promenades, tant en carrosse au Cours qu'à pied au jardin royal et dans
les jardins des particuliers. Les maîtres peuvent,
malgré tout, leur aller donner des leçons. Au
jardin Royal se font, pendant le mois de juin et le
mois de juillet, les démonstrations botaniques.
Enfin, à ce moment aussi, ont lieu beaucoup de
fêtes qui méritent d'être vues. A mon avis, on
feroit mieux, surtout si l'on veut économiser, de
passer un été hors de Paris et deux hivers dans
la ville, plutôt qu'un an tout entier dans Paris.
Un étranger a trois moyens principaux d'employer avec plaisir et profit son été sans quitter
la France. D'abord, en visitant les provinces les
plus curieuses : quoique la chaleur soit alors un
peu forte, surtout dans le midi du royaume,
c'est en été qu'il est le plus agréable de voyager :
les jours sont longs, les chemins bons; tout rit et
tout fleurit à cette époque; les vivres sont peu
chers, surtout les légumes et les fruits. Supposez
donc que quelqu'un arrive à Paris vers la Saint-
Michel et y demeure jusqu'à Pâques, cette personne pourroit, au commencement du mois de
mai, faire par les provinces le grand tour dont je
parlois, afin de voir les villes situées sur sa route,

comme Lyon, Avignon, Toulon, Marseille, Mont-
pellier, Narbonne, Toulouse, Bordeaux, la Rochelle, Nantes, Angers, Saumur, Tours, Blois,
Orléans, puis être de retour à Paris à la fin de
septembre pour y passer l'hiver. Je crois que ce
voyage demanderoit environ cinq mois, et s'il
étoit achevé à l'époque dont je parle, un étranger
curieux auroit encore du temps de reste pour
aller voir la Cour à Fontainebleau.

On ne sauroit assez louer la complaisance et la
générosité des provinciaux (c'est ainsi qu'à Paris
on nomme les habitans des provinces) pour les
étrangers[1]. Je ne parle pas des villes de Picar-
die, je suppose qu'on les aura déjà vues, ainsi
que celles de Flandre et d'Artois, en venant
d'Angleterre en France.

Si l'on ne peut faire ce grand tour, on peut
aller à Orléans, à Blois, à Angers, et passer dans
ces trois villes les mois d'été ; on peut encore
aller aux eaux de Bourbon. A Orléans et à Blois,
on parle un françois très pur, et il y a à Angers
une académie importante.

---

[1] Madame du Noyer dit à la louange de la ville de Mont-
pellier, dans ses *Lettres galantes* : « Il n'est point de lieu au
monde où les étrangers soient aussi bien reçus qu'à Montpel-
lier ; on n'a que faire d'être connu pour être visité et recherché avec empressement, et pour être d'abord de toutes les
parties. » Et ce qu'elle dit est vrai, je pourrois le prouver par
beaucoup d'autres exemples.

[La citation de Mme Dunoyer est exacte. Voy. ses *Lettres*,
t. I, p. 103.]

On est très tranquille dans ces villes, on y voit peu de compatriotes, on s'exerce bien dans la langue, et ce qu'il a de plus agréable, c'est que les vivres y sont très bon marché. Outre cela, on y voit du monde; et comme un grand nombre des habitans de ces villes viennent pour leurs affaires à Paris en hiver, on peut entretenir avec eux les relations commencées.

Ceux qui ont été aux eaux de Bourbon ne peuvent dire assez combien ils en ont été satisfaits. On ne s'ennuie jamais à Bourbon, car dans la belle saison on y trouve toujours une très aimable compagnie. Sur la route de Bourbon, on a aussi l'avantage de voir, et sans beaucoup de peine, la célèbre ville de Lyon.

Un étranger est même quelquefois assez heureux pour se voir invité à passer l'été dans la maison de campagne de quelque habitant de Paris. Les environs sont remplis de maisons de plaisance, et comme leurs propriétaires veulent surtout s'amuser, ils donnent volontiers l'hospitalité à des amis avec qui ils partagent leur plaisir.

Or, si durant l'hiver précédent on est entré en relations avec ces sortes de personnes, elles vous emmènent aisément avec elles à la campagne. Mais il faut auparavant s'être bien insinué auprès d'elles, il ne faut point être misanthrope, il faut badiner, rire, jouer, chasser, etc. Un homme d'humeur changeante ou bizarre fatigue bientôt. Un tempérament capricieux ne va pas du tout à un

François, surtout à celui qui a l'habitude de vivre
dans les plaisirs et dans la joie, et qui est toujours
de bonne humeur.

J'ai connu un certain baron étranger qui pour
tout l'hiver prit, au faubourg Saint-Germain, son
logis dans un des meilleurs hôtels : il faisoit
figure, fréquentoit de bonnes compagnies et sans
négliger ses études, ne perdoit aucune occasion
de s'amuser. En été, il alla se loger au faubourg
Saint-Antoine. Là, il n'y a pas d'étrangers, de
sorte qu'il passa, pour ainsi dire, son temps
incognito ; se mettant en pension chez de petites
gens, étudiant, répétant ses leçons tout seul, afin
de rattraper la dépense considérable qu'il avoit
faite pendant l'hiver. Il mena cette vie quatre
ou cinq ans, et il ne dépensa pas plus que
d'autres qui furent moins remarqués que lui ;
que dis-je ? il dépensa moitié moins. Ainsi, suivant le temps dont il dispose, le montant de sa
bourse et son intelligence, le voyageur peut
s'inspirer, pour vivre à Paris, des indications que
j'ai données. Et pour lui ôter tout scrupule, s'il
craint de ne pouvoir goûter les plaisirs de l'été à
Paris, je lui répondrai : partez au commencement du mois de mai et revenez à la fin de septembre, vous aurez encore du temps pour vous
promener au Cours, aux Tuileries, au Luxembourg, pour aller voir les maisons de plaisance
du Roi dans les environs, pour chercher même
encore çà et là des relations dans la ville.

CHAPITRE XVIII

ON NE DOIT PAS PERDRE LES OCCASIONS DE VOIR LES FÊTES PUBLIQUES.

Les voyageurs curieux ne manquent pas d'aller voir ce qui se passe de remarquable. Pour satisfaire leur curiosité, ils n'épargnent ni leur peine ni leur argent. Il y a très souvent des fêtes à Paris ; malheureusement, la grande étendue de la ville fait qu'on ne le sait quelquefois que lorsqu'elles sont déjà terminées. J'ai été surpris que les François, qui donnent tant d'indications inutiles dans leur prétendu *Almanach royal*, n'y mentionnent pas les solennités qui se célèbrent chez eux durant l'année. La chose ne s'est jamais faite ; elle seroit cependant très utile pour les étrangers[1]. C'est pourquoi je pense que je serai agréable à notre voyageur en lui parlant ici des fêtes que j'ai vues à Paris et à Versailles pendant mon séjour en France. Quelques-unes de ces fêtes reviennent tous les ans, d'autres n'ont eu lieu que tout à fait par hasard et extraordinairement.

[1] J'ai toutefois, par mes sollicitations, obtenu de M. Simon de Valhebert, membre de l'Académie des sciences, qu'il se chargeât de ce travail. Il m'a promis de le faire imprimer bientôt, sous le titre de calendrier curieux pour les étrangers.

Voici les fêtes ordinaires.

Le jour du nouvel an, toute la Cour en grande pompe et grande magnificence porte au Roi ses complimens et ses félicitations. Tous les princes, tous les ministres étrangers, tous les collèges paroissent dans cette solennité, et les représentans du commerce parisien offrent au souverain le présent accoutumé.

Le 28 janvier, le panégyrique latin de Charlemagne, patron de l'Université, est fait, en mémoire de ce prince, au collège de Navarre.

Le lundi de carnaval, la populace en habit de masque court à travers Paris surtout dans le faubourg Saint-Antoine : là se rendent aussi un grand nombre de carrosses.

Le mardi suivant, à minuit, la duchesse du Maine donne régulièrement tous les ans un bal magnifique dans son château de Sceaux, et ainsi finit le carême-prenant. Quoique ce château soit à quelques lieues de Paris, quoiqu'il fasse nuit noire et que souvent la pluie tombe en abondance, une si grande quantité de masques se transportent à Sceaux en carrosses, que non seulement les appartemens où l'on danse, mais la grande galerie du palais sont remplis.

Le 24 avril, on prête serment au Châtelet[1] : c'est la marque de la juridiction particulière de la ville de Paris.

[1] Le Châtelet dépend du Parlement de Paris.

La même solennité se répète le 23 octobre.

Le jour de Pâques fleuries, il se célèbre à la
Cour une cérémonie d'un genre particulier.
Quand le Roi va en procession à la chapelle, on
jette des rameaux verts à ses pieds. Il ramasse
l'un d'eux et le donne aux princes du sang qui
le suivent. Durant la première année de mon
séjour en France, je n'appris cette solennité que
lorsqu'elle fut passée, et l'année suivante lorsque
je me rendis à l'endroit où elle avoit lieu, il s'y
trouvoit une telle foule que j'eus beaucoup de
peine à approcher.

Mercredi de la semaine sainte, jeudi et vendredi saints, l'office des Ténèbres se célèbre de
deux à quatre heures de l'après-midi dans
quelques couvens, comme le Val-de-Grâce,
l'Assomption, Longchamps hors Paris, etc. Les
religieuses chantent la Passion avec quelques
motets spirituels (dits en musique par quelques-unes d'entre elles, et accompagnés par
un petit positif ou petites orgues). Les filles
de l'Assomption m'ont beaucoup plu. Madame
Chéret, vieille religieuse, surpasse, tant pour la
voix que pour ses belles manières en chantant,
toutes celles que j'ai entendues jusqu'à ce jour[1].
Nombre de personnes de condition se réunissent
dans cette église, et le couvent tire grand profit
des places qu'il loue pour ces deux heures,

---

[1] Elle a, chose très rare dans une femme, deux octaves
complètes et deux tons de la basse.

puisque chacun paye vingt-cinq sous par place.

Cependant les Ténèbres de la chapelle du Roi à Paris surpassent encore toutes les autres : c'est que cette chapelle a tous les huit tons du plain-chant, et tout le chœur de la musique royale s'y trouve.

Le Jeudi saint, avant midi, le Roi lave les pieds à vingt-trois pauvres et il leur donne à dîner : dans cette cérémonie, les princes du sang portent les mets et les donnent au Roi. A chacun de ces pauvres on remet treize plats qui sont en-suite portés chez eux. Avant la cérémonie, un aumônier du Roi fait toujours un sermon [1].

La veille de toutes les grandes fêtes, le Roi communie et touche les malades [2]. Ces malades viennent par centaines, soit qu'ils aient les écrouelles, soit même qu'ils soient atteints d'autres maux. Ils se placent des deux côtés de la galerie basse du château ; quelques-uns sont couchés, d'autres sont debout. Le premier mé-decin du Roi met la main sur la tête de ceux que Sa Majesté va toucher ; le Roi leur touche la joue et fait sur eux le signe de la croix, en disant : « Le Roi te touche, Dieu te guérisse ! » Sa Ma-jesté est suivie du grand ou du premier aumônier, qui donne à chacun d'eux une pièce d'argent [3].

[1 Sur cette cérémonie, voy. *Les médecins*, p. 268 et suiv.]
[2 Voy. *Les médecins*, p. 254 et suiv.]
[3] A mon avis, c'est là surtout la raison pour laquelle les malades vont se faire toucher.

Quelques malades se font toucher plusieurs fois :
le Roi précédent en a, dit-on, reconnu parfois[1].

Pendant cette solennité, les tambours de la
garde suisse jouent.

Le dimanche de Quasimodo, les Cordeliers
disent la messe en langue grecque, et prononcent
aussi un sermon en grec.

Durant la semaine qui précède Pâques, l'Académie des inscriptions et médailles, ainsi que
celle des sciences, tiennent leur assemblée générale. Les séances ont lieu dans l'après-midi et
durent deux ou trois heures. L'abbé Bignon ou
quelqu'un des membres honoraires président
l'une et l'autre séance. Les membres de ces deux
académies lisent à haute voix et en public trois
ou quatre discours sur les matières nouvelles.
Ces séances publiques ont généralement lieu à
la Saint-Martin. A cette époque, la plupart des
savans se trouvent réunis dans Paris.

Je ne sais pas exactement quel jour se célèbre
la fête des chevaliers du Saint-Esprit : ils sont,
ce jour-là, obligés de venir en procession à Versailles, revêtus du costume de leur ordre. Je les
ai vus aussi en procession le jour de la Pentecôte.

Tous les sept ans, il y a le 1er mai une grande procession en l'honneur des reliques de saint Denis.
Cette procession part du monastère de Saint-De-

---

[1] On dit que le feu roi Louis XIV avoit la mémoire si
bonne qu'il pouvoit se rappeler, même longtemps après, la
physionomie d'un homme qu'il n'avoit vu qu'une seule fois.

nis, et elle se termine à Montmartre, dans un certain couvent où l'on dit la messe. J'y ai assisté en 1714.

Le troisième jour après la Pentecôte, il se donne une fête sur la Seine. La jeunesse de Suresnes vient s'y divertir au jeu que l'on appelle le *tir à l'oie*. Voici de quoi il s'agit. D'abord apparoissent sur le fleuve un certain nombre de petites barques montées par des hommes habillés d'une toile très mince; les uns mènent la barque à l'aviron, les autres, debout sur le pont, tiennent une longue perche avec laquelle ils se poursuivent les uns les autres. Ceux qui se laissent renverser dans l'eau sont obligés de nager jusqu'à ce qu'une barque vienne les recueillir.

Ce jeu fini, un autre commence. Un petit esquif, ancré au milieu du fleuve, a devant lui un câble attaché sur chacune des rives à un treuil qui permet de le laisser pendre ou de le tendre à volonté. Au milieu du câble, en face de l'esquif, est attachée par les pieds une oie vivante, et les gens du bateau s'efforcent de lui arracher la tête avec leurs dents. Ils se suspendent au câble, luttant entre eux pour approcher de la bête. Mais tout à coup, la corde est détendue, puis aussitôt relevée. Les uns réussissent à s'y maintenir, tandis que d'autres lâchent prise et tombent à l'eau. Le bateau et les petites barques qui l'entourent sont fort proprement peintes. En 1713, l'élécteur de Bavière assista à ce jeu.

L'HÔTEL DE VILLE.

La Fête-Dieu ou jour du Saint-Sacrement, qui arrive ordinairement en juin, est de toutes les fêtes catholiques la plus importante. On la célèbre chaque année avec une magnificence extraordinaire. La procession traverse les principales rues de Paris et des faubourgs. Çà et là sont dressés des reposoirs ornés d'argenterie, de perles et de bijoux; sur ces reposoirs, on dépose le sacrement et tout le monde alors prie à genoux. Près des reposoirs se dressent des estrades sur lesquelles on fait de la musique. Les rues par lesquelles passe la procession sont couvertes d'herbes et de fleurs, et les maisons sont extérieurement ornées de tapisseries. Les tapisseries précieuses conservées au garde-meuble du Louvre sont aussi exposées, et on va les voir dans la matinée; l'après-midi, l'on se rend aux Gobelins, pour voir les belles tapisseries qui s'y fabriquent et qui ornent ce jour-là les murailles de la Cour.

La veille de la Saint-Jean, à la Grève ou place de l'Hôtel-de-Ville, sur un théâtre dressé tout exprès, on allume de nuit un grand feu d'artifice.

Le 15 juillet, il se dit chez les Cordeliers un sermon en latin [1].

Au commencement d'août, les Jésuites donnent au collège Louis-le-Grand la représentation d'une

[1] D'où probablement le proverbe : « parler latin devant les Cordeliers. » On s'en sert contre ceux qui raisonnent sur une chose devant d'autres qui la connoissent mieux qu'eux.

tragédie en latin. J'en ai déjà parlé plus haut.

Le 4 août, on prêche en latin chez les Jacobins, le 20 chez les Bernardins, le 28 chez les Augustins.

Le 25 août, jour de la Saint-Louis, l'orchestre de l'Opéra donne aux Tuileries un concert d'instrumens. Il commence au coucher du soleil et dure quelques heures. L'estrade des musiciens est dressée en face du palais, au milieu de la façade ; les chandelles, disposées avec symétrie, font une illumination très agréable. La quantité de gens qui se rendent à ce concert est considérable, et comme le jardin demeure en cette circonstance ouvert toute la nuit, beaucoup ne se retirent qu'au jour.

Durant les mois de septembre et d'octobre, la Cour se transporte généralement à Fontainebleau. Les François ont donné à cette ville le nom de pays du plaisir. On est autorisé à suivre à cheval, durant la chasse, le Roi, les princes et les princesses (qui pour la circonstance sont habillées en amazones). Fontainebleau est une ville de réjouissances : presque tous les soirs, pendant le séjour de la Cour, on représente au château des comédies.

Le Parlement reprend ses séances le lendemain de la Saint-Martin : une cérémonie, la Messe Rouge, précède cette rentrée. La messe est dite dans la grande salle du Palais par un évêque ; une musique incomparable se fait en-

tendre pendant toute la durée de l'office. Celui-
ci porte le nom de rouge parce que, pour cette
circonstance, le premier président, les présidens
et les autres seigneurs du Parlement, tant ecclésiastiques que séculiers, sont habillés de rouge.
Cette première cérémonie en précède d'autres.
Après la messe, le premier président harangue
l'évêque ou le prêtre qui l'a célébrée, et qui répond par une harangue. Les harangues des avocats généraux se font au Parlement le premier
lundi après la Saint-Martin.

La messe de minuit est remarquable. Elle
tire son nom de l'heure à laquelle elle se dit, la
veille de Noël. Toutes les églises, tous les couvens sont envahis par la foule et l'on court d'un
lieu à l'autre. Ce n'est pas précisément de la musique religieuse que l'on joue alors dans les temples : on y entend des menuets et d'autres airs
profanes. Il se commet aussi beaucoup de sacri-
lèges et d'impiétés. La populace passe toute la
nuit dehors; de la messe elle va au cabaret où,
jusqu'au jour, elle fait ripaille. Belle préparation
à une si grande et si sainte fête !

Je suis persuadé qu'il y a encore d'autres cérémonies, mais il m'a été impossible de me renseigner plus exactement. Les François eux-mêmes
ne sont pas au courant de ces détails; ils se
montrent à cet égard beaucoup moins curieux
que les étrangers. C'est pourquoi je conseillerai
à ceux qui comptent rester longtemps à Paris

de compléter de leur mieux ces indications.

Voici maintenant le résumé des solennités extraordinaires qui ont eu lieu à Paris durant le séjour que j'y fis.

Au commencement de l'année 1713, la Cour de France fut en grand deuil : trois dauphins étaient morts en très peu de temps, les uns après les autres [1]. Malgré cela, le duc d'Ossune, ambassadeur extraordinaire d'Espagne, donna pendant le carnaval plusieurs grands bals.

Le 22 avril, eut lieu à Versailles la revue des deux régimens du Roi, la garde suisse et la garde françoise. Le Roi, assis dans une chaise de chasse sur la place du palais, les fit défiler devant lui.

Le 13 mai, le Roi passa en revue, dans la plaine de Marly, les troupes de sa Maison. Ces troupes comprennent les compagnies des mousquetaires gris, des mousquetaires noirs, des gendarmes, des chevau-légers, tous régimens d'élite, commandés par des gentilshommes et des gens d'illustres familles.

Le 17 mai, on eut à Versailles les grandes eaux. Étoient présens le duc de Schrewsbury, ambassadeur extraordinaire d'Angleterre et sa femme, et aussi les dames et cavaliers anglois de

[1 Le 12 février 1712 mourait la Dauphine, duchesse de Bourgogne. La mort enlevait son mari le 18, et le duc de Bretagne, leur deuxième enfant, le 8 mars. Leur premier enfant, également duc de Bretagne, était mort en 1705. Le troisième, devenu Louis XV, survivait seul.]

la suite de Leurs Excellences : faveur très grande, puisque l'ambassadeur n'avoit pas encore fait à Paris son entrée officielle.

Le 21 mai, l'électeur de Bavière donna dans son jardin de Suresnes un souper magnifique, suivi d'une représentation et d'un bal superbe. Cette fête avoit lieu en l'honneur de quelques personnes de distinction. Tout le jardin, très spacieux, étoit éclairé par une infinité de lampes et de bougies placées moitié dans les arbres, moitié sur le sol; le théâtre étoit installé au fond du jardin. La comédie qu'on y représenta, l'*Impromptu de Suresnes* [1], avoit été composée par Dancourt. On laissa entrer tout le monde, surtout les masques, et l'on dansa jusqu'à six heures du matin dans tout le jardin. Le nombre de masques qui y vinrent est prodigieux, car le temps étoit extrêmement beau. On y compta jusqu'à deux mille carrosses; ils se rangèrent sur plusieurs lignes de l'autre côté de la Seine et l'on traversa le fleuve sur des pontons. Malheureusement, un grand accident faillit troubler cette fête : un des bacs, chargé de monde, fut sur le point de couler.

Le 22 mai, annonce de la conclusion de la paix avec l'Angleterre et la Hollande publiée par

[1 Le titre porte : *L'impromptu de Surêne, comédie-ballet représentée pour la première fois devant Son Altesse Électorale Monseigneur le duc de Bavière le 2* (et non le 21) *mai* 1713.]

Monseigneur d'Argenson, lieutenant général de police ; il étoit assisté de messieurs les députés du Corps de la Ville. La publication eut lieu dans certaines rues désignées, au son des trompettes et des timbales. Il faut remarquer que cette formalité s'observe seulement dans l'enceinte de la ville, jamais dans les faubourgs : ce qui oblige les étrangers logés dans les quartiers extrêmes à se rapprocher s'ils veulent prendre part aux réjouissances publiques.

Le 25, le cardinal de Noailles, archevêque de Paris, chanta à l'occasion de la paix un *Te Deum* dans l'église de Notre-Dame ; pendant l'office, les canons de la Bastille et de la Grève ne cessèrent de tonner. Le soir, eut lieu à l'Hôtel de ville un banquet offert par le prévôt des marchands à l'ambassadeur d'Angleterre, au prévôt de Paris et à beaucoup de grands personnages de l'un et l'autre sexe. Pendant le banquet on tira un feu d'artifice sur la place de Grève.

Le 11 juin, l'ambassadeur d'Angleterre, conduit par le maréchal d'Estrées, fit son entrée officielle dans Paris.

Le 13, il fut pour la première fois reçu officiellement à Versailles par le Roi, le Dauphin, le duc et la duchesse de Berri, Madame, le duc et la duchesse d'Orléans. Le Roi traita luxueusement, pendant plusieurs jours, lui et sa suite.

Le même jour, M. Dagoumer [1], recteur de l'Université et proviseur du collège d'Harcourt, prononça à la Sorbonne le panégyrique de la paix en présence des cardinaux d'Estrées, de Noailles et de Polignac, du premier président du Parlement et de Messieurs de la Ville.

Le 16, le Roi fut complimenté à Versailles sur le même sujet par le Parlement, par tous les collèges et par le prévôt des marchands.

Le 17, même honneur fut accordé au Grand Conseil, à l'Université et à l'Académie françoise. Le cardinal de Polignac, chancelier de la célèbre compagnie, porta la parole devant le Roi et prononça une courte et très respectueuse harangue.

Les comédiens donnèrent une représentation gratuite [2]. L'Opéra ne voulant pas être en reste de libéralité, organisa le 26 juin, dans le jardin des Tuileries, un concert public et gratuit. On avoit dressé le théâtre au pied du gros pavillon du château, là où on le place généralement le jour de la Saint-Louis ; mais, tandis qu'en temps ordinaire il n'y a qu'un orchestre, on réunit cette fois tous les chœurs de l'Opéra, tant hommes que femmes, et l'on joua et chanta non seulement des ouvertures, mais les plus beaux morceaux du répertoire. Le jardin fut ouvert toute la nuit, et

[1 Guillaume Dagoumer, mort en 1745.]
[2 Elle fut offerte à la populace et aux valets, tous gens qui, en d'autres temps, ne sont admis à aucun spectacle.

il y eut au moins vingt mille personnes dans les Tuileries.

Le 8 juillet, on célébra dans l'appartement du Roi, en présence du Roi, de la duchesse de Berri et de tous les princes du sang, la cérémonie des fiançailles de Monseigneur le duc avec la princesse de Conti et du prince de Conti avec la princesse de Bourbon-Condé. M. le cardinal de Rohan, grand aumônier de France, présida la cérémonie. Sa Majesté très chrétienne fit l'honneur aux deux princes de leur donner la chemise. Madame la duchesse de Berri, représentant la Reine, présenta la chemise aux deux princesses, tout cela avec le cérémonial accoutumé. Les princes portoient un habit et un manteau d'étoffe d'or, le cardinal avoit revêtu ses ornemens pontificaux.

Le lendemain dimanche, dans la chapelle du château de Versailles et en présence de toute la Cour, les fiancés reçurent la bénédiction du cardinal. Le soir, un banquet, auquel assista le Roi, réunit tous les princes et les princesses du sang : ils étoient environ une vingtaine autour de la table, fait très rare. Généralement le Roi dîne seul dans sa chambre à coucher [1]. Quelques

---

[1] Le feu roi dînoit aussi quelque fois dans l'appartement de Madame de Maintenon. Elle invitoit alors, pour donner de la société au Roi, quelques dames qu'elle savoit plaire à Sa Majesté. D'ailleurs, personne, en dehors de ceux qui servoient à table, n'entroit dans la salle.

personnes de distinction sont présentes; mais le
soir, il n'y a dans la salle à manger ordinaire que
quatre personnes : la duchesse de Berri, Madame Douairière, le duc et la duchesse d'Orléans ¹. Depuis que j'ai visité la France, ces personnages sont tous morts.

Le 19 août, à Fontainebleau où la Cour séjour-
noit alors, Messieurs Bonnet, sénateur, et Couët,
de Mombaieux, avocat au Parlement, bourg-
mestres de la Ville de Paris, élus le premier du
mois, prêtèrent serment de fidélité entre les
mains du Roi.

Le 23 septembre, l'Académie françoise tint
au Louvre sa séance annuelle. M. de la Monnoie ²
fut élu académicien en remplacement de l'abbé
Regnier des Marêts, mort à quatre-vingt-un ans ³;
M. d'Acier ⁴ fut élu secrétaire perpétuel en remplacement du même abbé Regnier des Marêts.
Durant cette séance, M. de la Monnoie fit, en
une harangue françoise, grave et claire, l'éloge de
son prédécesseur; l'abbé d'Estrées, président de
l'Académie, lui répondit fort galamment. M. de
la Mothe ⁵ termina la cérémonie en récitant
quelques poésies de sa façon.

[¹ Voy. *Louis XIV à table*, dans les *Variétés gastrono-
miques*, p. 175.]
[² Bernard de la Monnoye, mort en 1728.]
[³ Le 6 septembre 1713. Il avait été fait secrétaire perpétuel en 1684.]
[⁴ L'helléniste André Dacier.]
⁵ Houdart de La Motte, mort en 1731.

Tous les assistans applaudirent.

Au mois de mars, eut lieu dans le bois de Bou-logne, tout près de Paris, une grande chasse organisée par le duc de Berri. La duchesse de Berri, feu le duc d'Orléans, nombre de seigneurs et plusieurs dames de la Cour habillées en ama-zones y assistèrent.

Le 10 avril, fut faite dans l'église de Notre-Dame la bénédiction par le cardinal de Noailles de tous les drapeaux et étendards de la garde françoise et de la garde suisse.

Le 19, la paix entre l'Empereur et la France fut publiée avec le même cérémonial que l'avoit été, l'année précédente, la paix signée par la France avec l'Angleterre et la Hollande.

Le 22, on chanta en cet honneur le *Te Deum* dans l'église métropolitaine de Paris. Le soir on tira un feu d'artifice sur la Grève.

Le 26, lendemain de saint Marc, les comé-diens donnèrent encore une représentation gra-tuite, toujours à l'occasion de la paix. On illumina fort joliment le théâtre, et les artistes envoyèrent quelques fusées.

Le 4 mai, à quatre heures du matin, mourut au château de Marly le duc de Berri [1]. Il étoit dans la fleur de l'âge, et il fut beaucoup pleuré par le Roi et par tout le royaume. Le même jour, à

[1 Charles, duc de Berri, troisième fils de *Monseigneur* (fils de Louis XIV) et de Marie-Christine de Bavière, mort le 4 mai 1714.]

cinq heures de l'après-midi, son corps fut transporté à Paris et placé au palais des Tuileries sur un lit de parade. Le char funèbre qui le porta étoit tiré par huit chevaux ; quatre aumôniers du prince étoient assis auprès du corps. La garde du prince, ses pages, ses valets, les uns à cheval, les autres à pied et un cierge allumé à la main, escortoient le cortège. En sa qualité de grand maître de la Maison du Roi, Monseigneur le Duc conduisoit le deuil, assis dans un carrosse précédé de cavaliers. Quelques jours plus tard, le public fut admis à voir le défunt, qui resta exposé pendant quinze jours dans la salle du palais des Tuileries. Durant ce temps, tous les théâtres restoient fermés.

Le 16, le corps fut transporté à Saint-Denis avec le cérémonial ordinaire, et on le déposa dans le tombeau des Rois de France. Son cœur avoit été, dès le 10, remis sans aucune cérémonie aux religieux du Val-de-Grâce [1].

Un voyageur curieux qui aime à voir les fêtes doit être attentif à certaines choses. Lorsque les fêtes ont lieu à la Cour, il y a généralement foule et alors il est très difficile de se frayer un passage ; dans ce cas, il est bon de connoître, soit un officier de garde, soit un introducteur des ambassadeurs, soit l'un ou l'autre des maîtres d'hôtel

---

[1] On garde dans ce couvent tous les cœurs de la famille royale, les entrailles sont conservées à l'église Notre-Dame et les corps inhumés à Saint-Denis.

ou des grands officiers. Car, pour entrer dans
les appartemens, il n'est pas toujours suffisant
de dire qu'on est étranger ou même de parler
allemand aux Suisses debout près des portes. Il
y a des gens bien élevés parmi ces gardes, mais
il y en a qui sont très rustres, et s'ils refusent
une fois de vous laisser passer, vous ne passerez
pas malgré eux. Le mieux est alors de gagner une
autre porte et de faire une nouvelle tentative. Ne
croyez pas non plus les séduire avec de l'argent,
il leur est interdit d'en accepter. Si vous leur en
offriez, vous seriez sûrement repoussé, et si vous
faisiez par trop le récalcitrant, vous pourriez
courir le risque de les voir employer la force.

Que celui qui ne connoît personne à la Cour
reste dans la galerie ou dans une antichambre
quelconque jusqu'à ce qu'un des princes ou quelque autre grand seigneur vienne à passer. Ces
gens ont ordinairement avec eux une suite très
nombreuse; on se glisse dans la foule, et l'on
entre ainsi. En ces circonstances, il est bon
d'être revêtu d'un habit chamarré : il donne
plus grand air que l'uniforme et fait illusion aux
gardes, qui croient avoir affaire à un officier.
L'entrée ne se refuse jamais aux officiers, et les
gardes ne peuvent connoître tous ceux de l'armée. D'ailleurs, le mieux est de passer hardiment. Si vous êtes reconnu par les gardes, vous
avez tout le temps de dire que vous êtes étranger et que vous voudriez voir la fête; il peut

même arriver que l'un des cavaliers de la suite prenne votre défense contre un garde peu aimable et vous fasse passer.

Le parc de Versailles n'est jamais fermé et on y peut aller aussi souvent qu'on le désire, excepté quand le Roi s'y promène : alors seule sa suite peut entrer. Il est bon, quand les eaux jouent en l'honneur d'un seigneur étranger, de se tenir auprès de ce seigneur ; car c'est là que le spectacle est le plus beau. Dès qu'il est parti, les eaux diminuent ou même cessent tout à fait.

Les fêtes qui se passent à Paris sont plus faciles à voir. Lorsque quelque solennité a lieu dans les églises, les couvens, les collèges, les séances des académies, les palais ou autres lieux de ce genre, on y va de bonne heure et, autant que possible, accompagné par quelque François ou par quelque personne bien au courant et capable de donner des renseignemens. Quant aux processions, on les peut voir dans les rues, mais il vaut mieux, lorsque c'est possible, les regarder passer d'une fenêtre. Si l'on ne connoît personne sur le parcours, on loue une fenêtre. Ainsi, s'il y a quelque chose à voir devant l'Hôtel de Ville, les personnes qui demeurent sur la place de Grève louent leurs fenêtres. Elles les louent généralement un bon prix [1], mais là du moins on est en sûreté, et à l'abri de la foule : on

[1] Les gens qui louent ainsi leurs fenêtres gagnent énormément dans ces occasions : quelquefois ils demandent pour

n'a pas à craindre d'être éclaboussé, poussé de
côté et d'autre, écrasé par les carrosses, ou volé
par les coupe-bourses toujours aux aguets.

CHAPITRE XIX

DE LA FRÉQUENTATION DES BIBLIOTHÈQUES PUBLIQUES ET PARTICULIÈRES COMME AUSSI DES PRINCIPALES LIBRAIRIES.

Les voyageurs curieux, surtout ceux qui s'occupent de littérature, ne laissent pas, lorsqu'ils
se trouvent en pays étranger, de s'entretenir
avec des savans et de visiter des bibliothèques.
Paris leur en offre une belle occasion, car je ne
crois pas que, dans aucune autre ville du monde,
on trouve autant de belles bibliothèques, ni un
si grand nombre de savans. Nous autres Allemans, nous ne savons que peu de choses sur
ces collections de livres ; j'espère donc rendre
aux amateurs un service très apprécié d'eux en
leur présentant ici un tableau complet et sincère
des principales bibliothèques publiques ou pri-

une seule, et seulement pour une ou deux heures, six, huit et
dix francs. Voy. Mme du Noyer.

[Le passage ici allégué est relatif à l'exécution de madame
Tiquet. On y lit : « Chacun songea à arrher des fenêtres. Il
y eut des maisons ce jour-là qui rapportèrent à leurs maîtres
plus d'argent qu'elles ne leur en avoient coûté. » *Lettres historiques,* t. I, p. 292.]

vées qui se trouvent actuellement à Paris et que j'ai parcourues moi-même.

La bibliothèque Royale l'emporte sans contredit sur toutes les autres. Elle n'est pas au Louvre, comme le prétend M. Brice dans sa *Description de Paris*. De mon temps, elle se trouvoit dans une maison particulière de la rue Vivienne. Cette maison étant voisine du palais de feu M. Colbert, ce célèbre ministre la fit évacuer en 1664, pour y installer ladite bibliothèque : l'appartement du Louvre[1], que le feu Roi lui destinoit, n'étant pas encore prêt. Elle est répartie dans vingt-six salles, dont sept ne renferment que des manuscrits précieux. Le catalogue de cette bibliothèque étoit fait de mon temps, mais il n'étoit pas encore imprimé. Nicolas Clément,

---

[1] Cependant elle ne sera pas au Louvre, mais plutôt à l'hôtel de Nevers, rue Richelieu. Ce palais appartenoit autrefois au duc de Nevers, mais ce dernier, à cause du mauvais état de sa fortune, fut obligé de le vendre à un homme d'affaires nommé Châtelain. Cet homme habita le palais jusqu'à l'époque, toute récente, où la Chambre de justice le lui confisqua pour cause de malversation. Cet édifice est si vaste que non seulement la bibliothèque y peut être installée facilement, mais le bibliothécaire, les gardes et les autres employés y seront logés assez au large. Tandis que j'écrivois ceci, on étoit occupé à aménager la bibliothèque, et je ne doute pas que tout soit actuellement terminé et mis en ordre, puisqu'on y a travaillé sans relâche près d'une année.

[C'est en 1666 que Colbert fit transporter cette bibliothèque rue Vivienne, dans une maison qui étoit presque contiguë à son hôtel et dont il étoit propriétaire. Elle y resta jusqu'en 1720, année où elle fut installée dans l'hôtel de Nevers, qu'elle occupe encore.]

jadis garde particulier de la bibliothèque, a mis
quelques années pour le composer. Il l'a écrit
en double et l'a divisé en deux parties : l'une,
comprenant vingt-deux volumes in-folio, renferme
les noms d'auteurs ; l'autre, en quatorze volumes
in-folio [1], donne les titres des ouvrages. On en
peut conclure que le nombre des livres possédés
par cette grande bibliothèque n'est pas médiocre.
On prétend que les livres imprimés sont au
nombre de plus de soixante-quinze mille [2], non
compris seize mille manuscrits en toutes sortes
de langues et sur toutes sortes de sujets. Cette
collection s'augmente tous les jours : non seulement elle dispose de fonds assez importans, mais
toute personne qui fait imprimer un ouvrage en
France est obligé, par un édit exprès du Roi, d'en
donner deux exemplaires à cette bibliothèque [3].

Camille Le Tellier de Louvois [4], abbé de
Bourgueil et de Vauluisant [5], membre de l'Aca-

[1 Le catalogue alphabétique de Clément forme vingt et
un volumes et fut achevé en 1714. Le catalogue méthodique,
en quatorze volumes, l'avait été dès 1701.]

[2 Au moins soixante-dix mille volumes imprimés, dit
Jourdain en 1714. Voy. *Mémoire historique sur la bibliothèque
du Roy*, p. LIII.]

3 Au commencement de l'année 1723, elle s'augmenta de
1,000 à 1,200 volumes, qui lui furent légués par Dacier.

[4 Fils du grand Louvois.]

5 Ce seigneur mourut en 1718, succombant à l'opération
de la pierre. Le fameux abbé Bignon lui succéda.

[Jean-Paul Bignon, qui fut bibliothécaire du roi de 1718 à
1741.]

démie françoise, exerçoit, de mon temps, la
charge considérable de bibliothécaire du Roi,
qu'il occupoit depuis 1684. Les deux gardes
particuliers étoient M. Boivin [1], professeur de
langue grecque au collège Royal, qui avoit une
connoissance très approfondie de cette langue,
et l'abbé Targny [2], docteur de Sorbonne. Les
gardes ont sous leurs ordres plusieurs autres
employés qui, en l'absence de leurs chefs ou
lorsque ceux-ci ne veulent pas prendre cette
peine, montrent la bibliothèque aux visiteurs [3].
Cette bibliothèque eut autrefois en dépôt un
cabinet de médailles et d'antiquités [4], d'une
beauté et d'une richesse incomparables, que le
défunt Roi a fait transporter à Versailles pour
s'y distraire. M. Simon est le garde de ce cabinet,
mais il ne l'ouvre pas volontiers aux étrangers [5].

Après la bibliothèque Royale, la meilleure
bibliothèque et la plus complète est, à mon avis,
celle de l'abbaye royale de Saint-Geneviève-du-

[1 Jean Boivin, garde des manuscrits, de 1691 à 1726.]
[2 L'abbé de Targny, garde des manuscrits, de 1712 à
1737.]
[3] Elle est maintenant ouverte trois jours par semaine de
11 heures du matin à 1 heure de l'après-midi.
[4] Aussitôt que la bibliothèque fut transportée au nouveau
palais, on y a replacé non seulement ledit cabinet, mais aussi
les deux grands globes qui se trouvoient autrefois à Marly.
[5 Le cabinet des médailles fut transporté à la bibliothèque
du Roi à Versailles en 1684, et il y resta jusqu'en 1741.
Jean-François Simon en conserva la direction de 1712 à
1716.]

Mont [1]. Elle est admirablement bien rangée,
dans une galerie longue et toute neuve de ce
superbe couvent. Elle renferme au moins qua-
rante-cinq mille volumes ; mais ils ne sont pas
encore tous classés, faute de place, et on a l'intention de construire à côté de la galerie une
nouvelle salle en forme de croix [2]. Étienne
Baluze, lorsqu'il partit en exil, déposa dans
cette bibliothèque ses livres très nombreux,
mais il les reprit ensuite. Les armoires où sont
rangés les volumes sont artistement travaillées,
elles sont fermées avec des grillages d'acier.
Entre ces armoires sont placés, à égale distance
les uns des autres, des bustes de plâtre représentant des personnages célèbres, anciens et
modernes. Au milieu, est une horloge très
curieuse. Sur un des côtés se trouve le cabinet
des antiquités, rempli d'objets rares et précieux :
la description en a été faite dans un volume in-
folio [3]. Les deux globes placés au bas de la

---

[1] Sainte Geneviève est la patronne de Paris. Elle est enterrée
dans cette abbaye. On conserve ses reliques dans une très
belle châsse qu'on porte en procession, surtout aux temps de
famine, par tous les quartiers de la ville.

[2 Cet agrandissement eut lieu vers 1720.]

[3 Claude du Molinet, *Le cabinet de la bibliothèque Sainte-
Geneviève, divisé en deux parties, contenant les antiquitez
de la religion des chrétiens, des Égyptiens et des Romains ;
des tombeaux, des poids, des médailles, des monnoies, des
pierres antiques gravées, lampes antiques ; animaux rares et
singuliers ; des coquilles, des fruits étrangers et quelques
plantes exquises.* Paris, 1692, in-folio.]

galerie sont d'une grande exactitude et d'un travail très ingénieux. Le religieux qui me montra
ce cabinet est fort aimable, il se faisoit un
plaisir de causer avec un étranger. Le véritable
bibliothécaire est le Père Sarbourg [1], mais on le
voit très rarement.

La bibliothèque du couvent des Bénédictins
de Saint-Germain-des-Prés est située dans le
faubourg Saint-Germain, tout près de l'abbaye
du même nom. Elle est une des plus grandes et
des plus riches de Paris. Elle contient beaucoup
de beaux livres ; le nombre des volumes s'élève
à plus de vingt mille, y compris les manuscrits.
Cependant la première fois que je la vis, elle
me parut fort délabrée, car les religieux y
avoient fait de grands vides en emportant dans
leurs chambres au moins mille volumes. Aujour-
d'hui on ne la visite plus. Tous les livres vont
être transportés dans une grande et belle salle,
construite exprès pour les recevoir, et dans laquelle on peut réunir plus de quarante mille
volumes. Cette bibliothèque est, après la bibliothèque du Roi et celle de M. Colbert, la plus
riche de France en manuscrits ; elle en renferme
environ douze cents [2]. Voici quels sont les plus

[1 Le Père Sarrebourse conserva cette position jusqu'en
1717, année où il fut nommé curé de Mahon, près de Saint-
Malo.]

[2] En 1718, cette bibliothèque fut considérablement augmentée, l'abbé d'Estrées ayant par testament légué tous ses

rares : un psautier de David datant de plus de
douze cents ans et dont saint Germain, évêque
de Paris et fondateur de cette abbaye, s'est, dit-on,
servi ; les évangiles de saint Mathieu et de saint
Marc, écrits il y a près de neuf cents ans en
caractères d'or et d'argent sur du parchemin
vierge coloré en violet : les caractères d'argent
sont presque tous effacés par le temps ; une
Bible latine in-folio, que l'empereur Justinien,
il y a plus de neuf cents ans, envoya d'Orient au
roi Childebert. On compte encore environ une
centaine de manuscrits qui datent de plus de
huit cents ans. Les amateurs d'éditions rares en
trouvent ici un grand nombre. On y voit aussi
une idole de bois, rapportée du Canada par un
ministre de France, et qui fut, a-t-il dit, adorée
par les gens du pays, mais elle n'a pas grande
valeur. Cette congrégation de Bénédictins compte
parmi ses membres le fameux Père de Montfaucon ; elle perdit il y a près de quinze ans le
Père Mabillon, ce célèbre antiquaire, si versé

livres au monastère. L'abbé Renaudot lui a aussi légué sa
bibliothèque, il y a deux ans. De sorte que la bibliothèque
du couvent compte actuellement plus de quarante mille volumes. Elle a deux bibliothécaires de l'ordre des Bénédictins :
le Père La Prade et le Père Bouquet.

[La bibliothèque de Jean d'Estrées, archevêque de Cambrai, comprenait vingt à vingt-deux mille volumes ; celle d'Eusèbe Renaudot, léguée en 1720, neuf mille bons livres. Antoine
de Laprade et Martin Bouquet étoient encore bibliothécaires
en 1720. Le second est l'auteur du *Recueil des historiens de
France*, que continue l'Académie des inscriptions.]

dans ce qui concerne les vieilles médailles, les diplômes et actes publics.

La bibliothèque qui se trouve au collège Louis-le-Grand, chez les Jésuites de la rue Saint-Jacques, se compose de quarante-six mille volumes, rangés du haut en bas, dans deux longues galeries ; et comme il n'y avoit pas assez de place pour tous, on a mis les autres dans trois grandes armoires. Lorsqu'on sait que le fameux Père Hardouin en est le bibliothécaire [1], et que d'ailleurs ce collège n'est pas un des plus pauvres, on comprend que cette bibliothèque doit être très considérable. Fouquet, l'ancien ministre, a légué une pension annuelle de mille écus, pour l'entretien et l'agrandissement de cette bibliothèque. Les livres achetés avec cet argent, portent au dos deux Φ grecs, qui figurent les deux initiales du nom de François Fouquet [2]. A côté d'une de ces galeries sont deux pièces secrètes dont l'une renferme les manuscrits, et l'autre les prétendus livres défendus, parmi lesquels sont la plupart des œuvres du Dr Martin Luther, celles de Chemnitz, Gerhard, Baudouin, Calixte et de quelques autres de nos théologiens. Mais on ne laisse

[1] Actuellement, c'est le Père Toubeau.
[2] En 1718, après la mort du comte de Harli, conseiller d'État, sa bibliothèque, composée d'environ mille volumes, y fut aussi transportée.

[Sous ce nom de comte de Harli, il faut reconnaître Achille de Harlay qui, en 1717, légua au collège sa bibliothèque composée de vingt à vingt-deux mille volumes.]

pas pénétrer tout le monde dans ces pièces. Le catalogue de la bibliothèque n'est point encore imprimé, et je ne crois pas qu'il le soit du vivant du P. Hardouin[1].

La bibliothèque de la maison mère des Jésuites de la rue Saint-Antoine[2] se trouve dans une très belle salle, dont le plafond présente plusieurs belles peintures à fresque de Gherardini. Le nombre des volumes s'élève à vingt-deux mille, tous en bon état; ils sont presque tous dus à la libéralité du feu cardinal de Bourbon[3], qui les laissa par testament audit collège. Cette biblio-thèque s'augmentera beaucoup à la mort de Pierre-Daniel Huet, évêque d'Avranches[4], célè-

[1] J'ai demandé un jour à ce Père pourquoi il différoit tant l'impression de son catalogue : « Il y a deux raisons à cela, me répondit-il. La première, c'est qu'étant un peu vaniteux, je ne veux pas que tout le monde connoisse les défauts de ma bibliothèque. La seconde, c'est que je ne veux pas montrer toute ma provision, pour qu'on ne m'emprunte rien : les livres prêtés sont généralement perdus. »

[2] La maison professe des Jésuites, aujourd'hui collège Charlemagne et église Saint-Paul-Saint-Louis.]

[3] Le fameux Charles X de la Ligue.]

[4] Il mourut en 1721, à l'âge de 91 ans; il étoit né en 1630. Malgré son grand âge, il étudioit et recevoit des visites tous les jours, car il étoit encore très dispos et très actif. Cependant, il s'étoit démis de ses fonctions plusieurs années avant sa mort, et vivoit en repos dans le couvent. Étant encore abbé, il avoit fait avec Bochard un voyage en Suède, au temps de la reine Christine; il me raconta sur ce voyage diverses particularités. Voyez son commentaire qui parut il y a quelques années à Amsterdam, en un volume in-12.

[Ce très curieux ouvrage est intitulé *Commentarius de rebus ad eum pertinentibus*.]

bre par son caractère et son savoir : lui aussi a
légué aux Jésuites ses livres rares et précieux.
Le Père Daniel (ou bien le P. Tournemine)[1],
connu depuis quelques années par son *Histoire
de France*, est chargé de l'entretien de cette
grande bibliothèque.

La bibliothèque des prêtres de l'Oratoire, rue
Saint-Honoré, est une des plus curieuses et des
mieux montées de Paris. Elle comprend environ
vingt-quatre mille volumes, mais le local n'est
pas très grand ; aussi le Père Le Long, bibliothécaire, est-il obligé de passer sur bien des choses.
(C'est un des plus grands connoisseurs en fait de
livres, il est fort aimable et il est connu surtout
par sa *Bibliothèque sacrée*[2].) Cette bibliothèque
n'a donc pas beaucoup d'apparence. Elle est
cependant très bien fournie; elle contient
beaucoup de manuscrits rares, grecs, hébreux,
arabes, etc.

La bibliothèque de la Sorbonne est importante,
mais elle renferme surtout des ouvrages de
théologie. On y trouve jusqu'à huit cents Bibles
de diverses éditions et de divers formats. Elle
possède des manuscrits rares et précieux, ainsi

[1 Le Père Tournemine succéda au Père Daniel.]
[2 *Bibliotheca sacra, seu syllabus omnium ferme Sacræ
Scripturæ editionum et versionum.* Mais l'ouvrage le plus
important du savant Jacques Lelong est sa *Bibliothèque historique de la France,* dont la dernière édition, publiée en
1719, forme cinq volumes in-folio.]

que les premières éditions des livres imprimés à
Paris par les Allemans Martin Krantz, Ulric
Gering et Michel Friburger, quelque vingt ans
après la découverte de l'imprimerie. Cette bibliothèque a été fort augmentée par le don que lui
a fait de la sienne Michel Le Masle, autrefois
secrétaire du cardinal de Richelieu [1]. Le roi
Louis XIV a donné aussi à la Sorbonne de très
belles estampes gravées. Le bibliothécaire est
actuellement M. Salomon [2].

La bibliothèque du collège des Quatre-Nations [3]
renferme trente-six mille volumes précieux. Elle
a été fondée par le cardinal Mazarin. Il envoya
son bibliothécaire Gabriel Naudé dans différens
pays d'Europe, avec ordre d'en rapporter les
ouvrages les plus rares et les manuscrits les plus
précieux. Gabriel Naudé réussit d'autant mieux
qu'il étoit excellent connoisseur et l'un des
hommes les plus savans de son temps. Malheureusement, durant les troubles qui obligèrent
le cardinal à quitter Paris, cette bibliothèque fut
mise au pillage et, sur l'ordre du Parlement,
vendue aux enchères. Lorsque le cardinal revint,
non seulement il racheta tous les livres qu'il put
retrouver, mais il augmenta considérablement
ce premier fonds par l'acquisition de la biblio-

[1 La Sorbonne s'enrichit surtout par la bibliothèque per-
sonnelle de Richelieu, qui lui fut attribuée en 1660.]
[2 M. Salmon.]
[3 C'est aujourd'hui la bibliothèque Mazarine.]

.thèque de Jean Descordes, chanoine de Limoges. Quant aux manuscrits, ils restèrent tous dans la bibliothèque du Roi, c'est pourquoi la biblio- thèque des Quatre-Nations n'en a pas un seul en ce moment.

La situation de cette bibliothèque est très agréable ; des fenêtres on jouit de la vue de la Seine. Elle est publique deux fois par semaine, le lundi et le jeudi toute la journée. Les cata- logues sont mis à la disposition du public : on les peut feuilleter, et demander communication des ouvrages que l'on désire. Deux hommes, très aimables et assez bavards, donnent les livres à ceux qui les demandent ; mais le véritable bibliothécaire est M. Quinot, docteur de Sor- bonne et régent au collège Mazarin ; le sous- bibliothécaire se nomme Francastel [1].

Les chanoines de Saint-Victor ont une biblio- thèque très nombreuse, mais mal rangée. Elle a été considérablement augmentée par celles que lui ont léguées Bournonville et Cousin [2]. A l'en-

[1 Gabriel Naudé acheta la bibliothèque du chanoine Des- cordes en 1643, et c'est seulement en 1652 que le Parlement fit vendre la bibliothèque de Mazarin.

Les manuscrits, achetés presque tous par la reine Christine de Suède, furent restitués quand Mazarin reprit le pouvoir ; mais après sa mort, Colbert s'en empara pour la bibliothèque du roi.

J.-B. Quinot, nommé en 1708, mort en 1722, eut pour suc- cesseur Pierre Desmarais, qui dressa un admirable catalogue de la collection dont il avait la garde.

Le sous-bibliothécaire Francastel mourut en 1733.]

[2 Henri du Bouchet, sieur de Bournonville, conseiller au

trée de la salle, on a placé un buste du premier, en marbre et avec une inscription fort spirituelle. Les manuscrits sont rangés dans un cabinet spécial ; mais le bibliothécaire, le chanoine Noiret [1], étant presque toujours absent, il m'a été impossible de les voir. Ils sont, dit-on, au nombre de plus de mille. Cette bibliothèque est publique trois fois par semaine : le lundi, le mercredi et le samedi, de 8 heures à 10 heures du matin et de 2 à 4 heures du soir. Il est fâcheux qu'elle se trouve un peu éloignée du centre du faubourg Saint-Germain, il faut presque une heure pour s'y rendre.

Les Jacobins de la rue Saint-Honoré ont une bibliothèque d'environ vingt mille volumes. Elle est bien assortie. L'on y trouve des manuscrits rares en langues grecque, syrienne et arabe. Un savant moine, très doux et très poli, le Père Le Quien [2] est bibliothécaire de cette collection agréablement située.

Parlement, mourut le 23 avril 1652. Il légua à l'abbaye de Saint-Victor une rente de 710 livres et toute sa bibliothèque, à condition qu'elle serait ouverte au public.

Louis Cousin était président de la Cour des Monnaies.]

[1] Depuis 1723, M. Le Brun, chanoine de la congrégation, est bibliothécaire, et M. Le Perruquier est sous-bibliothécaire.

[L'abbé Noiret avait pris la place de Vion d'Herouval en 1719, et l'abbé Lebrun lui succéda. Je crois que, sous le nom de Le Perruquier il faut reconnaitre Camille-Charles Pelissier, qui mourut en 1759.]

[2 Michel Le Quien avait succédé au Père Échard vers 1721.]

La bibliothèque des Augustins déchaussés ou bibliothèque des Petits-Pères, rue Notre-Dame des Victoires, mérite d'être visitée. Elle comprend environ dix-huit mille volumes, très bien classés dans une galerie et une aile; si la bibliothèque s'augmente, on construira une seconde aile. Elle existe depuis peu de temps[1], aussi ne renferme-t-elle pas de manuscrits. Parmi les peintures dont elle est ornée, on remarque un portrait très frappant de Gustave-Adolphe, roi de Suède : il est placé très près de l'entrée. Le bibliothécaire se nomme le Père Eustache[2] : quand il est absent, un autre Père montre la bibliothèque.

La bibliothèque des Minimes, place Royale, comprend environ vingt-quatre mille volumes. Comme le local qu'elle occupoit d'abord étoit trop étroit, on l'a répartie entre deux longs appartemens situés de chaque côté de l'église : elle n'a pas gagné à ce changement. Elle est remplie de très beaux livres et surtout de missels rares.

[1] Il s'est fait, il y a peu de temps, une réforme très importante dans cet ordre : quelques-uns des frères ont été exilés, d'autres ont eu à subir de très rudes peines corporelles. Leur nom de Petits-Pères vient de ce que deux de leurs Frères, ceux qui ont le plus contribué à la fondation de l'ordre, étoient d'une taille fort petite; or, un jour, tous deux s'étant présentés au roi Louis XIII, le prince demanda : « qui sont ces petits-pères là? » Le nom leur est resté.

[[2] Le Père Eustache de Sainte-Agnès fit deux voyages à Rome, dans l'intérêt de son ordre. Durant ces absences, la bibliothèque était confiée au Père Jérôme.]

Les manuscrits sont réunis dans une salle séparée; on dit qu'il y en a environ sept cens, parmi lesquels beaucoup de mémoires et de négociations de ministres françois avec les Cours étrangères. Les Pères conservent aussi dans ce cabinet beaucoup de livres luthériens et réformés, qu'ils nomment *livres défendus,* et sur lesquels ils ont disposé des fils d'acier pour qu'on ne puisse les enlever. Le P. Plumier, botaniste distingué de l'ordre des Minimes, a fait un herbier composé de plantes rares et intitulé : *Herbarium vivum,* il comprend quinze à seize volumes in-folio.

La bibliothèque dite des Avocats est installée dans une galerie située devant l'archevéché, près de la cathédrale Notre-Dame. Elle fut fondée par Étienne Gabriel, seigneur de Riparfond[1], célèbre jurisconsulte et avocat au Parlement de Paris. Mort en 1704, il légua sa riche bibliothèque aux avocats, ses confrères, ainsi qu'une certaine somme pour l'entretenir, sous la condition qu'elle seroit ouverte à tout le monde. Les ouvrages qu'elle renferme sont pour la plupart des livres de jurisprudence, et les professeurs de droit font tous les huit jours des conférences dans la salle. La bibliothèque est publique chaque jour, sauf les dimanches et jours de fête, de deux heures de l'après-midi jusqu'au soir. De Mesmes[2], premier président au Parlement,

[1 Il faut lire Étienne Gabriau de Riparfonds.]
[2] Ce grand homme mourut au mois d'août 1723.

en est le protecteur, il l'augmente de temps en
temps.

La bibliothèque des Célestins n'est pas très
considérable, car elle comprend tout au plus sept
à huit mille volumes. Ils sont placés le long d'une
galerie fort bien tenue, de laquelle on découvre
avec plaisir un grand et joli jardin où, pendant la
belle saison, se promènent des personnes de
condition. Un des religieux a la garde et le soin
de cette belle bibliothèque : en ce moment c'est
le Père Becquet [1].

Outre les bibliothèques dont je viens de parler,
il y a encore à Paris la bibliothèque des Récol-
lets, celle des Feuillans, celle des Prêtres de la
Mission de Saint-Lazare, celle de Saint-Martin
des Champs et plusieurs autres. Je ne les ai point
vues, j'ignore par conséquent dans quel état elles
sont; je crois cependant que les gens curieux
qui les visiteront n'auront à regretter ni leur
temps ni leur peine.

Je ne sais si je dois compter parmi les bibliothèques publiques le cabinet des livres du Roi.
Il se trouve dans le Louvre, et ne renferme que
des livres nouveaux. En France, tout homme qui

---

[1] Au mois de novembre 1718, dans la maison de Saint-
Charles des prêtres de la Doctrine chrétienne, on a commencé
à former une bibliothèque publique. M. Miron, docteur en
théologie de la Faculté de Paris, en est le fondateur. Elle est
ouverte le mardi et le vendredi. Le bibliothécaire est le père
Bezé. Je ne puis rien dire d'intéressant sur cette bibliothèque,
que je n'ai pas encore vue.

écrit un livre est tenu de remettre un exemplaire de l'ouvrage à ce cabinet[1]. J'ignore depuis quand ce cabinet existe, mais je puis assurer qu'il comprend déjà plus de douze mille volumes et que ce nombre ne fait que s'accroître. La garde et l'entretien en sont confiés à M. Dacier, secrétaire perpétuel de l'Académie françoise, membre honoraire de l'Académie des Médailles : il habite au Louvre[2].

Parmi les bibliothèques particulières de la ville de Paris, la plus riche et la mieux tenue est, sans contredit, celle de M. l'abbé Bignon. Bien que très occupé, ce savant homme ne laisse pas d'enrichir et d'embellir tous les jours cette collection[3]. Elle occupe non seulement la partie supérieure de la maison, mais plusieurs chambres du bas, où les livres remplacent les tapisseries. On assure que cette bibliothèque compte déjà soixante mille volumes. Le bibliothécaire m'a dit que le désir de son maître étoit de porter ce chiffre à cent mille et de rendre cette bibliothèque si complète que personne avant lui n'en

[1] Lorsqu'on publie un ouvrage, on doit en remettre deux exemplaires à la Bibliothèque royale, un au cabinet des livres du Roi, un au chancelier.

[2] Aujourd'hui l'abbé Bignon est inspecteur de la grande bibliothèque et du cabinet des livres du Roi.

[3] L'abbé Bignon est abbé de Saint-Quentin de l'Isle, doyen de Saint-Germain l'Auxerrois, Conseiller d'État ordinaire, membre de l'Académie françoise, membre honoraire de l'Académie des Sciences et de celle des Inscriptions et Médailles, enfin il est bibliothécaire du Roi.

ait eu de pareille. Celui qui sera assez heureux
pour entrer en relation avec ce grand seigneur
aura une entière satisfaction, car l'abbé Bignon
est fort aimable et très savant, et sa bibliothèque
est fort belle [1].

La bibliothèque de M. Colbert, autrefois ministre, secrétaire d'État et contrôleur général des
Finances, est considérable. D'abord déposée à
l'abbaye de Sainte-Geneviève, l'abbé de Colbert,
ou plutôt le marquis de Seignelay, fils du grand
ministre, la fit transporter dans sa maison du
Marais, justement à l'époque où je désirois la
voir, de sorte que j'ai manqué l'occasion. Mais
le célèbre Étienne Baluze, autrefois bibliothécaire de M. Colbert, m'a assuré qu'elle comptoit
au moins seize mille volumes et près de huit
mille manuscrits très rares, en particulier des
manuscrits en langue grecque, ce qui n'est pas
chose commune. On dit que, à cet égard, la bibliothèque du Roi mise à part, il n'y a pas en
France de bibliothèque aussi riche que celle de
M. Colbert.

Le cardinal de Rohan, grand aumônier de
France et évêque de Strasbourg, a au Marais
dans son palais de Soubise une bibliothèque très
belle et très bien montée. Le local consiste en

---

[1] On a fait courir le bruit, il y a quelques années, que
l'abbé Bignon avoit vendu vingt mille de ses livres à la bibliothèque du Roi, soit qu'il les ait eus en double, soit qu'il ait
voulu se débarrasser d'un certain nombre d'entre eux

trois grands et hauts appartemens qui sont de plain-pied. Dans l'un on a placé tous les volumes in-folio, dans le second les in-quarto, dans le troisième les in-octavo et autres de plus petit format : ils sont tous rangés par ordre de matières. Les plus beaux livres viennent de la célèbre bibliothèque d'Auguste de Thou. Le président de Ménars avoit acheté cette collection, mais, après sa mort, elle fut vendue au cardinal de Rohan qui la possède encore.

La bibliothèque du duc de Coislin, évêque de Metz, est particulièrement riche en manuscrits. Elle en compte près de quatre mille en toutes sortes de langues et quatre cens en grec.

L'abbé d'Estrées, autrefois archevêque de Cambrai, avoit par l'acquisition de toute sorte de livres rares et nouveaux, considérablement accru la bibliothèque que lui avoit léguée son oncle paternel le cardinal d'Estrées, abbé de Saint-Germain des Prés, mort y a quelques années. Cette bibliothèque étoit surtout remarquable par ses nombreux documens relatifs à l'histoire de France. Malheureusement, il l'a léguée à la bibliothèque de l'abbaye de Saint-Germain, où elle a été transportée.

La bibliothèque du maréchal d'Estrées, frère de l'archevêque de Cambrai dont nous venons de parler, compte pour le moins vingt mille volumes. Le maréchal, très amateur de musique, l'a enrichie de tous les opéras de Lulli et d'un

grand nombre d'autres ouvrages de ce genre.
Quand le cardinal d'Estrées vivoit, on pouvoit,
dans le seul bâtiment de l'abbaye de Saint-Germain des Prés, trouver trois bibliothèques complètes: les bibliothèques des deux d'Estrées et celle
des Bénédictins. Mais, depuis peu de temps, le
maréchal a fait porter la sienne dans son palais.

Enfin, pour achever ce que j'ai à dire sur les
bibliothèques, il me reste à parler de celle
d'Étienne Baluze [1]. Elle comprend environ quatorze mille volumes imprimés, et neuf cent quarante manuscrits. Quelques-uns de ceux-ci sont
très rares, entre autres les œuvres de Baluze lui-
même dont le septième tome a été publié il n'y a
pas longtemps.

J'aurois encore à mentionner d'autres bibliothèques particulières, celles de l'abbé de Lon-
grue [2], de l'abbé Dangeau [3], de M. de Foucault [4],

[1] Etienne Baluze fut professeur de droit canon, syndic du
collège de Cambrai et bibliothécaire de Colbert. Ayant fait
imprimer et insérer dans l'histoire de la maison de Bouillon
un écrit en faveur du cardinal de ce nom, mort en disgrâce à
Rome après six ans d'exil, Baluze fut privé de ses deux premières charges; il se vit même pendant quelque temps exilé
de Paris. Il mourut en 1719, et sa bibliothèque fut vendue
aux enchères. L'abbé Bignon acheta les manuscrits pour la
bibliothèque du Roi et les paya trente mille livres.

[2 Louis du Four de Longuerue, abbé de Saint-Jean du
Jard, près de Melun, mort en 1733.]

[3 L'abbé de Dangeau, membre de l'Académie française,
mort en 1723, frère de l'auteur des *Mémoires*.]

[4 Nicolas-Joseph Foucault, administrateur de grand mérite, mort en 1721.]

de l'abbé de Caumartin [1], de l'abbé de Renaudot [2], du duc de Noailles [3], de M. de Moignon [4] et
de quelques autres, mais je ne les ai pas vues.

Il ne me reste plus qu'un mot à dire sur la
façon dont notre voyageur doit fréquenter les
bibliothèques pour tirer profit de ses visites. On
entre sans difficulté dans celles qui sont publiques
certains jours de la semaine, comme celles du
collège des Quatre-Nations, de Saint-Victor et
des Avocats, et l'on y peut pleinement satisfaire
sa curiosité. On y prend des livres, on les feuil-
lette, on les lit, on y copie les passages que l'on
désire conserver; on parcourt les catalogues, et
l'on se fait donner par ceux qui sont chargés de
ce soin les livres qui vous plaisent. Lorsqu'on
est connu, on peut même, moyennant un écrit
par lequel on s'engage à les restituer, emporter
chez soi quelques volumes.

Dans les bibliothèques qui ne sont pas publiques, on pénètre plus difficilement. Quelquefois
le bibliothécaire est absent ou occupé, et n'a pas
toujours le temps de recevoir les visites des étrangers ; enfin si quelques-uns de ces messieurs sont
très complaisans, d'autres ne le sont pas. Le

[1 Lefèvre de Caumartin, membre de l'Académie française,
mort en 1733.]

[2 Voy. ci-dessus, p. 74.]

[3 Le cardinal Louis-Antoine de Noailles, archevêque de
Paris, mort en 1729.]

[4 Sans doute Nicolas de Lamoignon, mort en 1724.]

plus sage est d'aller dans ces bibliothèques accompagné soit de son maître de langues, soit d'un
académicien en relation avec les bibliothécaires
et autres savans. Il vaut toujours mieux être
présenté que se présenter soi-même. Le moment
le plus favorable pour visiter les bibliothèques
est l'après-midi. A ce moment de la journée, les
moines se promènent généralement dans le jardin de leur couvent, et les savans ne sont pas
d'humeur à s'occuper de choses sérieuses : conséquemment ils vous reçoivent bien. Il est prudent d'avoir toujours dans ces visites un carnet
sur lequel on peut, à l'occasion, copier les extraits
d'ouvrages qui intéressent. Mais que l'on se garde
de paroître trop avide et de vouloir prendre d'un
seul coup tout ce qui plaît. Cette ardeur indis-
crète est souvent la cause d'un mauvais accueil
pour la visite suivante, outre qu'elle n'est pas
toujours agréable aux bibliothécaires.

Lorsque le possesseur d'une bibliothèque ou
le bibliothécaire lui-même vous font l'honneur
de vous montrer une collection, n'oubliez pas de
faire adroitement et sans flatterie l'éloge du
bibliothécaire et celui de la bibliothèque. On
réussit toujours de cette façon, et les gens bien
disposés à votre égard vous font des gracieusetés
qu'ils ne feroient pas à d'autres, vous montrent
des choses qu'ils ne montreroient pas à d'autres.
Un lettré a là une belle occasion pour s'entretenir
autant qu'il le désire avec des bibliothécaires

érudits. Qu'on ait soin aussi de remettre les livres
à leur place. Avant de prendre congé, que l'on
remercie la personne qui a bien voulu vous
diriger dans la bibliothèque.

La fréquentation des librairies est presque
aussi utile que celle des bibliothèques. En
France, ce sont de véritables petites bibliothèques. A Paris, le quai des Augustins et la rue
Saint-Jacques sont remplis de libraires. Les principaux sont MM. Rigaud, Léonard, Coignard [1],
Cavalier, Barbou [2], Mariette [3], Fournier [4], Vitte,
Robustel, etc. On peut aller de l'un chez l'autre
et ainsi voir les publications nouvelles. Beaucoup
de ces libraires ont des imprimeries à eux.
M. Léonard imprime tous les auteurs à l'usage
du Dauphin, et M. Coignard toutes les publications de l'Académie françoise. L'imprimerie du
Roi, au Louvre, n'est pas très grande : le directeur est M. Rigaud.

Çà et là aussi, il y a dans les rues de petites
boutiques remplies de vieux livres : on y trouve
quelquefois, sans y penser, des pièces très. curieuses. J'ai vu des savans fouiller dans ces boutiques et s'arrêter même dans la rue auprès des

[1 Jean-Baptiste Coignard, imprimeur de l'Académie française, mort en 1737.]

[2 Très bonne et très ancienne maison, célèbre surtout par
ses éditions des auteurs latins.]

[3 Connu surtout comme marchand d'estampes.]

[4 Devenu célèbre comme fondeur de caractères.]

tables chargées de livres. Bien plus, on m'a donné
comme certain qu'un religieux très connu à Paris
a réuni de cette façon une collection de vieilles
éditions extrêmement rares. Moi-même, il m'est
arrivé de trouver, sur le quai des Augustins et
dans d'autres endroits de la ville, de très belles
brochures que je n'ai depuis revues nulle part.
M. Houry, au bout de la rue de la Harpe, a le
privilège d'imprimer toutes sortes de calendriers;
cependant sa boutique ne contient guère que des
livres de médecine. M. Ballard, au Mont Par-
nasse, est le seul libraire de Paris qui ait la permission d'imprimer des notes et de la musique.
Les meilleures cartes géographiques se trouvent
quai des Morfondus, chez MM. de l'Isle, Jaillot [1]
et du Fer [2].

[[1] H.-A. Jaillot, géographe du roi, auteur d'excellentes
recherches sur Paris, mort en 1712.]
[[2] Nicolas de Fer, géographe du roi, mort en 1720.]

CHAPITRE XX

Des principaux Cabinets de raretez d'art et de nature, de celébres Artisans, Manufactures, Edifices publics et des Antiquitez de la Ville de Paris[1].

Je ferois un Traité fort ample, en voulant donner au Lecteur une pleine description de toutes les raretez que renferme l'inscription de ce *Chapitre,* pour lui satisfaire. Mais je me contenterai, de ne les toucher qu'en trois paroles, pour ainsi dire, remettant le reste à la curiosité de nôtre Voiageur même. Il n'a qu'à en choisir quelques uns qui lui plaisent, et je ne doute pas, que la *Description* ou les *Curiositez de Paris,* ci-dessus mentionées, ne lui soient en quelque façon d'un bon usage, s'il veut seulement prendre la peine, de faire la ronde de cette ville, et d'aller voir lui-même les curiositez qui s'y trouvent.

Les *Cabinets d'Art* sont le premier point de ce Chapitre, que je dois traîter. Les plus renommez d'entre eux sont :

1. Celui de *Mr. Baudelot* [2], de l'Academic des

[1 Par la nature du sujet qui y est traité, la rédaction de ce chapitre présentait peu de difficulté. Je le reproduis donc littéralement. Je me borne à y multiplier les alinéas, dont l'original est fort avare.]

[2 Charles-César Baudelot de Dairval, mort en 1722.]

belles lettres : il est rempli de diverses curiositez de Medailles, et de Pierres prétieuses de la *Grèce* et de l'*Asie Mineure*, avec des Inscriptions *Grèques* et *Latines*, qui donnent jour à bien de points contestez et obscurs dans l'Antiquité.

2. Celui de *Mr. Boze* [1], Secrétaire de l'Academie des belles lettres, a toute une suite de Medailles d'or, d'argent et de cuivre, concernant tous les Rois et Republiques des *Grecs;* parmi lesquelles il y a quelques piéces fort rares.

3. Celui de *Mr. l'Abbé Fauvel*, Chapelain du Roi, est très-considerable, pour le grand nombre de Médailles *Grèques* et *Romaines*, d'or et d'argent, des bustes de Marbre et d'airain, de vieilles Idoles et d'autres rares Antiquitez.

4. Celui de *Mr. Foucault* [2], Conseiller d'Etat et de l'Academie des belles lettres, renferme outre beaucoup de rares Medailles, quantité d'Antiques, de pierres *Grèques* et *Romaines* [3], avec des Inscriptions, et d'autres choses curieuses.

5. *Mr. Geoffroi*, Dr. en Medécine, et l'Apoticaire son frere [4], l'un et l'autre de l'Academie des

[1 Claude Gros de Boze, mort en 1753. Il remplaça Fénelon à l'Académie française.]

[2 Nicolas-Joseph Foucault, le célèbre intendant. Son cabinet de médailles était ouvert à tous les savants.]

3 Au mois de novembre 1717, dans la derniére Assemblée publique de l'Academie des belles lettres, *Mr. de Fonténelle* expliqua par un docte discours une piéce de l'*Antiquité Romaine.*

[4 Étienne-François Geoffroy, dit *l'aîné*, professeur de

Sciences, ont dans leur Profession un Cabinet rare et curieux de toute sorte de Medailles, de plantes séches, de monstres, et de semblables choses, avec un Laboratoire bien reglé, pour la *Chimie*.

6. Celui de *Mr. Vivant* est fourni de quantité de Medailles *Grèques* et *Romaines,* et outre cela de diverses sortes de Monnoies, tant *Françoises*, qu'étrangéres, de tableaux et de Miniatures des meilleurs Maîtres, de la vaisselle de Crystal et d'*Agathe,* de curieuses coquilles, de livres avec figures, etc.

7. Vis à vis de l'Hôpital des Incurables on montre encore un *Cabinet très-curieux*, dans une grande Maison. L'on dit, qu'il contient près de 27000. estampes de toute sorte de celébres Graveurs, des Cartes ou Plans de Villes, de Batailles, de Caroussels, d'Enterremens, des Autographes de plusieurs Rois, Reines, Princes, Princesses, Portraits en miniature, toute sorte de verres colorez, de la même sorte qu'on en trouve çà et là dans des vieilles Eglises ; *item* toutes sortes d'anciennes modes d'habillemens, qu'on a portées en *France,* dépuis le Regne de *St. Louïs,* jusqu'à nos tems, avec un grand amas de jettons, de cartes, de tableaux, et autres choses. J'ai voulu un jour

chimie au collège de France, doyen de la Faculté de médecine, etc., mort en 1731. — Claude-Joseph Geoffroy, dit *le jeune,* mort en 1752. Il avait créé à Bercy un très curieux jardin de plantes médicinales.]

voir ce Cabinet; mais le maître à qui il aparténoit, étoit un vieillard fort bizarre, qui ne se
plaisoit pas toujours aux visites [1].

Au reste il y a encore les *Cabinets* de *Messrs.*
l'Abbé de Vallemont [2], de *l'Abbé de Camps* [3], du
Pére de Montfaucon [4], et d'autres particuliers, que
je n'ai pas vûs [5].

J'ai déja fait mention de quelquesuns *des plus*
celébres Artisans, dans divers passages. Je vais
ici dire encore un mot, seulement de ceux desquels les ouvrages méritent d'être considerez.

1. *De Launay*, Directeur de la monnoie du
Roi au *Louvre*. C'est chez lui, qu'on voit tous les
coins des jettons, qui ont été jamais frapez en
France; item tous les Rois de *France,* en medailles rangées selon l'ordre de la succession. L'Argenterie ouvragée chez lui, pour la Cour et pour
d'autres personnes de distinction, est incompara-

_____

[1] Un des Gardes de la Bibliothéque Roiale me dit la derniére fois, que je fus à *Paris;* que le proprietaire de ce Cabinet l'avoit donné au Roi, peu avant sa mort, ajoûtant qu'on
l'alloit placer dans la Bibliothéque Roiale, lorsqu'elle sera
étalée dans l'Hôtel de *Nevers.*

[2] Pierre Le Lorrain, abbé de Vallemont, mort en 1721.]

[3] L'an 1720, le *Maréchal d'Etrées* a acheté ce Cabinet.
Mais les Manuscrits en sont pareillement incorporez dans
ceux de la Bibliothéque Roiale.

[4] Le savant Bernard de Montfaucon, mort en 1741.]

[5] Ce petit rapport suffit pour corriger les erreurs des Auteurs du *Cabinet de Medailles,* p. 186, et de l'*Histoire de*
Medailles, p. 121 et 128, lesquels on trouve dans le 1er tome
de la *Place Equestre ouverte.*

ble. Ses chambres sont embellies de beaux tableaux. C'est un très-honnéte homme qui se fait un plaisir de montrer ses curiositez aux étrangers.

2. *Châtillon*, excellent Peintre en Miniature et en Email, comme aussi fort èxperimenté en beaucoup de sciences.

3. *Arlaud* [1], natif de *Genéve*, un habile peintre en Miniature. Sa *Léda* est un chef-d'œuvre. Il possede un tableau que feu le Duc Regent a peint de sa propre main, il y a quelques ans, et dont il lui a fait présent. Ses tableaux sont estimez 10000. Ecus : ils sont faits presque tous par des Peintres les plus renommez.

4. 5. *Rigaud* [2] et *Argillerie* [3], deux excellens peintres en Portraiture.

6. *Fontenay* [4]. Sa force est en des Fleurs.

7. *Benoît* [5], habile peintre et incomparable ouvrier en cire. Ses ouvrages approchent fort du naturel. Il a un grand nombre des personnes de la Cour du prémier rang, faites de cire, et il a été exprès en *Angleterre,* pour contrefaire aussi la

[1 Jacques Arlaud, mort en 1746. On ne sait pourquoi il coupa en morceaux sa *Léda*. Les mains ont été retrouvées, et elles sont conservées à la bibliothèque de Genève.]

[2 Hyacinthe Rigaud, mort à Paris en 1743.]

[3 Sans doute le célèbre Nicolas Largillière, mort à Paris en 1746.]

[4 J.-B. Blain de Fontenay, élève de Monnoyer, mort à Paris en 1715.]

[5 C'est à lui que l'on doit le portrait en cire de Louis XIV, qui est exposé aujourd'hui dans la chambre à coucher du roi à Versailles. Voy. les *Variétés chirurgicales*, p. 218.]

famille Roïale de ce tems là; outre cela il posséde un riche Cabinet de peintures.

8. *Aubriet* [1] sait le Dessein à fond. Il a accompagné le fameux *Tournefort* au Voiage du Levant, et dépuis il a tiré fort au naturel toutes les plantes qui sont au Jardin Roïal à *Paris*, ouvrage qui consiste en divers volumes. Je n'ai pas pu presque discerner souvent le naturel d'avec le dessein, quand je le regardois un peu de loin.

9. *Butterfiel* [2], Anglois de nation, est un excellent ouvrier d'Instrumens Mathématiques, et il montre plusieurs expérimens de la vertu de l'Aimant.

10. *Mignard* [3], excellent Peintre, surtout en grandes piéces et à fresque. L'on peut voir quelque chose de son travail, entre autres à *Val de Grace*.

11. *Berté,* pareillement un excellent Peintre.

12. *Klitnstedt* [4], Suédois, grand Peintre en miniature. Ses peintures en tabatiéres sont nonpareilles, mais on les paie aussi bien.

13. *Audran* [5], Concierge du Palais de *Luxem-*

[1 Claude Aubriet, dessinateur du roi, mort à Paris en 1743.]

[2 Butterfield, ingénieur du roi pour les instruments de mathématiques, mort à Paris en 1724.]

[3 Le célèbre Pierre Mignard, que Anne d'Autriche avait chargé de décorer le Val-de-Grâce. Mort en 1695.]

[4 Charles-Gustave Klingstedt, surnommé *le Raphaël des tabatières*. Mort à Paris en 1734.]

[5 Claude Audran, mort en 1734, au Luxembourg, dont il fut concierge pendant vingt-neuf ans.]

bourg, excelle en l'*Arabesque* et en *Grotesque*.

14. *Openordt* [1], un grand Architecte.

15. *Vigarani* [2], un subtil Mécanique, et principalement inventif en des Machines de Théatre. Son père, qui est mort nouvellement, a composé le *Théatre de l'Opera* au Palais des *Tuilleries*, aiant été appellé d'*Italie* par le Cardinal *Mazarin*, exprès pour cet effet.

Les principales Piéces, ouvrées par de *grands Artisans* dans *Paris*, sont celles qui suivent :

1. Les 4. *Statuës Roiales de bronze*, jettées en fonte. Celle du *R. Henri* IV. est *équestre*, au Pont-Neuf ; la *Statuë équestre de Louïs* XIII. est à la Place Roiale ; celle de *Louïs* XIV. à pié, est à la Place des *Victoires* ; et sa *Statuë équestre* se voit à la Place de *Louis le Grand* ou de *Vendôme*. Elles sont dignes d'admiration toutes 4. si ce n'étoit qu'on dit, que si le corps de *Louis* XIII. étoit placé sur le cheval de *Henri* IV. ce seroit un effèt admirable. Les maisons dont ces grandes places sont bordées, sont toutes égales et bâties à la simétrie ; quoique chacune ait sa propre Architecture.

2. Les *Plans des plus fameuses fortifications*, qu'il y a en *Europe*, et surtout de *celles de France*, sont en tout au nombre de près de 160. taillez en

[1 Gilles-Marie Oppenord, mort en 1742.]
[2 Gaspard Vigarani. Il avait été appelé à Paris pour régler les fêtes et les spectacles donnés à l'occasion du mariage de Louis XIV.]

bas relief, sur de grandes tables de bois. Ouvrage incomparable, ces figures étant si justes et si exactes, qu'on peut même reconnoître toutes les maisons principales dans les villes. Que dis-je, on n'a oublié même pas un arbre, ni aucune pierre remarquable, qu'il y ait aux environs de ces fortifications. Aussi coûtent-ils au Roi des sommes immenses, y aiant plusieurs de ces Plans, pour lesquels Sa Majesté a paié 30. jusqu'à 50000. Livres. Un certain *Jean Berthier* en a fait la plus grand' part : cet homme aiant eu du génie particulier pour cette sorte de travail, et plus qu'aucun autre en puisse avoir [1]. Ces Tables sont placées dans la *longue Galérie* au *Louvre,* mais on ne les voit guére, sans la permission speciale de la Cour, ou de *Monsr. d'Asfeld,* Inspecteur General des fortifications de terre.

3. Les *Tableaux du Roi au Louvre,* et son *Cabinet des Desseins,* comprennent des piéces très curieuses : elles sont en grand nombre ; il y a entr' autres un grand tableau qui représente les *Nôces de Cana* en *Galilée,* de la façon de *Paul Veronése,* et les Batailles d'*Alexandre le Grand,* desquelles l'on trouve çà et là quantités de copies. *Monsr. Balli,* Dessinateur du Cabinet du Roi, a la garde et le soin de ces peintures ; mais on ne les montre aujourd'hui qu'à peu de per-

---

[1] A *Cassel,* dans la maison des Modéles, l'on peut voir de semblables ouvrages, sur-tout le beau modéle du Château de *Weissenstein.*

sonnes, puisqu'elles sont aucunement mal en ordre.

4. La *Sphére mouvante. Monsr. Pigeon,* à la *Place Dauphine,* Mathématicien de la secte de *Copernic,* a fait cet ouvrage très-curieux, suivant l'Hypothése de cet Astronome. Tout le systéme est de léton, fort doré; le Soleil est au milieu, les autres Planétes sont autour, chacune dans sa Sphére, qui se meuvent moiennant une pendule. L'on y peut très-clairement reconnoître le léver et le coucher du Soleil, les revolutions des saisons de l'année, l'accroissement et le décroissement des jours, les Eclipses du Soleil et de la Lune, et d'autres pareils *Phénoménes* et Problémes Astronomiques. L'Auteur montre trèsvolontiers cette Sphére aux étrangers curieux, et raisonne là dessus avec eux, tant qu'on veut. Quand on s'en va, il vous offre la figure de cette machine, en taille douce, ce qu'on accepte, en lui donnant une petite recompense. Au reste on peut acheter de lui la pleine description de ce Systéme, avec les figures, pour 3. francs.

5. L'*Anatomie en de la cire teinte de couleurs.* L'on doit cette invention merveilleuse à *Monsr. Des-Nouës,* Chirurgien et Anatomiste à *Paris.* Pour lever le dégoût que la Dissection de corps morts cause souvent, cet homme a essaié de les contrefaire en de la cire : et il a si bien réüssi dans cette entreprise, qu'on en est étonné avec raison. Il a 5. sortes de ces corps,

savoir (a.) celui d'un homme fait, avec toutes ses
veines et artéres, ses nerfs, etc. le tout anato-
misé. (b.) Un autre corps, où l'on voit ce qu'on
n'a pas pu observer dans le prémier. (c.) Une fille
d'environ 12. ans, toute disséqué. (d.) Une
femme grosse de 9. mois, ouverte, avec l'enfant
couché encore dans la matrice, en sa posture
naturelle. (e.) Une *Neurotomie,* ou les nerfs,
veines, artéres, bojaux et autres parties du corps
de l'homme, à part. L'on voit aussi là-dedans les
entrailles, le cœur, le foie, etc. à part, le tout de
cire ; item 2. enfans crûs ensemble, et un qui
n'a qu'un œil au milieu du front, tous deux nez
dans *Paris,* et conservez en de l'esprit de vin :
quoiqu'aussi formez de cire. Tout y est si juste
et naturel, qu'il ne manque rien jusques aux plus
petites veines ; la cire étant quelquefois rouge,
quelquefois blanche, bleüe, mélée, selon les
diverses couleurs des parties charneuses ou des
veines dans le corps humain. L'ouvrier demeure
au *Fauxbourg St. Germain,* tout vis à vis la porte
de l'Abbaie de ce nom ; il montre encore plusieurs autres petites curiositez de la nature. L'on
prend avec soi *Monsr. Grossen,* ou quelque autre
qui entend l'Anatomie, quand on va voir cette
Anatomie en cire, et l'on s'en fait expliquer
toutes les particularitez. L'on donne par tête une
pièce de 50. sols[1].

[1] Tout cela n'est plus aujourd'hui dans *Paris,* d'autant que
ce Monsr. *Des-Noües* étant mort, il y a quelques ans, son

6. Dans l'*Observatoire Roial* sont gardez *tous les Modéles des Machines*, qu'on ait jamais présentez à l'Academie des Sciences, et d'un grand nombre desquels on se sert encore aujourd'hui, avec un très-grand succès. L'on y voit aussi un *miroir ardent* de bronze, d'une grandeur extraordinaire : comme aussi une *orgue à eau,* faite suivant la description de *Vitruve. Monsr. Cassini* demeurant dans l'*Observatoire,* a pour son particulier bien des choses, qui méritent d'étre vûës. La *Sale* est fort curieuse, où près d'une muraille on peut entendre, ce qui se dit bas auprès de l'autre, qui lui est opposée, sans que ceux qui sont au milieu, s'en apperçoivent, ni entendent un seul mot. Dans cette Sale ont voit une *grande Carte Géographique*, tracée avec de l'encre sur des carreaux, en forme d'un Planisphére, dont le Diamétre s'étend jusqu'à 27. pieds; à quoi *Monsr. de Chozelles* [1], de l'Academie des Sciences, a travaillé sous la conduite du vieux *Cassini.*

7. *La montée à vis, taillée d'une pierre, tout d'une piéce,* dans l'Eglise paroissiale de *St. Sulpice,* au *Fauxbourg S. Germain,* et l'*Escalier de*

cousin, comme héritier universel de tous ses biens, s'étant mis en possession de ces curiositez, les a emportées par mer en *Hollande,* d'où il les a fait transporter à *Hambourg,* où j'ai revû cette Anatomie de cire, sur la fin de l'année passée. Le printems après il s'en est allé en *Danemarc,* et de là en *Angleterre,* montrant par tout ces curiositez pour de l'argent.

[[1] Jean-Matthieu de Chazelles, mort en 1710. Fontenelle a prononcé son éloge.]

pierre dans l'Eglise, qui est auprès du Couvent des *Bernardins*, dans la ruë du même nom, sont 2. chefs-d'œuvre fort hardis et merveilleux, puisque 2. personnes y peuvent monter et descendre, au même tems, sans se voir l'une l'autre. Je crois qu'ils n'ont gueres leur pareil au monde.

Parmi les *Manufactures*, qu'il y a à *Paris*, celles des *Gobelins*[1] ont sans doute la préference. Les *Gobelins* sont un certain quartier de maisons, au *Fauxbourg S. Marcel*, où autrefois habitoient près de 800. Artisans et Fabriqueurs en Tapisseries, en Teinture, en Peinture, en Sculpture, en Orfévrerie, en Broderie, et en semblables autres manufactures. Tous les ouvrages de ces personnes furent emploiez à l'ornement et embellissement des Maisons Roiales. Les *Gobelins* fleurissoient le plus du tems de *Monsr. Colbert*. Car ce Ministre favorisoit tous les Artisans, leur procurant une honéte subsistance. Mais ils ont été fort retranchez du dépuis de leur ordinaire, et aujourd'hui on travaille dans ces maisons seulement en *Tapisseries*, en *Peinture et dans l'Art de dessiner*, pour autant que ces 2. sciences

---

[1] Les *Gobelins* ont pris leur nom d'un de leurs plus celébres Maitres dans la Drapérie, nommé *Egide* ou *Gilles-Gobelin*, qui sous le regne de *François* I. a appris aux *Parisiens* à teindre en écarlate.

[Sur la manufacture des Gobelins, voy. *Les magasins de nouveautés*, t. III, p. 46 et suiv.]

sont requises aux tapisseries, item dans la *teinture* et dans l'*art de lacquer à l'Indienne* [1].

Il faut avoüer, que

1. La *fabrique de tapisseries* est aujourd'hui en *France* au comble de perfection. Tel Peintre ne sauroit mieux reüssir dans sa piéce, que ces Tapisseriers dans leurs ombrages. Toutes les peintures, d'après lesquelles les tapis sont tissus, (soit qu'elles représentent des Païsages, des Histoires, des fleurs, soit toute autre chose) sont des Maitres les plus celébres. On les fait voir auparavant toûjours au Roi, qui en choisit ceux qui lui plaisent le plus. La Tissure en elle-même se fait en certaines chambres, où l'on voit avec étonnement même des garçons de 10. à 12. ans, travailler à l'envi des plus habiles maitres. Ils ont devant eux le modéle en peinture, sur lequel ils travaillent. Il faut qu'ils sachent à fonds la Peinture et le Dessein. C'est pourquoi le Roi tient exprès à ses gages 3. Professeurs-Peintres, pour montrer le Dessein à la jeunesse des *Gobelins*. Le jour de la *Fête-Dieu* toute la cour est couverte des Tapis des *Gobelins*, de haut en bas, et l'on y va l'aprèsmidi les voir.

---

[1] Il y a là encore près de 200. Ouvriers, dont les moindres gagnent 20 sols par jour, les autres à proportion de leur capacité et industrie ont jusqu'à 100. sols. Il y a quelques ans, que feu le *Czar* obtint 17. de ces *Gobelins* pris d'entre les plus habiles maitres, du consentement de feu le Duc Regent : lesquels il fit aller à *Petersbourg*, pour y établir une Fabrique de Tapisseries.

Mais je conseille aux étrangers, de prendre alors bien garde à leurs poches. L'on ne sait souvent, qui on a auprès de soi, à cause de cette infinité de monde qui entre et sort.

2. La *teinturerie*, pour de la soie et du linge, est dans une autre cour. L'on prétend que la petite riviére qui la baigne, je veux dire l'eau des *Gobelins*, a la vertu de donner à l'écarlate une couleur haute et éclatante, effét qu'on n'attribue pas aux autres eaux de *Paris*.

D'avantage on voit dans ce lieu 3. l'*art de lacquer à l'Indienne*, laquelle manufacture n'a été établie en *France*, que dépuis peu.

4. Le travail *d'assortir et de joindre ensemble des pierres de diverses couleurs*, pratiqué autrefois ici, est incomparable. Toute la composition consiste en diverses pierres prétieuses, d'*Agathes* de differente sorte, de *Jaspes*, de *Cornalines* et d'autres espéces, taillées d'une certaine façon, et comparties tellement ensemble sur des tables de pierre ou un des Cabinets, qu'elles forment ensemble des païsages, oiseaux, fleurs, cartes à jouër et semblables figures ; qui paroissent si naturelles, qu'on croiroit presque, que tout y vivoit. Mais un tel ouvrage demande une grande patience et une application toute particuliére. Cependant on a cessé de travailler ainsi, il n'y a guéres, je ne sai par quelle raison ; je crois, parce qu'il ne valoit pas peut-être la peine de faire tant de dépens pour ces choses.

5. La *manufacture de glace à miroir* est au *Fauxbourg St. Antoine*, pas loin de l'Abbaie de ce nom. Cette verrerie fut introduite en *France* l'an 1665. par le même *Monsr. Colbert* ce Ministre d'Etat, dont nous avons si souvent parlé : car auparavant on fut obligé de faire venir de *Venise* et d'*Italie* les glaces à miroir. Mais aujourd'hui on en fait la fonte dans *Paris,* et on les polit, d'une grandeur et d'un éclat, qui ne cédent rien à celles d'*Italie*. Plus de 400. personnes sont emploiées à ces ouvrages ; d'où vient qu'il y a une quantité de telles glaces si prodigieuse, que de grands appartemens en sont garnis tout à fait. Celles de la grande Galérie à *Versailles,* et les Miroirs dans les autres apartemens de ce Château, sont de cette Manufacture. Il faut être accompagné de quelque ami ou connoissance, autrement on a de la peine à être admis dans cette Verrerie.

6. Le *cuir doré* se fabrique dans plusieurs endroits de la ville, surtout dans une Maison située aux environs de la *Bastille*. Le cuir qu'on a préparé pour cet effèt, est premiérement doré, puis on lui donne les figures sous une presse, après cela on peint ces figures de toutes sortes de couleurs.

7. Il y eut aussi dans le *Palais de Luxembourg* une *Manufacture de tapisseries composées de laine hachée ou pilée, sur de la toile cirée,* de l'invention d'*Audran,* Garde de ce Palais, qui les a fait

LE VIEUX LOUVRE.

travailler chez lui. Mais ce travail fut suspendu tout le tems du séjour de feuë Mad. de *Berri* au *Luxembourg, Audran* n'aiant pas dans sa maison tout l'espace qu'une telle Manufacture demande.

8. Hors de la porte de Conférence, sur le chemin pavé qui conduit à *Versailles,* sur la droite, il y a une Maison, où se font les *Manufactures de Perse et du Levant.* C'est avec justice, que je passe ici sous silence les autres *moindres Manufactures*, dont le nombre est incroiable dans *Paris ;* puisque cela me méneroit trop loin.

Les plus remarquables des *Edifices publics à Paris* sont les suivans :

1. Le *Château Roial* ou le *Louvre*[1]. On le divise en *Vieux* et *Nouveau. Philippe Auguste* a donné le commencement au *Vieux Louvre ; François* I. et plusieurs autres Rois, ses Successeurs, y ont fait bâtir, sans en avoir achevé le dessein. Le Roi *Louis* XIV. l'a continué et donné le nom de *Nouveau Louvre* au grand corps de logis qu'il y a ajouté. Néantmoins cet Ouvrage est aussi demeuré imparfait sous le regne de ce Prince, dépuis qu'il s'est attaché à aggrandir et à embellir *Versailles,* qui est aujourd'hui la residence ordinaire des Monarques de *France.* En attendant le Roi a logé du depuis ses Academies de Savans et d'Artisans dans les appartemens

---

[1] L'on dit que le mot de *Louvre* veut dire un *chef d'Oeuvre,* ou Ouvrage excellent.

qui étoient déja faits, pour qu'ils ne fussent pas vuides et inhabitez. La grande Façade au *Louvre* est un des plus nobles morceaux d'Architecture ; elle est fort admirée et estimée de tous les connoisseurs de cet art.

2. *Le Palais des Tuilleries* [1]. La Reine *Cathérine de Medicis* fit l'an 1664. jetter les prémiers fondemens de cet Edifice. *Louis* XIV. l'a aggrandi et augmenté de quelques autres corps de logis et de Pavillons : de sorte que ce Palais consiste aujourd'hui en 5. Pavillons et en 4. Corps de logis, rangez tous sur une même ligne. L'on voit là-dedans la grande Sale, celle des Gardes, le Plat-fond de l'Antichambre, le grand Apartement du Roi, et autres ; sur tout la Sale des Machines, ou ce grand et superbe Théatre, auquel seul le défunt Roi a depensé près de 4. milions de livres, et dans lequel il a fait représenter les Opera, dans sa jeunesse. Ce Palais est joint au *Louvre* par une longue Galérie [2], dont les apartemens [3] sont occupez par plusieurs Artisans qui excellent dans leurs métiers, et que le dit Roi a voulu distinguer d'avec les autres de ces professions, en leur donnant ces logemens.

---

[1] Ce Palais fut la Résidence du jeune Roi d'à présent, durant sa Minorité.

[2] Cette Galerie fut bâtie sous le regne de *Henri IV.*

[3] Entre ces apartemens est la petite Ecurie du Roi ; un peu plus loin de là on voit l'Imprimerie Roiale, et au milieu la *Fabrique de medailles*, dont j'ai déja touché un mot en parlant de *Monsr. de L'aunay.*

D'un côté du Palais est ce beau et superbe jardin, nommé la *Tuillerie,* et de l'autre côté est l'*Avant-Cour* et la *Place*, où l'an 1662. les magnificences du *Caroussel* furent celebrées, pour la naissance du *Dauphin* de ce tems-là.

3. Le *Palais d'Orléans* ou de *Luxembourg*, est une des plus magnifiques maisons qu'il y ait au monde. La Reine *Marie de Medicis* commença à faire bâtir l'an 1615. ce beau Palais sur les ruïnes de l'Hôtel de *Luxembourg*, qu'elle avoit acheté et fait démolir pour cette fin, voulant habiter à part et laisser tout le *Louvre* à son fils le Roi *Louis* XIII. qui fut àlors fort jeune ; cet édifice fut achevé 5. ou 6. ans après. Parmi un grand nombre de ses beaux apartemens on s'apperçoit sur tout de la longue Galérie, fort estimée pour ses 20. grandes Peintures qui en font l'ornement, dans lesquelles le fameux Peintre *Rubens d'Anvers* (qu'on a fait venir exprès à *Paris* pour les faire) a représenté Symboliquement la vie de la dite Reine ; il a travaillé là-dessus l'espace de 2. ans, avec une industrie et adresse peu commune. Ce beau Palais est aucunement déchû en divers endroits, pour n'avoir pas été habité dès longtems, ni entrétenu comme il faloit. Mais pendant le séjour que feuë la Duchesse de *Berri* a fait là-dedans, on l'a reparé en toute diligence, et remis en son prémier état, autant qu'il a été possible.

4. Le *Palais Roial*, bâti en 1636. par le *Car-*

dinal de Richelieu, a porté au commencement le
nom de son fondateur, étant dit l'*Hôtel de Richelieu*, ensuite le *Palais du Cardinal*. Mais l'an 1639.
cette Eminence le céda par donation au Roi
Loüis XIII. avec quantité de choses prétieuses,
toutefois à condition, que cette maison demeurât
attachée pour jamais à la Couronne, sans en
pouvoir être aliéné. Mais le Roi *Loüis* XIV. la
donna à son tour au duc d'*Orleans* son frére, de
qui feu le *Duc Regent* son fils, l'a euë par droit de
succession, et y a fait dépuis sa résidence. Ce
dernier Duc y a ajoûté plusieurs bâtimens, et y a
fait bien des reparations. La Galérie neuve,
avec divers apartemens embellis de rares tableaux, sont les parties du Palais les plus remarquables. Nous avons déja parlé en son
endroit du *Jardin* et de l'*Opera* de ce Palais.

5. L'*Observatoire Roial* doit son existence au
grand amour de *Loüis* XIV. pour l'Astronomie
et à la vigilance de *Monsr. Colbert*. L'an 1667.
il fut bâti avec des dépenses tout à fait Roiales,
pour l'usage des Professeurs en Mathematique,
afin qu'ils y tinssent leurs Observations Astronomiques et Physiques. Outre les particularitez,
que j'ai déja rapportées dans ce *Chapítre*, on
remarque encore le grand Tuiau, ou Lunette
d'approche, longue de 70. pieds, l'escalier arti-
ficiel, et puis la rare structure de tout ce bâtiment,
qui est voûté par tout, parce qu'on n'y a voulu
emploier ni le fer ni le bois.

6. *Les Invalides*. Ce grand bâtiment, avec son Temple, sont aussi au nombre des merveilleux effèts de la grande magnificence de feu le Roi *Louis* XIV. Il a été bâti pour des Officiers et Soldats blessez et estropiez, qui ne sont plus en état de servir. Ils y sont nourris et alimentez, 500. des prémiers, et 3000. des autres. Les Officiers mangent dans un grand Refectoir, à diverses tables, chacun aiant son coûteau, sa fourchette et son cueillier, le tout d'argent. Les simples Soldats prennent le repas dans les 3. autres grands Refectoirs, où sur de grandes tables, attachées aux murailles, sont représentées les plus grandes actions du Roi. Ceux qui sont malades au lit, reçoivent leur manger par les Sœurs de la Charité, ou par d'autres gens établis. pour cela, qui leur portent tout ce dont ils ont besoin. Ils sont habillez tous également, une fois les 2. ans, et les Officiers ont autrefois reçû, par dessus leurs gages, tous les mois certain argent pour jouër; mais il y a quelques ans, qu'on a cassé ces douceurs, à cause de la grande disette d'argent. Les Soldats qui savent quelque métier, en sont mieux à leur aise, puisqu'outre leur aijmentation ordinaire, ils peuvent gagner quelque chose. Les Officiers sont deux à deux dans chaque chambre; quoique chacun ait son propre lit avec des rideaux. Mais les simples Soldats sont 4. 6. 10. et quelquefois plus logez ensemble, selon la capacité de la chambre. Ceux

qui sont en état de marcher, doivent faire la
garde tous les jours, au dedans et devant les
portes de cette maison, tout comme s'ils étoient
en garnison dans quelque forteresse. Le fonds
necessaire pour soûtenir un œuvre si somtueux
et si loüable, se prend sur l'état de guerre, en
decourtant quelque somme d'argent par mois
du paiement des Troupes. L'Eglise des Invalides
est ornée de quantité de beaux tableaux et d'autres choses ; principalement le *Dôme* ou la *Coupe*,
avec 4. Chapelles, sont dignes d'admiration.

7. *Quantité de beaux Ponts,* principalement le
*Pont-Neuf, le Pont-Roial, Pont-Nôtre Dame, Pont
au Change, Pont St. Michel,* etc. Du *Pont-Neuf* dit
le proverbe : *Qu'en tout tems qu'on passe sur ce
pont, on y trouve toûjours un cheval blanc, un
Abbé, et un putain.* Le *Pont-Roial* est libre, mais
le *Pont-Neuf* est plein de petites tentes ou boutiques, avec toute sorte de Marchandises. On les
étale tous les matins sur les banquettes pratiquées
aux deux côtez du Pont, et tous les soirs on les
défait. Les autres Ponts sont presque tous chargez
de maisons des 2. côtez. Au reste la vûe du *Pont-
Neuf* n'a point de pareille.

8. Le grand nombre de *portes de la ville,*
comme celles de *St. Dénis,* de *St. Martin,* de
St. Antoine etc. qui sont decorées toutes de
diverses belles Inscriptions.

9. *Le bel Arc de Triomfe,* dit communement *le
Thrône,* au bout du *Fauxbourg St. Antoine.* Le

Roi *Louis* XIV. le fit dresser l'an 1670. en cet endroit là, en mémoire de la glorieuse entrée que la Reine *Marie Thérése*, Infante d'*Espagne*, avoit faite l'an 1660. dans *Paris*, par la *Porte St. Antoine.* L'on a démoli ce Thrône tout nouvellement : les pierres et les autres matériaux furent emploiez à la réparation du *Quai des Orfévres*, qui étoit tout en ruïne, et à la construction du *Pont-Neuf*, qui est au sortir de la *Tuillérie* pour aller au *Cours.*

10. L'*Arsenal* consiste aujourd'hui en plusieurs Bâtimens peu logeables et peu considerables, à la reserve de l'Apartement du Duc du *Maine*, Grand Maître de l'Artillerie de *France*, et du Jardin spacieux, qui donne une vûe très agréable. Sur un Marbre noir, au dessus de la prémiére porte de l'Arsenal, on lit ces deux vers :

Aetna hæc Henrico Vulcania tela ministrat,
Tela Giganteos debellatura furores.

C'est à dire :

> *Dans cette infernale maison,*
> *Vulcain et ses Forgerons*
> *Forgent mille et mille traits*
> *(Plus qu'en l'Etne ils n'ont faits*
> *Jadis contre les Géans)*
> *Pour Roi Henri. De céans*
> *Ses fiers ennemis, certe,*
> *N'ont qu'à attendre leur perte.*

11. *La Fonderie* qui fut autrefois aussi dans l'enceinte de l'Arsenal, n'est plus aujourd'hui de cet usage, et on ne fond ni ne travaille dans ce lieu, que de petites statuës de bronze et d'autres petitesses de laiton.

12. La *Salpêtriére*[1] où l'on tire et accommode le nitre, qui n'en est aussi pas fort éloignée, est passable. On en a ailleurs de beaucoup plus grandes et meilleures. *Monsr. du Vivier,* un homme très-curieux, occupe un des áparte-mens près du Jardin de l'Arsenal : l'on peut voir chez lui beaucoup de raretez.

13. L'*Hôtel de ville* est la Maison, où s'assemble le Magistrat de la ville. Elle est à la *Gréve.* C'est un grand et magnifique bâtiment : Mais ses 2. places, tant celle du devant, que la Cour, sont trop petites. Cette maison fut commencée l'an 1533. sous le regne de *François* I. et achevée l'an 1605. le travail aiant été interrompu pendant plusieurs ans. Sur la porte est la statuë Equestre du Roi *Henri* IV. à démi-relief, et sous une arcade, qui est au fond de la Cour : on voit celle du Roi *Louïs* XIV. à pied , en bronze, elevée sur un Piédestal de marbre blanc. Au dedans de l'Hôtel on lit diverses Inscriptions rangées tout autour : elles sont gravées en lettres d'or sur du marbre, et marquent les actions les plus conside-

---

[1] Cette maison s'appelle la *Salpétriére,* à cause que *Louïs* XIII. y avoit fait bâtir quelques Maisons pour les Sal-pétriers.

rables de ce dernier Roi, et les principaux événe-
nemens de son Regne. Dans les ápartemens qui
sont en haut, il n'y a rien de rare, hors la grande
Sale, où l'on voit encore quelques grands et
beaux tableaux; ce sont pour la plûpart les
portraits de quelques Magistrats qui y ont été en
charge. L'on place des personnes de condition
aux fenétres qui donnent sur la *Gréve*[1], lorsqu'il
s'y passe là quelque acte de justice ou autre chose
de notable et de curieux.

14. *Les deux Machines* qui sont au milieu du
Pont *Nôtre-Dame*, sont deux grandes Pompes qui
elévent l'eau de la *Seine* et la distribuent ensuite
par certains Canaux dans plusieurs quartiers de
la ville. Cette invention est l'abregé des Machines
de *Marli*, et elle merite bien d'étre vûe. Les vers
gravez sur un marbre noir au dessus de la Porte
de ces Machines, sont de feu le celébre *Santueul*,
Chanoine Regulier de *S. Victor;* ils sont trop
beaux, pour n'avoir pas ici leur rang. Les voici :

Sequana, cùm primùm Reginæ allabitur Urbi,
  Tardat præcipites ambitiosus aquas.
Captus amore loci cursum obliviscitur, anceps.
  Quò fluat; et dulces nectit in Urbe moras.

[1] C'est la place devant l'Hôtel de Ville. C'est dans cette
Place, que se fait reguliérement tous les ans un feu d'artifice,
la Veille de la *S. Jean-Baptiste;* et que se font extraordinairement d'autres solennitez et rejouïssances Publiques. C'est
aussi un lieu d'amertume et d'angoisse, pour les criminels qui y
sont executez ordinairement.

Hinc varios implens fluctu subeunte canales,
  Fons fieri gaudet, qui modo flumen erat.

15. *La Samaritaine,* cet ornement du *Pont-Neuf,* du côté du *Louvre,* est une semblable Machine ou grande Pompe qui puise l'eau de la riviére et la distribuë ensuite par plusieurs Canaux au *Louvre* et à quelques quartiers de la ville, qui sont de ce côté là. Cette Machine n'a pas fait sa fonction pendant long-tems : mais dépuis quelques ans elle vient d'être rétablie entiérement, avec plus d'art et de goût, qu'elle n'étoit auparavant. La petite Maison qu'elle soûtient, est fort propre avec son Carillon et sa Lanterne.

16. La *Sorbonne,* avec son Eglise, est un beau bâtiment, par lequel le *Cardinal de Richelieu* a voulu immortaliser son nom. Aux tems passez il y eut en cet endroit un vieux Collége, fondé l'an 1252 par *Robert Sorbon* (de qui la *Sorbonne* porte encore son nom) Aumônier et favori du Roi *St. Louis.* Outre les excellentes peintures, dont l'Eglise est parée, l'on y voit aussi le tombeau du Cardinal, au milieu du Chœur. Il est fait de marbre blanc par *Girardon,* et passe pour un chef d'œuvre. La *Sorbonne* en elle-même est un edifice fort régulier, mais il n'y a rien de singulier au-dedans, n'étant composé que de 36. apartemens occupez par autant de Docteurs qui y sont en pension.

17. Le *Collége des Quatre Nations,* avec son

Eglise, a été fondé par le Cardinal *Mazarin*, qui
a voulu imiter en tout celui de *Richelieu*. Mais ce
dessein n'est à beaucoup près pas si beau, que
celui de la *Sorbonne*, puis qu'il n'a pas pu être
executé du vivant de *Mazarin*, et qu'après sa
mort on y a changé bien des choses, contre l'intention du Testateur. Son monument est aussi
dans l'Eglise, mais si mal placé, qu'on ne le
trouve qu'avec peine. Le Collége sert principalement pour l'entrétien et l'éducation de 30.
jeunes Gentils-hommes de 4. Nations, comme
d'*Alsace* pour l'*Allemagne*, de *Pignerol* pour
l'*Italie*, du *Roussillon* pour l'*Espagne*, et des
Païs-Bas Catholiques. Ils y sont nourris noble-
ment et instruits fondamentalement dans toutes
sortes de Sciences et d'Exercices. Il y a un
nombre infini d'autres Ecoliers *Parisiens*, qui fréquentent ce Collége. J'ai déjà décrit sa Bibliothéque.

18. Entre les *Eglises*, *Abbaies et les Couvens*
celles de *Ste. Géneviéve*, de *Val de Grace*, *l'Eglise
des Jesuites*, Ruë *St. Antoine*, le *Couvent des
Chartreux*, derriére le *Luxembourg* etc. méritent
d'être vuës.

Les plus notables *Hôpitaux* sont :

(a) L'*Hôtel-Dieu* qui nourrit près de 4000.
pauvres malades, qui y sont bien servis. Près de
8000. furent entrétenus là-dedans, pendant la
derniére grande cherté de vivres.

(b) L'*Hôpital-Géneral*, ou la *Salpétriére*, avec

Bicestre [1]. Ce grand Hôpital entrétient plus de 6000. hommes; le prémier enferme des femmes de mauvaise vie, comme aussi de pauvres petites filles qu'on a trouvées; l'autre enferme ordinairement des hommes, ou d'autres libertins.

(c) *Les Enfans trouvez.* C'est un Hôpital auprès de l'Eglise *Nôtre-Dame*, fondé pour l'education des enfans trouvez par hazard. Ils y sont nourris, jusqu'à ce qu'ils sont en état ou de servir, ou d'apprendre quelque métier. Quand ces petits ont atteint un peu d'âge, on les place dans l'Hôtel-Géneral.

(d) L'*Hôpital de la Charité* sert à entrétenir nombre de pauvres et de Malades de bonne extraction et de façon.

(e) L'*Hôpital de la Pitié*, est le lieu où l'on prend soin de quantité de pauvres vieilles gens des deux Sexes, lorsqu'ils ne peuvent plus se nourrir autrement.

(f) L'*Hôpital des Quinze-vingts* renferme 300. pauvres aveugles.

(g) L'*Hôpital des Incurables* est erigé en faveur de ceux qui sont attaquez de Maladies désesperées.

(h) *Les petites Maisons* [2] sont aussi un Hôpital

[1] Ce mot est corrompu, et doit être écrit *Winchester*, parce que cette Maison aparténoit autrefois à l'Evèque *Jean de Winchester*, lorsque les *Anglois* étoient maîtres de *Paris*, et d'une grande partie du Roiaume.

[2] Cette Maison est ainsi nommée à cause des petits loges, qu'elle renferme dans son circuit.

et la demeure de fous et de quelques vieilles.

Pour finir ce *Chapitre*, je dois ajoûter quelque mot touchant quelques *Antiquitez* qui sont dans *Paris*, et qui méritent bien qu'on les voie et admire :

1. Le *Palais* passe avec raison pour un des plus vieux edifices de la ville de *Paris*, comme l'ancienne residence des prémiers Rois de *France*, et entre autres de *Saint-Louis*, qui a ágrandi ce Palais de nombre d'apartemens, et y a joint la *Ste. Chapelle*. Aujourd'hui le Parlement, la *Chambre des Comptes*, la *Cour des Aides*, celle des Monnoies y sont établies, avec leurs Jurisdictions competentes. La grande Sale (à l'extrémité de laquelle est la Chapelle, où se celébre tous les ans la fameuse *Messe-Rouge*) est bordée des 2. côtez de suites d'arcades toutes garnies de boutiques de galanteries de toutes sortes et d'une quantité inexprimable, de même que les autres Sales et Edifices du Palais. Mais ce grand et vaste bâtiment en soi-même, montre dans toutes ses parties un très-grand âge. Qu'on n'oublie pas de regarder l'Horloge de ce Palais, laquelle a donné le triste signal de cet exécrable *Massacre* des *Huguenots*, qui se fit le jour de *S. Barthelemi* 1570.

2. La *Ste. Chapelle* est à côté du Palais. Ce sont proprement deux Eglises, l'une supérieure, l'autre inferieure, toutes deux voûtées, mais fort obscures; leurs vitres sont encore peintes, et

12.

toute leur structure est antique. Plusieurs Reliques et autres choses très précieuses sont en
dépôt dans cette Sainte Chapelle : lesquelles on
ne peut pas voir si facilement puisque la Sacristie
doit être ouverte à 3. clefs différentes, l'une desquelles est entre les mains du Roi, l'autre est
gardée par la Chambre des Contes, et la troisiéme
par le Trésorier.

3. L'*Eglise Cathedrale Nôtre-Dame*. La Tradition dit, que *S. Dénis* qui vécut dans l'espace des
prémiers Siécles de la Chrétienté, a fondé ce
Temple. Le Roi *Childebert* l'a rebâti de nouveau
environ l'an 522. et comme c'est un ouvrage d'un
dessein extraordinaire, ses successeurs les Rois
Henri I. *Philippe* I. *Louis le Gros, Louis le Jeune,
Philippe-Auguste*, et quelques autres se virent
obligez de le continuer. C'est dans cette Eglise
que l'Archévêque de *Paris,* officie à toutes les
solennitez, qui sont celebrées, au sujèt de rejouïssance, ou de tristesse publique, de la con-
secration des nouvelles enseignes de guerre, du
TE DEUM etc. L'on y remarque principalement le
beau Chœur, son incomparable Maitre Autel,
avec ses 2. Anges de bronze doré à feu qui l'accompagnent en adoration à droit et à gauche : la
Statuë de *Louis* XIII. du côté de l'Epitre, et celle
de *Louis* XIV. du côté de l'Evangile, toutes deux
de marbre blanc; item les belles grilles de fer
doré, qui ferment le Chœur du côté de la Nef;
les excellens tableaux et les autres ornemens du

L'EGLISE DE NÔTRE DAME.

Chœur; comme aussi la statuë Colossale du grand *Christophle* de pierre, adossé au prémier pilier qui est proche du grand Portail de l'Eglise[1]. Au dessus des 2. tours de cette Eglise sont 2. terrasses, d'où l'on peut en tems serein contempler à son aise tout *Paris* avec ses environs.

4. *Neuf grandes pierres proche l'Eglise Nôtre-Dame*, qui furent trouvées, il y a quelques ans, dans une vieille muraille auprès du Chœur, et qui sont encore conservées dans un certain endroit qui est dans l'enclos du Chapitre, proche cette Eglise. L'on voit encore quelques figures gravées sur elles, d'hommes et de bêtes, avec les noms de *Vulcain*, *Castor*, *Jupiter* et d'autres faux Dieux, en caractéres *Romains*, dont la plûpart sont presque effacez. Une de ces pierres porte l'Inscription qui suit : TIB. CAESARE. AUG. JOVI OPTVMO MAXSVMO MP NAVTAE PARISINOI. PVBLICE POSIERUNT.

5. *Quelques restes du magnifique Palais de l'Empereur Julien*, qu'on voit dans la ruë de la *Harpe*[2]

---

[1] L'on voit sous cette Statuë les vers fort élegans et beaux (scilicet) qui suivent ici :

> *O magne Christophore,*
> *Qui portasti Jesu Christe*
> *Per mare Rubrum,*
> *Et non franxisti Crurum,*
> *Sed hoc non est mirum,*
> *Quia tu es magnum virum.*

[2] Dans cette même ruë est encore une vieille Maison, bâtie, à ce qu'on dit, par *Jean Fernel*, prémier Médecin du Roi

à l'Enseigne de la *Croix de Fer;* ce Palais fut autrefois dit *la Maison des Thermes.* L'on prétend aussi montrer encore quelques décombres d'une maison, qu'on dit avoir été habitée par *Jules-César,* dans un autre endroit de la ville, dont je ne me puis pas souvenir pour le présent.

6. *Les* 2. *Châtelets, grand et petit,* furent anciennement deux forteresses, lorsque *Paris* n'eut qu'une simple muraille. La tradition dit, que *Jules-César* a bâti ces 2. citadelles, pour tenir en bride la populace de *Paris,* qui remuoit sans cesse; et que dépuis ce tems-là l'Empereur *Julien* a fait sa residence dans le grand Châtelet, lorsqu'il étoit encore Gouverneur des *Gaules* pour les *Romains.* Aujourd'hui ces deux Châtelets sont les prisons ordinaires des Criminels, et où le Prévôt de *Paris,* le Lieutenant Criminel, et d'autres Magistrats subalternes rendent la justice pour la ville, Prévôté et Vicomté de *Paris.*

7. *La Bastille*[1] est la fameuse prison des criminels d'Etat et d'autres prisonniers. Ce Château a un Capitaine-Gouverneur, un Lieutenant du Roi, avec 60. hommes de guerre, dits *morte-paies à pié François.* Ses murailles et sa tour sont encore montées de piéces de Canon, rangées par

Henri II. item une autre dans la *Ruë des Mathurins,* dite l'*Hôtel de Cluni :* l'une et l'autre sont fort remarquables pour leur structure surannée.

[1] *Mad. du Noier* dans ses *Lettres Galantes, Tom. V. lett.* 75. *p.* 69. donne quelque description de la Bastille.

intervales, à l'entour du Château : l'on ne s'en sert plus qu'aux decharges, en tems de rejouïssance publique, par ex. pour le gain d'une bataille, la prise d'une place forte, la naissance de Princes du Sang, pour des Traitez de Paix etc. Cette forteresse est toûjours fermée; c'est pourquoi on n'est point admis pour la voir par dedans.

8. *Le Temple*. Ce vieux bâtiment apartenoit autrefois à l'Ordre des *Templiers*, tant connus dans l'Histoire : desquels il a gardé le nom jusqu'à présent; mais aujourd'hui il dépend de l'Ordre de *Malte*. Il est memorable pour son ancienneté, et très-curieux, principalement sa petite Eglise Conventuelle, qu'on croit d'être bâtie sur le modéle du *Temple de Jerusalem*. Le Religieux qui montre tout cela, est fort complaisant. La Maison où[1] le *Grand-Prieur* de l'Ordre fait sa demeure, quand il est à *Paris*, fut bâtie il n'y a pas fort long tems. Comme c'est un lieu de Franchise, les *ouvriers*, qui ne sont pas maitres, et qui pour cela demeurent dans ce quartier en grand nombre, y travaillent sans être inquiétez[2],

---

[1] C'est aujourd'hui le *Chevalier d'Orléans*, fils naturel de feu le Duc Regent : il tire de ce Prieuré 20000 Livres de revenu annuel.

[2] La même liberté ont aussi ceux qui demeurent dans les Quartiers de *St. Germain des Prez*, de *St. Martin des Champs*, de *St. Dénis de la Chartre*, ceux de l'*Hôpital de la Trinité*, et de quelques autres endroits.

[Sur ce sujet, voy. *Comment on devenait patron*, p. 230.]

n'étant pas permis d'en retirer aucun qui s'est
sauvé là-dedans, pour le mettre en prison sans la
speciale permission du Grand-Prieur.

9. *La Commanderie de S. Jean de Latran*, vis-
à-vis du Collége-Roial, apartient pareillement à
l'Ordre de *Malte*, et consiste en un enclos de
vieilles maisons fort mal-bâties, qui sont remplies de haut en bas d'ouvriers qui ne sont pas
maitres, et qui jouïssent ici de quelques immunitez, puisque ce lieu est privilegié : aussi ne
sont ils pas tenus d'entrer dans le corps des autres de leur métier qui sont dans la ville.

10. *Le Cimetiére des Sts. Innocens*, dit les
Charniers, dans la Ruë S. Denis, est environné
d'un Corridor voûté et de bonnes murailles. Au
milieu du Cimetiére est une petite tour d'une
vieille fabrique. L'on y voit une quantité incroiable d'ossemens de morts, entassez les uns
sur les autres, comme un grand tas de bois. Au
reste il est entiérement contre la vérité, que ce
Cimetiére a la propriété de consumer les corps,
qui y sont enterrez, dans l'espace de 9. jours ou
de 24. heures, au rapport de l'*Antiquaire curieux*[1]
p. 89.

11. Dans l'*Eglise des Jacobins*, proche du *Faux-*

---

[1] La raison de ceci, c'est parce qu'un très-grand nombre
de morts y étant enterrez continuellement, on racle de la
chaux vive avec la terre pour les faire pourrir d'autant plûtôt.
Et quand après cela on ne trouve plus de chair, en ouvrant
les tombeaux, on enlève les ossemens, pour faire place aux
uns après les autres.

bourg St. Jâques, on voit 22. tombeaux de plusieurs Princes et Princesses de la Maison de
France, surtout de la Race de *Bourbon;* ils sont
de marbre pour la plûpart.

CHAPITRE XXI

COMMENT ON DOIT TRAITER LES COCHERS DE FIACRES ET D'AUTRES CARROSSES DE REMISE QUAND ON VEUT SE SERVIR DE LEURS VOITURES.

Les gens de condition ne peuvent pas toujours
aller à pied dans Paris. Il y pleut très souvent,
et les rues sont alors pleines d'une boue due à la
multitude des passans et des voitures. Il vaut
mieux, dans ce cas, prendre un carrosse que de
gâter sa perruque, ses habits, ses souliers et ses
bas. La ville est très vaste, et parfois il y a une
curiosité à voir dans un quartier éloigné où l'on
ne pourroit facilement se rendre à pied. De plus,
la bienséance commande quelquefois d'aller faire
une visite dans quelque illustre maison où l'on a
été présenté : il ne convient pas d'y arriver la
perruque en désordre à cause du vent, les bas et
les souliers salis par la crotte. Ou bien, l'on a été
à pied faire une visite quand le temps était beau ;
lorsqu'on se retire, la pluie a commencé, et
comme on ne s'est muni ni de manteau, ni de
surtout, on est obligé pour s'en retourner com-

modément de prendre un fiacre ou une chaise à porteurs.

Outre les chaises à porteurs, il y a deux sortes de voitures dont un étranger peut se servir : les carrosses de louage qui stationnent en pleine rue et qu'on nomme vulgairement fiacres [1], et les carrosses dits carrosses de remise. On trouve ces derniers surtout au faubourg Saint-Germain, chez certaines gens qui font peindre des carrosses et des chevaux sur leurs portes cochères, ou bien y mettent un écriteau avec cette inscription : *Loueurs de carrosses.* On peut avoir dans ces maisons des voitures au mois ou au jour. De mon temps, on payoit de trente à quarante louis d'or [2] par mois pour un carrosse; cette cherté était dûe en grande partie à messieurs les Anglois qui, après leur paix avec la France, étoient venus fondre en foule sur Paris. Comme ils ne se sou-

---

[1] Les cochers de ces sortes de carrosse n'aiment pas cette appellation de fiacre; ils y répondent d'ordinaire brusquement. On en voit un exemple dans la comédie intitulée : *Le moulin de Javelle.* Ils prétendent être appelés cochers.

[Voici le fragment de dialogue auquel il est fait allusion ici :

FINETTE.

Par ma foy, Madame, cela n'est point joly, un coquin de fiacre parler de la sorte.

LE COCHER.

Fiacre, oh! fiacre vous-même! Point tant de bruit, vous dis-je, et de l'argent.

(Dancourt, *Le moulin de Javelle* (1696), scène II).]

[2] Un louis d'or ou pistole vaut dix francs.

cioient point de poignées d'argent, ils avoient fait
tout monter à un prix inconnu depuis longtemps.
Autrefois, l'on pouvoit louer les carrosses à raison de vingt pistoles par mois, mais aujourd'hui
il faut dix, douze et jusqu'à quinze francs par
jour pour un carrosse de remise. Bien plus, je
me souviens d'avoir payé et vu payer le même
prix pour une seule après-midi, s'il y avoit quelque curiosité à voir, et encore après bien des
pourparlers. Pendant le carnaval, les carrosses
sont excessivement chers. J'ai connu des étrangers qui ont alors payé vingt francs pour quatre
à cinq heures pendant la nuit. Les loueurs de
carrosses abusent volontiers, savent profiter du
temps et des occasions.

Les fiacres stationnent dans les principales
rues, attendant que quelqu'un y monte et indique
l'endroit où il veut être conduit. Vers sept heures
du matin, ils arrivent à la place où ils se tiennent
habituellement et y restent jusqu'à dix heures du
soir.

Il y en a quelquefois jusqu'à vingt inoccupés
dans la rue Mazarine, d'autres fois il n'y en a pas
un seul. Quand il fait mauvais temps, ou en été
lorsqu'il fait beau, on a de la peine à trouver de
ces voitures. On paie vingt-cinq sous [1] pour la

---

[1] Il faut payer tout autant, quand même on ne s'en sert
que pour un quart d'heure ou que l'on ne va que d'un lieu à
l'autre. Les cochers sont impudens et ne veulent dans ce cas
rien rabattre, ou peu de chose, sur le prix de louage.

première heure et vingt sous pour les suivantes;
mais il faut que le cocher conduise le voyageur
où il veut se rendre, sauf à Versailles. Les fiacres
ne doivent aller dans cette ville, car il existe certaines voitures qui y font un service régulier,
quoiqu'elles soient bien misérables. Les chevaux
des fiacres sont tellement fatigués qu'ils peuvent
à peine marcher. Le fond du coche n'est pas
fermé, ou bien les côtés sont troués; et, ce qui
choque le plus, c'est qu'il y a toujours une botte
de foin attachée soit devant, soit derrière la voiture. Les cochers en donnent un peu à leurs chevaux toutes les fois qu'ils s'arrêtent, de sorte que
ceux-ci ont encore une poignée de foin dans la
bouche lorsqu'ils partent au galop. Toutefois, si
quelqu'un ne veut pas être reconnu dans un tel
fiacre, il n'a qu'à lever les fenêtres de bois disposées sur les côtés et sur le devant, et à se laisser
ainsi traîner comme un aveugle. De cette façon
pourtant, on doit toujours craindre que quelque
carrosse ne heurte celui où l'on se trouve et le
renverse, ou du moins en casse une roue ou
quelque autre chose, ce qui arrive fréquemment.
Alors notre seigneur, qui passoit tout à l'heure
incognito, est obligé de sortir de sa cage et de
continuer sa promenade à pied à la vue de tout
le monde.

On peut facilement se servir de ces sortes de
voitures lorsqu'on veut, par exemple, rendre
visite à un ami, aller à la Comédie, à l'Opéra ou

chez son banquier, aller acheter une chose, etc.
Comme il faut peu de temps pour cela, on donne
vingt-cinq sous au cocher et on le renvoie. Mais
lorsqu'il s'agit d'aller saluer des gens de qualité,
on feroit triste figure en arrivant en fiacre. S'il y
a une cour d'entrée devant une telle maison, il
n'est pas permis d'y entrer en fiacre, mais il faut
que la voiture s'arrête devant la porte cochère.
Les cochers ayant l'habitude de donner partout
où ils s'arrêtent, et sans se soucier de rien, du
foin à leurs chevaux, salissent la cour, et il n'est
pas facile à des personnes de condition de faire
toujours enlever les ordures que ces gens-là laissent derrière eux. Le portier-Suisse ouvre tout
d'abord la porte cochère à ceux qui viennent
dans d'autres carrosses, de sorte qu'on peut avan-
cer tout près de l'entrée et y descendre.

Pour ne pas perdre trop d'argent avec les carrosses de louage, il faut suivre le conseil suivant :
Louez un de ces carrosses pour tout le jour,
servez-vous-en pour rendre des visites le matin[1].
Après le dîner, allez visiter les Gobelins, les Invalides, l'Observatoire, etc. Au printemps ou en
été, vous pouvez aller en carrosse au Cours-la-
Reine, aux Champs-Élysées, au bois de Boulogne et ailleurs.

Je vous réponds que, dans ces conditions, les

---

[1] A Paris, l'on rend visite aux personnes de qualité le
matin. L'après-midi elles sont au jeu, aux spectacles, au
Cours, aux Tuileries, etc.

chevaux [1] gagnent bien leur avoine et leur foin.
On peut garder un carrosse de huit ou neuf
heures du matin jusqu'à minuit, à la condition de laisser vers midi deux heures de repos
aux chevaux : on les fait manger pendant ce
temps. On donne au cocher qui vous a conduit
tout le jour dix sous, ou un peu plus, pour
boire.

En général, il faut se rappeler cette maxime :
montrez-vous doux et complaisant envers ceux
qui vous conduisent en carrosse ou en fiacre, et
dites-leur poliment ce que vous avez à leur dire.
Ces gens sont grossiers pour la plupart : à l'occasion ils vous jettent au nez mille impertinences
et mille sottises. Le proverbe dit : « Il n'est pas
bon de lutter avec de la boue, car on se souille
toujours, soit qu'on gagne, soit qu'on perde. » Il
faut encore bien moins en venir aux menaces et
aux coups : cela peut avoir de fâcheuses conséquences. Certaines gens soutiennent plutôt la
canaille que les personnes de condition (qui se
ressemble s'assemble [2]). Dominique étoit un jour
allé à la foire Saint-Laurent. Lorsqu'il voulut

---

[1] Les François n'épargnent pas leurs chevaux, qu'ils font
toujours aller au grand galop s'ils sont forts et vigoureux. Les
cochers savent bien jouer du fouet. C'est là l'origine de ce
proverbe : « Paris est le paradis des femmes, le purgatoire
des hommes et l'enfer des chevaux. » [Sur ce proverbe, voy.
Écoles et colléges, p. 6.]

[2] Il y a dans le texte : « pair à pair s'accompagne volontiers. »]

s'en retourner, il ne trouva qu'un seul fiacre.
Dominique y monta avec ses camarades : mais le
cocher ne voulut point partir, soit par caprice,
soit parce qu'il attendoit d'autres clients, soit
encore qu'il fût ivre et par suite incapable de conduire. Il se moqua des bonnes paroles qu'on lui
dit et de la somme qu'on lui offrit, quoiqu'elle
fût bien au-dessus du taux ordinaire. Ce refus
lassa la patience des laquais de ces messieurs; ils
se mirent à tempêter contre le cocher pour le
forcer à faire son devoir. Ce dernier s'obstinant,
un des laquais s'assit sur le devant de la voiture et la fit partir au galop. Le cocher poursui-
vit les laquais, criant à pleine voix comme un
possédé : au voleur! à l'assassin! La populace,
qui s'ameute pour la moindre chose, s'amas-
soit déjà de tous côtés. Mais Dominique trouva
par bonheur un commissaire discret et raisonnable; celui-ci, ayant été informé de ce qui se
passoit, fit conduire le cocher en prison au Châtelet et dissiper la foule. Dominique passa son
chemin avec ses compagnons; il garda cette
nuit-là la voiture et les chevaux dans la cour de
sa maison, puis le lendemain les envoya au Châtelet.

Surtout il ne faut pas permettre aux domestiques d'insulter les cochers. Les domestiques sont
en général vifs et arrogans, convaincus que le
maître ne manquera pas de les soutenir en cas de
besoin. Mais ces marauds sont capables aussi de

créer à leur maître des difficultés que ceux-ci peuvent regretter longtemps [1].

CHAPITRE XXII

DES FILOUS.

Il me paroit superflu de donner une ample explication du mot filou. Tout le monde sait qu'on appelle ainsi un méchant garnement, un coupeur de bourses, et autres gens de telle volée.

Ces créatures vivent ordinairement dans les grandes villes. Comme ces villes sont très peuplées, ils y sont presque inconnus, peuvent y passer pour d'honnétes gens, et trouvent nombreuses occasions de pratiquer leur métier. Dans les petites villes, au contraire, ils sont bien vite connus et ont peu de chance de faire fortune.

A Paris, qui est tout un monde, il ne manque pas de gens qui vivent de filouteries. Tels passent pour de grands personnages, se disent comtes et marquis, font belle figure en équipage avec laquais en livrée, se montrent partout où va la bonne société, et ne sont que des filous fieffés qui ont amassé par leurs vols les moyens de faire

[1 Le traducteur conclut ainsi : « moins qu'on se brouille avec ces gens, mieux qu'on s'en trouve. »]

parade. Ces messieurs habitent généralement les principaux hôtels où descendent beaucoup d'étrangers, car c'est précisément aux étrangers qu'ils s'attaquent, sachant bien qu'ils ne viennent pas à Paris la bourse vide. Il leur est facile de duper ceux qui sont naïfs ou encore peu instruits des habitudes de ces fripons. A les voir, on jureroit que ce sont les plus honnêtes gens du monde, tant ils paroissent aimables, doux, obligeans. Ils vous proposent leurs services, vous font beaucoup d'avances, beaucoup de protestations d'estime et d'amitié; ils s'offrent à vous conduire au spectacle, à la promenade, à vous faire trouver des relations ici ou là; ils commencent par faire pour vous des frais minimes dans les cafés, les pâtisseries, les cabarets, etc., épiant l'occasion de retrouver ces avances avec usure. Ils justifient parfaitement le mot de Térence : « C'est quelquefois gagner beaucoup que de savoir dépenser à propos [1]. » Leur meilleur hameçon pour vous attraper est le jeu. Ils ne vous demandent pas tout d'abord de jouer après qu'on a fait leur connoissance, car ce seroit dévoiler leur intrigue. Ils attendent que vous ayez passé quelque temps avec eux, qu'ils vous aient inspiré confiance; ils sauront bien ensuite regagner le temps perdu. Ils vont souvent, il est vrai, dans les grandes assem-

[1   Pecuniam in loco negligere maximum interdum est lu-
[crum.
(Térence, *Les adelphes*, acte II, scène III).]

blées de jeu, mais là ils se tiennent sur leurs
gardes, surtout s'ils y rencontrent des personnages
du même calibre, ou des gens qui, sans les pratiquer, connoissent bien leurs tours de filous. Ils
risquent tout au moins dans ces endroits de
perdre leur fortune, chose qu'ils évitent soigneu-
sement. Mais ceux qui sont novices au jeu, les
naïfs et timides, sont vraiment les brebis à la toison d'or que chassent ces loups et qu'ils savent
tondre à merveille.

Les voyageurs qui arrivent à Paris et qui descendent dans les grands hôtels doivent donc faire
bien attention avant de se lier. Il est certain qu'on
est obligé de causer avec ceux qui habitent sous
le même toit que nous et mangent à la même
table, et il est impossible de ne jamais prendre
part à la conversation pendant les repas. Mais
gardez-vous au début d'être trop confiant ; défiez-
vous au contraire de tout, avec prudence et circonspection, jusqu'à ce que vous ayez des preuves
de fidélité et de franchise. Les bons et les mé-
chans sont confondus dans les auberges, mais
comment les distinguer? Les habits chamarrés,
l'apparence que les gens se donnent, leur visage,
ne prouvent pas leur sincérité. Il faut donc être
poli avec chacun, éviter d'abord les conversations et se retirer dans sa chambre lorsqu'on a
desservi : on arrive ainsi peu à peu à distinguer
son monde.

Si par hasard vous êtes obligé d'aller, avec des

gens presque inconnus, soit au café, soit au spectacle, soit à la foire, car la bienséance ne permet
pas toujours de s'excuser, il ne faut point souffrir que d'autres payent pour vous. Payez votre
part, tout l'écot s'il n'est pas trop fort. Il vaut
mieux obliger quelqu'un que d'en être obligé. Si
des personnes qui habitent la même maison que
vous, ou mangent à la même table, viennent
vous voir dans votre chambre, ne leur proposez
pas de jouer pour les distraire : en supposant
qu'il y ait des filous dans la compagnie, ce seroit
justement amener l'eau à leur moulin, et alors
veillez sur vos coffres, si vous ne voulez pas qu'on
vous démontre la vérité de ce paradoxe qu'il y a
du vide dans plusieurs choses.

Comme ce n'est pas la mode à Paris d'offrir
dans sa chambre aux visiteurs du vin ou des confitures, ne le faites pas. D'ailleurs, il faut toujours
être de bonne humeur, faire des contes plaisans,
dire des mots pour rire, donner matière à des
conversations ingénieuses, raconter des incidens
survenus dans une partie de plaisir, et amuser
ainsi ses hôtes, car c'est un moyen d'échapper
aux pièges qu'on vous tend. Mais si l'on arrive à
pénétrer quelques-uns de ses compagnons d'hôtel et à avoir des preuves de leur mauvaise foi, il
faut rompre tout commerce avec eux, changer
plutôt de demeure si c'est nécessaire. Quelquefois, ces filous sont même établis à Paris, tiennent chez eux une sorte d'académie de jeu. Il va

sans dire que les étrangers ne doivent pas fréquenter ces maisons, d'autant plus qu'ils sont
venus à Paris, non pour apprendre à jouer, mais
pour acquérir toutes sortes de connoissances.

Il y a encore une autre sorte de filous. Ils ne
vivent pas avec autant d'éclat que ceux que je
viens de dépeindre ; ils se tiennent cachés au
contraire, et jouent leur rôle pendant la nuit ou
dans les foules. Ces messieurs sont appelés vulgairement voleurs ou coupeurs de bourses. Ceux
qui sans y penser s'attardent trop en certains
lieux, et retournent chez eux de nuit, tombent
souvent entre leurs mains, bien heureux encore
de n'y laisser que ce qu'ils ont sur eux. Généralement, ces sortes de voleurs n'attendent pas
minuit pour tenter leurs coups, ils commencent
dès qu'il fait sombre ; aussi ne puis-je assurer
personne qu'il n'aura pas de mauvaise rencontre,
même lorsque toutes les lanternes sont encore
allumées. A huit heures du soir et simplement
en voulant traverser une rue, Léon perdit son
chapeau et sa perruque ; il tira son épée, trois ou
quatre filous armés se précipitèrent alors sur lui,
et il eut beaucoup de peine à se tirer d'affaire sain
et sauf. A la même heure, Urbain, revenant de
voir un de ses malades, fut, à peine sorti de chez
lui, dépouillé si habilement de la petite épée
d'argent qu'il portoit sur le côté qu'il n'eut pas
le temps de s'en apercevoir. Les coupeurs de
bourses sont dans leur élément lorsqu'ils peuvent

se glisser au milieu des foules; c'est pourquoi on les trouve toujours aux foires Saint-Germain et Saint-Laurent, et à ces foires dans les boutiques des danseurs de corde, aux opéras et comédies, en un mot partout où il y a quelque chose à voir.

Croiroit-on que dans les promenades publiques, dans les Tuileries, le Luxembourg, le palais royal de Versailles, les églises et les couvens, on n'est à l'abri ni de leurs embûches, ni de leur atteinte? Je remplirois des pages et des pages si je voulois raconter toutes les aventures de voleurs qui se sont passées du temps où j'étois à Paris. On ne sauroit croire combien leurs ruses sont nombreuses et hardies : on ne l'ignore pas, et cependant on seroit presque tenté de voir de la magie dans leurs tours. Hercule n'auroit jamais su qui lui avoit volé ses bœufs si le voleur Cacus eût été de Paris. La justice est très sévère pour ces fripons, aussi ne peut-elle prendre que les moins intelligens : les plus adroits trouvent toujours moyen de se tirer d'affaire, on ne les arrête que lorsqu'ils sont trahis par leurs compagnons ou par leurs complices.

Notre voyageur devra donc user de grandes précautions contre les voleurs. S'il veut sortir le soir, que ce ne soit pas trop tard, et qu'il évite de se trouver seul dans les rues. Si, contre son intention, il s'est attardé quelque part, qu'il envoie chercher un fiacre ou une chaise à porteurs; s'il n'en peut avoir, qu'il se fasse précéder dans la rue par un valet muni d'un flambeau. Qu'il se garde, le soir, de traverser le Pont-Neuf, le Pont-Royal, les petites rues de traverse, les cimetières, les places des églises et des couvens : ces endroits sont, la nuit, extrêmement dangereux. Que pour les éviter il fasse des détours par de grandes rues. Que, durant les foires, il ne se mêle pas à la foule : rarement on en sort sans y perdre quelque chose, ne seroit-ce que son mouchoir.

A la Comédie, à l'Opéra, on ne sait jamais avec qui l'on se trouve, surtout au parterre. Qu'on ne soit ni trop confiant, ni imprudent; qu'on fasse surtout attention au moment de la sortie, car ceux qui crient le plus : « Messieurs, gardez vos poches! » sont souvent ceux qui aiment à s'emparer des bourses d'or, des tabatières, des montres et autres objets placés dans les poches. Lorsqu'on se trouve dans la foule, et que l'on s'amuse à regarder, que l'on ne pense pas uniquement à ce qu'on voit, car il n'est pas rare d'avoir un filou près de soi, et conséquemment d'être volé. Les églises même ne sont pas respectées par les voleurs : ils vont là comme ailleurs, lorsque la célébration de quelque fête leur fait espérer une occasion; que, là aussi, on fasse donc grande attention. Dans les promenades, aux Tuileries, au Luxembourg, les filous sont plus rares : la foule ne stationnant pas, voler est plus difficile; malgré tout, il n'est pas rare qu'un de ces bandits se glisse parmi les laquais qui, à la porte, attendent leurs maîtres.

En résumé, le meilleur moyen pour n'être pas volé, c'est de faire toujours grande attention à soi, surtout dans la foule, de regarder toujours à droite et à gauche, d'avoir constamment les mains sur ses poches.

CHAPITRE XXIII

DU GRAND NOMBRE DES MENDIANS ET DE LEUR IMPORTUNITÉ.

Partout, riches et pauvres se coudoient. Bien plus, au sein des grandes villes, beaucoup de ceux qui n'ont pu réussir dans leurs entreprises ou qui ont fait dans le commerce de mauvaises affaires, sont réduits à la pauvreté et enfin même à la besace. La police a pris de très sages mesures pour soulager les pauvres; néanmoins, Paris regorge à ce point de mendians qu'on ne sait comment se mettre à l'abri de leurs importunités. Je parle ici de cette sorte de mendians qui vont de porte en porte ou qui dans les rues demandent aux passans la charité. Il y a, en effet, une infinité de pauvres gens qui n'ont pas de quoi manger et qui ne mendient pas. Les mendians dont je parlois tout à l'heure ne sont pas tous de Paris, beaucoup d'entre eux viennent de la province, persuadés que dans la grande ville ils trouveront plus aisément à vivre.

Il y a différentes façons de mendier. Les uns demandent l'aumône avec bonne grâce, les autres sont importuns et effrontés. Dans les hôtels, aux heures du dîner, on voit apparoître des hommes qui chantent ou qui jouent de quelque instrument. Leur morceau achevé, ils placent une assiette sur la table, et la font circuler; chacun met ce qu'il veut sur l'assiette, ils acceptent ce qu'on leur donne, puis ils font la révérence et se retirent. Quelquefois, des femmes ou des filles vous offrent des bouquets : elles veulent qu'on les leur paie le double de ce qu'ils valent.

A la porte des Tuileries et du Luxembourg, vous êtes souvent assailli autrement : des femmes vous disent : « Ayez pitié de moi, je suis réduite à la dernière extrémité, soutenez la vie de mes pauvres enfans, etc. » Mais c'est surtout vers le soir que l'on est exposé à la poursuite de certaines femmes qui prétendent n'oser sortir de jour, qui affirment être de bonne maison, et s'être vues réduites à la misère par une fatalité quelconque. Je ne sais si je dois compter au nombre des mendians les religieux qui vivent d'aumônes, et une certaine sorte de religieuses qui, pendant le carême et surtout pendant la semaine sainte, vont demander l'aumône pour leurs cloîtres. Parfois, l'on voit une jeune fille et un jeune homme aller de porte en porte pour quêter en faveur des pauvres d'une paroisse : ceux-là s'adressent à tous, aux François et aux étrangers. Évidemment l'argent qu'ils recueillent est destiné à de pieux usages, mais ces sortes de visites n'en sont pas moins désagréables.

Aux Tuileries et au Luxembourg, les mendians n'entrent pas ; les Suisses ne les laissent pas passer. On s'y promène donc sans penser que l'on peut rencontrer quelqu'un d'eux. Tout à coup, on en aperçoit un près de soi : il n'est pas misérablement vêtu, il est quelquefois aussi bien mis que vous et moi. Si ce sont des filles qui mendient, c'est qu'elles ne sont pas assez jolies, ou qu'une cause quelconque les a empêchées d'être reçues dans la grande société des filles de joie ; quelquefois même, elles peuvent être honnêtes et ne vouloir pas faire un tel métier, quoique dans Paris la chose soit assez rare : une pauvre fille feroit tout au monde plutôt que de se laisser mourir de faim. Lorsque de vieilles matrones ou des femmes d'âge mûr demandent la charité, c'est que, étant jeunes, elles ont été galantes et ont sacrifié leur jeunesse aux plaisirs. Devenues ensuite entremetteuses, si elles se trouvent sans ressources, c'est qu'elles ne se sont pas montrées assez habiles ou parce que les femmes vivant de ce métier sont trop nombreuses. Les hommes qui se présentent de cette façon sont, ou des voleurs ou des paresseux, ou des gens qui ayant commis quelque crime ont été obligés de quitter leur pays, ou des gens victimes de quelque accident ou d'une longue maladie.

Il est impossible de secourir tous ceux qui mendient, il faudroit posséder une bourse bien garnie et n'avoir pas un grand nombre d'autres dépenses à faire. Malgré tout, on est moralement obligé d'aider son prochain (surtout s'il est chrétien) quand il se trouve dans le besoin ; que l'on fasse donc grande attention à ne secourir que ceux qui le méritent. Les gens qui, par suite de quelque accident, par suite d'un incendie, d'une inondation, par suite en un mot d'événemens dont ils ne sont pas responsables ont perdu leurs biens ; ceux qui, malades, ou trop vieux, ou trop jeunes, sont dans l'impossibilité de gagner leur vie, ont aussi droit à nos aumônes. Mais il n'est pas toujours facile de faire la distinction entre ceux qui sont réellement dans le besoin et ceux qui mentent : que l'on juge donc sur l'extérieur et sur les apparences, sans laisser savoir à la main gauche ce que fait la main droite. L'intention est bonne, qu'importe si celui qui reçoit l'aumône ne la mérite pas et en fait un mauvais usage.

Ceux qui sont jeunes et forts ont également besoin de nous, mais nous ne sommes pas obligés de les aider : qu'ils travaillent ou qu'ils s'engagent dans l'armée. S'ils ne le veulent pas,

c'est qu'ils sont paresseux et peut-être voleurs, c'est
donc faire un mauvais usage de son argent que de
le leur donner. Si un homme de cette sorte nous
aborde, surtout s'il est habillé d'une façon convenable, faites-lui bonne mine, mais excusez-vous
de ne pouvoir l'obliger pour le moment ; ajoutez
que vous serez heureux de le faire une autre
fois. Si vous le repoussez durement, vous serez
exposé à recevoir de lui toutes sortes de grossiè-
retés. Qui sait même si, poussé par le désir de se
venger, vous trouvant seul un soir dans la rue,
il ne vous attaquera pas à l'improviste et ne vous
fera pas quelque blessure. « Paroles de bonne
grâce trouvent toujours bonne place, » dit le
proverbe. Pourquoi s'irriter contre un homme
sur lequel on n'aura aucune influence, et à qui
toutes les exhortations et tous les reproches ne
feront pas changer sa façon de vivre? C'est peine
perdue.

Antime se conduisit très sagement avec un
mendiant de cette espèce. Un jour, dans une rue
des environs du Luxembourg, il fut abordé par
un homme qui lui parla en ces termes : « Monsieur, je suis lieutenant-colonel (il n'avoit aucun
galon) d'un régiment actuellement en Italie ; un
malheur m'obligea à le quitter, de sorte que me
voici à Paris où je ne connois personne ; j'ai très
faim, soulagez-moi, je vous prie. » « Monsieur,
répondit doucement Antime, vous vous adressez
mal, je suis probablement aussi pauvre que vous.

Dans la situation que vous occupez, on ne peut vous faire une aumône humiliante, et je n'ai sur moi qu'une pièce de dix sols; cependant, si vous la désirez, elle est à vous. » L'inconnu accepta les dix sols et partit. Bien en prit à Antime de répondre ainsi, car on a su depuis que cet importun faisoit partie d'une bande de voleurs très redoutés et dont quelques-uns seulement ont pu être pris.

Il ne faut pas toujours croire les femmes qui, le soir, arrêtent les passans et demandent l'aumône en leur faisant des récits fort beaux et tout à fait vraisemblables. Un jour don Rodrigue fut accosté ainsi par une aventurière : elle lui dépeignit avec une éloquence merveilleuse le tableau des malheurs qui l'avoient mise, disoit-elle, dans un si piteux état qu'elle n'osoit de jour se montrer aux passans, craignant de compromettre sa famille. Rodrigue, touché par ce récit, donna à la mendiante une pièce de vingt-cinq sols. La femme, qui ne s'attendoit pas à cette libéralité, espéra en comblant Rodrigue d'éloges, obtenir davantage, et elle le suivit pendant quelque temps. A la fin, elle lui demanda s'il ne seroit pas heureux de voir une belle personne; elle en connoissoit une, disoit-elle, qui lui donneroit beaucoup de plaisir et de contentement, et ces paroles étoient prononcées avec une grâce merveilleuse. Rodrigue repoussa ces avances, mais il vit bien qu'il s'étoit étrangement trompé et qu'il avoit bien mal employé son argent.

Il est difficile de se débarrasser des moines, des nonnains, de ceux qui font la collecte pour les paroisses, cependant l'on n'est tenu de donner que suivant ses moyens. Quant à ceux qui présentent une assiette à table, on n'est pas obligé d'y mettre quelque chose; si l'on vouloit donner à tous ceux qui mendient, surtout dans les rues, on auroit constamment la main à la poche. Ces gens-là sont importuns, on ne se défait d'eux qu'avec peine; ils poursuivent les passans, surtout les étrangers, sans se lasser, le mieux est donc de leur dire très sérieusement de s'en aller.

CHAPITRE XXIV

QUELLES DÉPENSES L'ON DOIT FAIRE.

Quiconque a trop d'argent n'a qu'à venir à Paris, il y trouvera mille occasions de s'en débarrasser. Dans cette ville, on fait de grandes dépenses; on pourroit même, ce me semble, y employer sa fortune mieux qu'on ne le fait d'ordinaire. C'est pourquoi je me permettrai de donner au lecteur mon opinion sur cette question.

Ces dépenses ont leur origine dans les deux plus grandes passions de l'homme : l'ambition et la volupté (la troisième grande passion, l'ava-

rice, n'a évidemment aucun rôle en cette matière). Les ambitieux veulent se distinguer en
toutes choses. Ils s'habillent avec magnificence ;
ils ont un superbe équipage ; ils cherchent à
entrer en relation avec les personnages les plus
distingués, tandis qu'ils dédaignent leurs égaux,
s'estimant bien supérieurs à eux. Plus ils s'élèvent, plus ils sont avides d'honneur.

Marcellus étoit un esprit de cette trempe.
Lorsqu'il eut goûté à la vie de Paris, il méconnut
ses compatriotes et ses amis. Son plus grand désir étoit de s'introduire dans quelque illustre
maison, et lorsqu'une fois il y avoit été reçu, il y
rendoit de fréquentes visites. On ne le vit plus
se promener qu'avec des seigneurs et des dames
de la plus haute société. Il perdoit au jeu des
sommes considérables, donnoit aux domestiques
des poignées d'argent, étoit toujours vêtu avec la
plus grande élégance et ne paroissoit à l'Opéra
qu'au balcon, tout comme un duc et pair. Il
alloit souvent à Versailles, non pour y admirer
de belles choses, mais pour se faire voir. Marcellus étoit d'une bonne famille bourgeoise
ayant de la fortune. Des personnes de condition
plus médiocre n'eussent-elles pas été dignes de
lui et n'eût-il pas pu se polir tout aussi bien dans
leur conversation ? Étoit-il donc venu à Paris
pour hanter le grand monde et négliger ses
études ? S'imaginoit-il être plus respecté par les
gens d'esprit ? En dépensant beaucoup, espéroit-il

faire rejaillir sur lui un peu du lustre de ceux qu'il fréquentoit? Les premières loges, les places d'amphithéâtre à l'Opéra eussent été assez bonnes pour lui, puisque des personnes de la plus haute distinction ne les dédaignent pas. Pouvoit-il se faire distinguer parmi les milliers d'hommes qui montent et descendent chaque jour les escaliers de Versailles? Quel profit a-t-il retiré de cet argent sacrifié si vainement? Sotte imagination! Dépenses inutiles!

Les hommes sensuels ne cherchent qu'à vivre dans la mollesse et les délices de la chair. Ils aiment la bonne chère et le beau sexe, vont souvent au spectacle, font des parties de plaisir, etc. Je ne crois pas avoir jamais rencontré un homme plus voluptueux que Lentulus. Il ne se passoit pas un jour qu'il ne se fît apporter quelque bon morceau par un rôtisseur ou un pâtissier. En sortant de la Comédie ou de l'Opéra, il entroit dans un cabaret avec quelques amis, et se faisoit servir un souper accompagné d'une douzaine de bouteilles du vin le plus délicieux. Les cotillons ne manquoient pas à ces bons compagnons. Le jour ne commençoit pour Lentulus qu'à neuf heures du matin. Tout l'exercice qu'il prenoit consistoit à danser une heure, de onze heures à midi. Entre midi et une heure, il jouoit à la paume ou au billard, pour se donner plus d'appétit. Quand il avoit chaud, monseigneur alloit au café prendre un verre de limonade, d'orgeat,

d'eau-de-cerise, de fraise, de framboise ou
d'autres liqueurs, quelquefois même de boissons
à la glace. Ensuite il remplissoit ses poches de
marrons glacés, de dragées à la pistache, de
truffes, de sucreries, et ainsi chargé, il retournoit
au spectacle ou à la promenade.

Tous les étrangers qui habitent Paris ne dispo-
sent pas des mêmes revenus. Tels ont des parens
riches qui ne comptent pas les dépenses de leur
fils. D'autres, au contraire, reçoivent de modestes
sommes que leur famille épargne avec peine
pour leur faire donner une belle éducation. Ces
derniers commettroient une grande faute en imi-
tant les voyageurs riches, qui peuvent acheter
non seulement le nécessaire, mais aussi le superflu pour leurs plaisirs. Les frais ordinaires sont
déjà assez considérables à Paris. Beaucoup de
ces messieurs qui y apportent sept ou huit cens
écus se croient plus riches que Crésus, surtout
s'ils ont auparavant manié peu d'argent. Ils ne
s'imaginent pas que cette somme ne durera guère
et ils dépensent leurs louis d'or les uns après les
autres en prenant du bon temps, jusqu'à ce qu'ils
touchent la coûture de leur bourse. Mais il est
trop tard pour faire des économies quand on n'a
plus de quoi épargner. Alors on écrit pour
demander une nouvelle somme, mais si les parens ne peuvent l'envoyer, notre beau seigneur
crève de pauvreté, se voit obligé de se cacher
afin que les propriétaires de l'hôtel et les autres

créanciers ne lui mettent la main au collet. Il
est donc préférable de dépenser avec mesure
lorsqu'on n'a pas de grandes ressources. Il. vaut
mieux se priver de quelques plaisirs et payer
exactement ses chambres, sa nourriture, ses
domestiques et ses maîtres. Le nom d'honnête
homme surpasse tout.

Certaines personnes viennent à Paris avec
beaucoup d'argent, mais pendant les quatre ou
cinq premiers mois, ils dépensent ce qui auroit
suffi pour vivre confortablement une année entière. Puis, lorsqu'ils s'aperçoivent que les fonds
manquent, ils s'en retournent subitement, croyant
avoir fait merveille. Bourdon se conduisit ainsi.
Il avoit dix à douze mille livres en arrivant à
Paris. Il prit d'abord un bel équipage et des
laquais, s'habilla magnifiquement, loua des
chambres fort chères, se fit servir des mets déli-
cats. Il alloit avec ses amis au spectacle, chez les
rôtisseurs ou au cabaret; il perdit jusqu'à
soixante louis d'or au jeu. Enfin quatre ou cinq
mois étoient à peine écoulés que Bourdon, se
voyant sans ressources, plia bagage et s'en alla.
De mon temps, plusieurs Anglois menèrent le
même train. Ces messieurs laissèrent à Paris sept
à huit mille écus blancs en moins d'un an. Ils
s'étoient divertis en princes, mais ils s'en retour-
nèrent aussi sages qu'ils étoient venus.

Il ne faut pas le céder à d'autres en générosité
lorsque la nécessité ou l'honneur exigent quelque

dépense extraordinaire, mais il faut éviter de gaspiller son argent pour acheter des friandises ou de bons morceaux; et si d'aventure on veut faire bonne chère, qu'on le fasse avec éclat, en invitant quelques-uns de ses amis ou de ses maîtres. Offrez-leur quelquefois un dîner, un goûter, une tasse de thé, de café ou de chocolat, videz avec eux une bouteille de vin, cela vous fera estimer et respecter, et vous saurez au moins à quoi vous avez dépensé votre argent.

Une dépense de dix à douze mille écus par an à Paris ne suffit pas pour permettre à un étranger de faire grande figure; des centaines de personnes dépensent autant et même le double, ce qui constitueroit un grand luxe dans des villes où les gens de qualité seroient moins nombreux et où la vie seroit moins chère.

L'important est d'être toujours vêtu proprement et correctement. Lorsque vous allez au spectacle, dans les promenades, dans les réunions mondaines, amusez-vous sans oublier vos affaires et vos travaux. Si vous avez un équipage, qu'il soit comme ceux des personnes de votre condition; si vous achetez quelque cadeau, choisissez-le utile et non vulgaire. Si après ces dépenses superflues, vous pouvez encore disposer de quelque argent, vous ne manquerez pas d'occasions pour venir en aide à autrui.

CHAPITRE XXV

DOIT-ON AVOIR UN ÉQUIPAGE?

Par ce mot *équipage*, j'entends le carrosse, les chevaux et le monde qui s'en occupe : l'équipage des gens de guerre comprend tout ce qu'il faut pour partir en campagne. J'ai déjà dit que les personnes de condition ne peuvent aller à pied dans Paris, je veux ici chercher de quelles voitures elles se doivent servir. Doivent-elles prendre des fiacres, des carrosses de louage, ou avoir à elles leurs chevaux et leur carrosse?

Les étrangers de condition, comme les comtes et les barons de l'Empire, qui veulent à Paris non vivre incognito, mais tenir un rang en rapport avec leur naissance et leur situation, doivent, dès leur arrivée dans la grande ville, avoir un équipage. Ces personnes restent généralement à Paris un an ou deux, elles ont donc le temps de profiter de leur voiture ; d'autant que paroître en public avec un carrosse à soi inspire beaucoup plus de respect que se montrer dans un carrosse de remise. En outre, comme ces gens ont des laquais en livrée, qu'ils sont logés dans les meilleurs hôtels, il faut que tout soit à l'avenant. Des fiacres et des voitures de louage mal conditionnées ne conviennent guère à des étrangers de distinction ; cependant lorsque la nécessité l'y oblige, un comte peut, sans risquer sa réputation, prendre un fiacre. Ainsi, il m'est arrivé de voir dans une voiture de ce genre le duc de Richelieu avec son cordon bleu, le prince de Léon, le chevalier de Bouillon et plusieurs autres personnes d'un très haut rang. La chose arrive rarement, mais elle arrive.

Tous les étrangers, à quelque condition qu'ils appartiennent, fussent-ils même fils de faiseurs d'époussettes, peuvent vivre à Paris aussi luxueusement qu'ils le désirent, personne n'en sera choqué. Mais ce n'est pas là ce qui m'intéresse : ce que je veux, c'est donner quelques conseils à ceux qui, d'une condition moyenne, désirent, sans trop grandes dépenses, tenir un certain rang. Je suppose que l'on compte habiter Paris au moins pendant un an, car acheter carrosse et chevaux pour quelques mois seulement, est inutile ; je suppose également que, dès le début, on a à sa disposition une somme assez ronde : il ne seroit pas sage, par exemple, d'employer à l'achat d'un équipage tout l'argent que l'on a apporté avec soi, et d'attendre ensuite un nouvel envoi d'argent. Enfin je suppose que l'on sait à peu près quelle somme on peut dépenser par an ; car s'installer très largement d'abord pour être ensuite obligé de se restreindre, ce n'est pas raisonnable, et c'est s'exposer aux railleries du monde.

Mais, si un étranger réalise toutes les conditions nécessaires pour avoir un équipage, qu'il en achète un. Il peut avoir un coupé neuf et très propre ou une berline pour huit ou neuf cents francs. Deux chevaux ordinaires coûtent à peu près autant, de sorte que le prix du carrosse complet se monteroit à environ dix-huit cens francs, sans compter les harnois qui valent de cent vingt à cent trente francs. Le cocher se paie vingt-cinq sols par jour; l'écurie et la remise se louent quarante écus par mois ; mais il faut avoir eu soin de se pourvoir de foin, d'avoine et de paille. Quand on quitte Paris, on peut vendre les chevaux et le carrosse, la perte subie ne dépasse guère trois ou quatre cens francs.

Ce compte fait, voyons quel est le plus avantageux, ou d'avoir à soi un équipage, ou d'en louer un au mois. Un carrosse comme celui dont je viens de parler se loue plus de cent écus, c'est-à-dire plus du double de ce que me coûte l'équipage qui est à moi. Le carrosse qui m'appartient est toujours à ma disposition, celui que je loue se fait quelquefois attendre longtemps. Du cocher, je ne dirai rien : il est souvent très malpropre, il porte très mal la livrée que je lui donne, et il n'est pas à mes ordres comme le mien. En outre, il faut, pour avoir l'autorisation de sortir de Paris dans un carrosse de louage, payer un certain droit au bureau des voitures : ceux qui ont leur voiture à eux en sont dispensés.

Enfin, si je suis obligé de nourrir mes chevaux partout où ils me conduisent, j'économise pendant ce temps mes provisions ; tandis qu'avec un carrosse de louage, non seulement je suis forcé de nourrir le cocher et les chevaux à Marly, à Versailles, partout où je vais, mais mon loueur ne me déduit rien pour cette nourriture que je paie en surplus. Je laisse de côté bien d'autres inconvéniens qui sont évités lorsqu'on a une voiture à soi.

Pour ce qui est des fiacres, vous ne sauriez imaginer combien ils sont coûteux à la longue. Les pièces de un franc s'en vont insensiblement les unes après les autres, surtout lorsqu'un étranger a son gouverneur avec lui ou bien lorsque deux frères voyagent avec le dit gouverneur, car l'un va d'un côté, l'autre va ailleurs ; l'un est obligé de prendre un fiacre à cause du mauvais temps, l'autre, à cause de l'éloignement du lieu où il va ; et la somme dépensée pour les fiacres est telle au bout du mois que cette somme seroit presque suffisante pour entretenir les chevaux et le carrosse dont j'ai parlé. Supposez même qu'on soit seul à Paris, sans frère, sans cousin, sans gouverneur, l'argent dépensé en fiacres seroit encore considérable. On va à la salle de danse et à la salle d'armes ; on sort à midi pour dîner, le soir pour souper ; l'après-midi on va voir les spectacles, on va dans le monde, etc., etc. Admettant que pour tout cela on ne prenne un fiacre que deux fois par jour, la somme employée monteroit au moins à vingt écus par mois. Notez bien que je ne compte que le strict nécessaire : en automne et en hiver, quand il pleut ou qu'il fait du brouillard, on prend un fiacre plus de deux fois par jour.

Donc, celui qui veut avoir son équipage doit faire attention à ceci : acheter le coupé ou la berline avec les harnois à Paris même, chez le fabricant[1]. La plupart des gens qui construisent ces voitures habitent le faubourg Saint-Antoine : vous en trouvez toujours chez eux, et à meilleur prix qu'en ville, car les habitans des faubourgs, surtout du faubourg Saint-Antoine, jouissent de certains privilèges que l'on n'a pas en ville[2]. Mais ils trompent souvent sur la marchandise. Ou le bois dont ils se servent n'est pas bon, ou la charpente n'est ni assez propre ni assez solide, ou la garniture de fer est de mauvaise qualité, ou il manque quelque autre chose. Il vaut mieux payer un peu plus cher et avoir du bon.

Il ne faut pas acheter un carrosse d'occasion, il

---

[1] Les jeunes gens ne se servent pas généralement d'un carrosse à deux fonds, comme on dit à Paris; ce genre de voitures ne convient qu'aux personnes mariées ou à celles qui ont de la famille. Pour les célibataires, le coupé est préférable : deux personnes trouvent place dans le fond, et l'on met devant un petit escabeau sur lequel une troisième personne peut s'asseoir. Tout le monde peut se servir de berlines : c'est la mode à Paris.

[2] Voy. *Comment on devenait patron*, p. 231.

faut en acheter un neuf : une voiture neuve peut
toujours être revendue, et souvent sans beaucoup
de perte ; une voiture qui a déjà servi a constamment besoin de réparations et lorsqu'on
retourne dans son pays, on est obligé de la
revendre la moitié du prix qu'elle a coûté. Lorsqu'on a choisi un carrosse, on doit se faire donner
par le marchand un papier par lequel il s'engage
à exécuter gratis, pendant six mois ou un an,
toutes les réparations dont le carrosse aura
besoin ; avoir soin aussi de faire peindre ses armes
sur les portières : en France, lorsqu'on ne connoît pas l'équipage ou la livrée d'un passant,
on regarde immédiatement son blason. Les ministres étrangers, et d'une façon générale les
étrangers, peuvent faire dorer leurs voitures,
mais la chose est interdite aux François quelles
que soient leur origine et leur situation [1]. On
donne à son carrosse les couleurs à la mode,
sans se singulariser d'une façon quelconque.

Comme chevaux, qu'on achète deux jumens
ou hongres de cinq à neuf ans environ, noirs
mal teints, si possible. Ceux qui ont moins de
cinq ans ne peuvent supporter la fatigue ; ceux
qui ont plus de dix ans deviennent vite trop
vieux, et l'on est obligé de les revendre avec
perte. Quelques personnes prétendent qu'il faut

---

[1] Cette défense a été supprimée pendant la minorité du roi
actuel.

acheter trois chevaux pour en avoir toujours un
en réserve lorsque l'un d'eux est malade ou
meurt. C'est inutile : si l'on a de bons chevaux
et qu'on les soigne bien, on les conservera aisément. Pour acheter les chevaux, l'on demande
conseil à un maître de manège ou à des connoisseurs ; mais qu'on se méfie des maquignons, des
loueurs de carrosse et même du cocher qui est
à nos gages : tous ces gens-là ont trop d'intérêt à
nous tromper.

Le marché aux chevaux se tient deux fois par
semaine : on peut aller soi-même faire son choix,
mais il vaut souvent mieux pour un étranger
acheter ses chevaux en ville : on risque moins
d'être trompé, et il peut arriver que l'on trouve
ainsi tout un équipage pour un prix très raisonnable. On voit souvent sur les murs, au coin des
rues, des affiches indiquant en quel endroit des
carrosses et des chevaux sont à vendre.

Que l'on fasse grande attention dans le choix
du cocher, que l'on ne prenne pas le premier
venu, et surtout qu'on ne l'arrête pas sans renseignemens et sans caution ; car c'est risquer
beaucoup que de laisser ainsi à la bonne foi
d'un inconnu un carrosse et des chevaux avec
lesquels il pourroit s'enfuir à l'occasion.

Il faut, autant que possible, que l'écurie pour
les chevaux, la remise pour le carrosse et le
grenier pour le fourrage se trouvent dans le
quartier que l'on habite. On peut de cette façon

voir plus souvent ses chevaux : l'œil du maître
les engraisse, dit un vieux proverbe. Et puis le
fourrage est moins gaspillé. La provision de foin,
d'avoine et de paille doit être faite en une seule
fois et au moment où le fourrage est bon marché.
Plus on approche de l'hiver, plus ces choses sont
chères, surtout lorsque la récolte a été mauvaise.

Pour revendre ses chevaux et son carrosse, il
faut faire faire des offres en ce sens par son
cocher ou par des gens de même sorte ; mais il
ne faut pas attendre pour cela le jour où l'on
part : lorsqu'on est pressé, on revend avec beaucoup de perte. Si, après avoir vendu son équipage, on veut encore rester quelques jours à
Paris, on peut prendre des fiacres ou des carrosses de remise.

Enfin, lorsque l'on veut posséder un équipage,
il faut avoir au moins deux laquais. Un seul
laquais sur le derrière de son carrosse, c'est
bien maigre, à moins qu'on n'aille prendre une
leçon ou faire un achat. A ces gens, on donne
comme au cocher une livrée, non pas une livrée
extrêmement belle, il suffit qu'elle soit propre
et garnie de quelques passemens. Il est vrai que
les étrangers sont tout à fait libres d'habiller
leurs domestiques comme ils veulent, et de les
couvrir de galons d'or et d'argent des pieds à la
tête [1]. Mais pourquoi cette dépense ? Pourquoi

[1] Au temps de Louis XIV, on avoit interdit aux François

chercher à se distinguer par tant de luxe ? C'est
tout différent quand il s'agit de grands ministres
étrangers ou de princes qui voyagent.

Pour achever ce chapitre, je n'ai plus qu'un
mot à dire, c'est ceci : un équipage coûte à une
personne seule le même prix qu'à deux ou trois
qui se réunissent ; par conséquent il seroit sage
de se lier avec un compatriote, un cousin ou
un ami, d'habiter ensemble le même hôtel et
d'avoir un équipage en commun. Les travaux
sont à peu près les mêmes ; on peut vivre à la
même table, aller voir ensemble les curiosités de
la ville, et si l'un des deux a une visite à faire,
on finit toujours par s'entendre. Et puis, l'un
tient compagnie à l'autre, le temps se passe
ainsi plus agréablement pour les deux, et les
dépenses sont, pour l'un comme pour l'autre,
réduites de moitié.

l'usage des galons d'or et d'argent dans leurs livrées. Depuis
la Régence, liberté entière fut laissée sur ce point à chacun.

CHAPITRE XXVI

*Qu'il faut assister très-souvent au service Divin
dans les assemblées de ceux de la Confession
d'Augsbourg, s'il y en a l'occasion chez
quelque Ministre étranger* [1].

Les étrangers qui sont en Voiage, n'ont quel-
quesfois, sans cela, point de tems ni d'occasion,
de Servir Dieu aussi reguliérement, qu'ils devroient. D'où il s'ensuit que s'ils peuvent assister
au culte public, il est très-juste et necessaire, de
ne s'en absenter point, mais de remplir leur devoir envers Dieu et leur prochain. L'on trouve
fort rarement des assemblées de Protestans aux
lieux sujèts aux Catholiques. Le libre exercice de
cette Religion est défendu en toute l'*Italie*, l'*Espagne*, partout le *Portugal*, et dans toute la *France*.
Néantmoins cet exercice est permis aux Ministres
étrangers dans leurs Hôtels. Ainsi on a aujour-
d'hui dans *Paris* (car c'est de cette ville, que
je parle ici) *trois assemblées de Protestans* [2],
savoir une de *Lutheriens*, chez Monsr. *Gedda*,

[1 J'ai pratiqué de larges coupures dans ce chapitre, où
l'auteur, fervent luthérien, se livre à des dissertations théolo-
giques qui n'ont aucun rapport avec l'histoire de Paris. La
partie conservée est reproduite littéralement.]

[2] Les autres *Ministres Evangeliques*, comme ceux de
Prusse, de *Danemarc*, de *Wurtemberg* et de *Hesse-Cassel*
n'ont point de Prédicateurs.

Résident de la part du Roi de *Suéde*; et deux de
Reformez, savoir chez l'Ambassadeur extraordinaire de la *Grande Bretagne*, (ce fut en mon tems
Myl. Polworth) et chez celui des Etats Géneraux
des Provinces-Unies des *Païs-Bas*, (ce fut de
mon tems *Monsr. Hop*). Les Sermons se font en
ces deux lieux dans les langues de ces 2. Nations; mais c'est quelque chose de fort extraordinaire, que les Evangeliques font le service Divin
en langue *Allemande*[1] chez le dit Ministre de
Suéde. Il est bien probable, que cela se fait ainsi
pour la commodité et pour le bien des Lutheriens,
qui ont en partie établi leur domicile dans certains quartiers privilegiez de la ville, *par exemple*,
dans l'enclos de l'Abbaie de *St. Germain des Prez*,
dans celui de *St. Jean Latran*, du *Temple* etc. et
qui en partie sont au service de *France* dans les
Regimens de *Suisses* et d'autres nations étrangéres; comme aussi pour le bien de ceux qui
demeurent à *Paris* comme Voiageurs. Ces hommes
entendent presque tous la Langue *Allemande*,
quoiqu'ils soient peut être de diverses nations.
C'est pourquoi cette Assemblée a été quelquefois
au nombre de plus de quelques centaines d'hommes, parmi lesquels il y a aussi quelques Banquiers

---

[1] La question; s'il est libre à un Ministre dans des lieux
étrangers, de faire prêcher chez lui dans une autre langue,
que celle de son païs, n'est pas encore decise entre les Publi-
cistes. Voiez leurs argumens de pour et contre, rapportez tout
au long dans la Dissert. de *Juste Henri Bohmer de Privatis
Legatorum Sacris. Halæ* 1713. C. xi. *Artic. ult.*

à *Paris*, de la Religion Reformée, *Suisses* ou *Allemans* de nation, qui vont ordinairement avec leurs familles dans la Maison du Ministre de *Suéde*, pour y entendre les Sèrmons, et pour faire leur devotion en *Allemand;* parce qu'ils ne savent pas assez la langue *Angloise*, ni la *Hollandoise*.

Ce *Service Divin* se fait publiquement, chez chacun des dits 3. Ministres en particulier, dans un grand apartement qu'ils y ont destiné, tous les Dimanches et jours de fête, reguliérement de 10. jusqu'à 12. heures avant midi. Pendant le Caréme on prêche là aussi *la Passion,* une fois la sémaine. Ainsi les Lutheriens qui sont à *Paris*, peuvent fréquenter ce Service Divin, avec toute commodité et y aller faire leur devotion. Je ne sai que dire de ceux, qui étant à *Paris* des ans entiers, ne fréquentent pas ces assemblées, ni se servent des moiens de leur salut, pendant qu'il les peuvent avoir si aisement dans un lieu Catholique. La populace de *Paris* leur fait honte par sa conduite. Car il n'y en a pas un jusqu'au plus misérable de ces gens, qui n'aille pas à la Messe, si ce n'est pas tous les jours, au moins une fois la semaine, et surtout les Dimanches et les jours de fête, pensant qu'il a assez satisfait son devoir de Chrêtien par cette action exterieure toute pure. Qu'on ne se laisse donc pas detourner par aucun accident de la fréquentation du Service Divin. Aussi cela ne se fait-il que les Di-

manches et les jours de fête, et l'après-midi se passe
ordinairement en ne faisant rien ; au lieu que l'on
devroit donner tout entier le jour du repos à Dieu
qui l'a institué[1]. Et afin que ces Ministres connoissent un tel Auditeur, il doit se faire présenter auparavant à leurs Excellences par les Sé-
cretaires de Legation, ou par d'autres personnes
de leur connoissance. L'on ne sait, en quelles
rencontres on ait un jour besoin de l'assistance
et de l'autorité de ces Seigneurs.

Au reste je ne puis pas omettre de dire encore
ceci, qu'on peut ordinairement entendre un *Sermon* ou *prêche*, dans les Temples des Catholiques,
tous les *Dimanches et jours* de fête, *l'après midi :*
et puis pendant le Carême les plus celébres Prédicateurs expliquent çà et là dans *Paris la Passion,*
ou d'autres Textes qui conviennent à cette ma-
tiére ; l'on publie alors une liste imprimée, contenant les noms de ces Prédicateurs, avec le tems
et le lieu qu'ils vont prêcher. Un Evangelique
peut aller à ces Sermons en bonne conscience et
s'édifier par eux dans sa foi. Car un tel Prédica-
teur, s'il a d'esprit (comme ils en ont beaucoup

---

[1] C'est une coûtume très-loüable, qu'en *Angleterre* tout le
Dimanche est celebré avec beaucoup de devotion. Toutes les
boutiques sont fermées ce jour là ; tout travail de service et
de main est alors suspendu ; l'on voit fort peu de carosses dans
les ruës, et un profond silence regne par toute la ville. En un
mot, on peut bien voir, que les *Anglois* distinguent particuliérement le Dimanche des autres jours de devotion et des
jours ouvriers.

ordinairement, et que les plus habiles et les plus savans hommes paroissent alors en chaire, pour
prêcher la Passion, comme le *P. Massillon, P. de
la Ferté, P. Poisson, P. de la Ruë*, et autres) se
garde bien de proférer rien de ces absurditez et
contes vulgaires du gros des Catholiques : au
contraire ils ne les croient pas eux-mêmes ; mais
ils viennent au fait, et s'attachent principalement
à inculquer les vertus Chrétiennes à leurs auditeurs, comme l'humanité, l'humilité, la patience,
et ce qui est requis de reste pour méner une vie
honéte et Chrétienne.

De demander ; *si un homme Evangelique* ou *Lu-
therien* (comme il vous plaira) *peut aller à la
Messe des Catholiques, sans blesser sa conscience,
et s'il y peut se mettre à genoux, lorsqu'on éleve
la Hostie ?* C'est une question, que je renvoie avec
justice à la decision de nos Théologiens. Je dis
seulement, que beaucoup de ces Messieurs se
déchainent furieusement contre les Catholiques,
les declarant condamnez encore vivans, pendant
qu'ils ne savent pas ce que c'est qu'un Catholique, qu'ils n'en ont jamais vû pas un, ni ne
sauroient dire, en quoi consiste proprement cette
Religion ? Pour prouver ce que je dis, je n'appor-
terai que ces deux points : Presque tout le monde
croit en *Allemagne* par exemple, *que la lecture de
la St. Ecriture est défenduë aux prétendus laïcs ;
et que le Roi de France a obténu du Pape la dis-
pensation de recevoir la Ste. Céne sous les 2. es-*

péces. L'un et l'autre est faux. Car le Roi[1] ne boit pas dans le Calice de benediction, mais dans celui d'ablution, qu'on ne lui baille pas de dessus l'Autel, mais d'une petite table à part, devant laquelle se tiennent les Officiers de Sa Majesté; un desquels baille le Calice au Prêtre qui lui donne la communion; tous les autres qui communient, ont le même droit: comme particuliérement dans la *Basse-Normandie* on fait boire à ceux qui ont communié sous l'espéce ordinaire, immediatement après, dans une Chapelle à part un verre de cidre au lieu de vin, avec un morceau de pain béni. Et quant à la *lecture de la Bible*, je vous assûre, que dans tout *Paris* il n'y a presque point de Maison, où l'on n'en trouve une, au moins le *Nouveau Testament*[2]; d'autant-que tous les livres Sacrez s'y trouvent dans toutes les librairies traduits sur la version vulgate, par le *Maître de Sacy* d'une façon incomparable. La *belle Epître que Madame de la Grange* a écrite au Pape, au sujet

[1] Ceci est à remarquer, comme quelque singularité, qu'un Roi de *France* reçoit la S. *Eucharistie* sous l'une et l'autre espéce, le jour de son Sacre à *Rheims;* duquel Privilége jouit aussi l'Abbé de *St. Germain des Prez à Paris*, le jour de sa Reception.

[2] Même le *Cardinal de Noailles*, dans ses *Heures de Paris*, recommande la Lecture du *Nouveau-Testament*, quand dans les *divers Exercices de la Pieté, p.* 12. il dit ainsi : *La Lecture de quelque Livre Saint est encore bien à conseiller. Le prémier de tous les Livres est le Nouveau Testament. Chacun doit prendre le livre, qui lui sera le plus propre, et pour le choisir, demander auparavant conseil, etc.*

de la controverse sur le *Nouveau-Testament* du
Pére Quénel, et laquelle se vend à présent presque
partout, en *François* et en *Allemand* tout ensemble, sert de témoin, que même des Dames en
France lisent la Sainte Ecriture. Quoique je doive
avoüer ici au même tems, que l'*Eglise Gallicane
jouït de quelques immunitez et libertez,* que le
Pape ne permet pas aux Catholiques d'*Italie,*
d'*Allemagne* et d'*Espagne.*

Ouï, au Fauxbourg *St. Germain* un Protestant
n'est pas obligé de s'agénouïller en adoration
devant le Sacrement, qui se porte en procession
à un malade, en forme de Viatique : l'on demande
ce profond respèt seulement aux Catholiques, et
l'on se contente, que ceux d'une autre religion
ôtent seulement le chapeau : mais un tel homme
n'en seroit pas quitte à si bon marché en *Brabant,*
en *Flandre* et en d'autres païs et places Catholiques. Néantmoins on feroit mieux de se retirer
en un tel cas, (même dans ce Fauxbourg) si on
peut, dans quelque maison ou dans quelque autre
ruë, que de se tenir là tout de son long, comme
une statuë, et de donner du Scandale aux assistans par un tel comportement. Cependant quant
à la *Messe*[1] il me semble (sauf correction) que
ceux des Protestans qui ont la conscience si délicate, et si scrupuleuse, que de faire un crime d'y

[1] L'origine de ce mot s'explique dans le Livre intitulé :
*Préservatif de la Réunion des Protestans avec l'Eglise ro-
maine,* par Monsr. *l'Enfant.*

aller, avec quelle intention qu'on le fasse, font mieux de s'en absenter.

Mais ceux là des jeunes Protestans, *qui courent à la Messe pour s'accrocher à quelques personnes du Sexe* (ce qui est fort facile dans ces lieux, où tout est pêle mêle à genoux, même souvent dans l'obscurité) commettent une impieté exécrable, et qui tend à la profanation de la Maison de Dieu et même à la violation de la Majesté Divine. Car un Chrétien, de quelle Religion qu'il soit, doit toûjours avoir et marquer une venération décente pour l'habitation du très-Saint, où sa parole s'annonce, et où les S. Sacrémens s'administrent, au bien des âmes.

CHAPITRE XXVII

DE LA CONSERVATION DE LA SANTÉ A PARIS.

La santé est le plus précieux des biens de l'homme, par conséquent il doit faire tout son possible pour la conserver. Beaucoup de personnes, douées d'un tempérament très robuste, se droguent constamment, soit par habitude soit pour prévenir le mal : ces gens ne doivent donc pas être étonnés lorsque, obligés de prendre un médicament, celui-ci ne produit pas l'effet attendu. Les pilules de Francfort, l'élixir de propriété, le sel volatile de corne de cerf et autres remèdes de ce genre

sont excellens, mais leur action s'affoiblit quand
on en abuse. Il ne faut se droguer que lorsqu'on
ne peut faire autrement. Les médicamens usent
les forces et la santé, et lorsqu'on a pris l'habitude d'en prendre, on ne sauroit plus s'en passer.

La santé peut être compromise, tantôt par la
faute du malade, tantôt par accident. Ceux qui,
en Suède, ont l'habitude de se chauffer avec du
bois de bouleau ou d'aulne brûlant dans une
cheminée, souffriront en Hollande et en Angleterre du chauffage à la tourbe et à la houille. Un
Italien ou un François, dont la nourriture est
soignée et délicate, supporte difficilement le
régime alimentaire de la bière et des viandes
salées et grossières qu'il trouve dans la basse
Allemagne, la Suède et le Danemark. Nombre
d'Européens reviennent souvent bien malades
des Indes ; ils ont doublé la ligne et perdu la
tramontane : peu d'entre eux tolèrent facilement
ce changement de climat. La jeunesse aime ordinairement le plaisir, la conversation avec les
dames; d'autres ne trouvent de jouissances que
dans l'abus des boissons ; d'autres encore jouent
avec leur santé de mille manières : eux seuls
sont coupables s'ils sont affaiblis avant l'âge.

De cela je conclus que si la santé peut être
altérée n'importe où, elle peut l'être surtout à
Paris et de quatre façons : par suite du mauvais
air ; par la nourriture ; par l'excès dans les plaisirs ;
par divers accidens impossibles à prévoir et à éviter.

L'on croit que Paris est une ville où la température
reste toujours à peu près la même, c'est une erreur.
J'ai vu quelquefois pleuvoir le matin, faire beau
dans la première partie de l'après-midi ; puis tout
à coup, il neigeoit, un orage succédoit à la neige
et duroit à peu près une heure, et la journée se
terminoit par un très beau soleil. Souvent il fait
froid le matin, chaud le soir, parfois c'est l'inverse
qui se produit. Il arrive que, tandis qu'on se
promène par un très beau temps aux Tuileries
ou au Luxembourg, on soit surpris par une
bourrasque ou par une grosse pluie : on est alors
obligé de s'enfuir pour se mettre à l'abri. A Paris
le temps est souvent désagréable, surtout en
hiver : on a alors des brouillards, des pluies, du
froid, on passe des mois entiers sans voir le soleil.
Il ne faut pas être surpris si l'humeur des François
se ressent de cette variabilité de climat, et si les
dames tiennent souvent le manchon d'une main
et l'éventail de l'autre. Il ne faut pas s'étonner
non plus si les gens d'une constitution délicate et
peu accoutumés à un tel climat sont exposés à
être malades. On doit donc, surtout lorsque l'on
vient à Paris dans l'arrière-saison, prendre de
grandes précautions. Qu'on évite autant que
possible de sortir par le brouillard. Si l'on est
absolument obligé de sortir, que l'on prenne un
carrosse dont on fermera les portières avec grand
soin. Que pour se se préserver des maux de cœur,
l'on mâche un peu de zeste d'orange ou de citron,

qu'enfin on reste dehors aussi peu que possible.

Pour vivre, il faut manger et boire, mais sans excès. Les estomacs étrangers ne sont pas faits pour se nourrir à la françoise. Les François ne ne boivent pas de bière pendant leur repas, comme les Hollandois, les Anglois et les Allemans ; ils prennent de l'eau rougie ou de l'eau pure. Il est vrai qu'on peut trouver de la bière à Paris : il s'y en fabrique même, et on en importe d'Angleterre. Mais la bière faite à Paris n'est pas saine, le houblon est souvent remplacé par des herbes amères ou par du fiel de bœuf[1]. Quant à la bière qui vient d'Angleterre, elle n'est bonne que pour ceux qui veulent s'enivrer. Mais le bon vin remplace avantageusement la bière.

On emploie le plus communément pendant les repas les vins d'Orléans et ceux des environs de Paris tels qu'Argenteuil, Saint-Cloud, Suresnes, etc. : ce dernier, assez aigre, ne convient guère qu'aux gens du commun. Le véritable vin d'Orléans est bon, mais les cabaretiers le mélangent souvent avec le vin des environs de Paris ; c'est le vin ainsi baptisé que l'on boit en mangeant, additionné d'une certaine quantité d'eau. Les vins de Bourgogne et de Champagne ne se prennent guère que purs, au

---

[1] On fabrique aux Gobelins une bière qui est meilleure, elle est même très agréable en été pour se rafraîchir.

milieu du repas ou au dessert; ils se boivent aussi le soir, lorsqu'on veut se réjouir avec un ami. Les véritables vins de Bourgogne et de Champagne ne font jamais de mal, lors même qu'on en boit un peu plus qu'on ne devroit. Je n'en dirois pas pas autant des vins étrangers, du vin de Saint-Laurent, du vin d'Espagne, du vin de Canarie et d'autres : ils sont très forts en alcool et leur abus peut être la cause de maladies graves.

L'eau dont on se sert vient de la Seine ou du jardin du Luxembourg. La Seine traverse Paris : quoique très grosse et très large, elle est insuffisante pour approvisionner toute la ville. De nombreux conduits distribuent l'eau de la Seine dans différens quartiers de la ville, ce qui n'empêche pas les porteurs d'eau de la vendre par seaux toute la journée. L'eau de Seine s'emploie pour tous usages : on la boit, on la brasse, on s'en sert pour cuire les viandes, etc., et lorsqu'on a l'habitude d'en user, on la croit saine. Cependant elle donne souvent aux étrangers des maux de ventre et, selon l'expression des François, on lui paie tribut[1]. D'ailleurs, si elle est quelquefois claire, elle est souvent trouble et limoneuse, de sorte que pour peu qu'on soit un peu délicat, on n'en veut pas boire. L'eau du Luxembourg, que l'on nomme aussi eau d'Arcueil, de son lieu d'origine, est beaucoup plus claire et plus pure. La plus

[1 Voy. *L'hygiène*, p. 172.]

grande partie du faubourg Saint-Germain se sert
de cette eau : on l'y porte dans des seaux, dont
chacun se vend un sou.

Ceux qui se nourrissent habituellement de
viandes grossières ne trouveront pas leur compte
à Paris : on n'y mange ni jambons[1], ni andouilles,
ni chair salée ou fumée, ni choux salés, ni pain
de seigle et autres choses semblables. Les
François n'aiment pas ces sortes de mets. Leur
pain est blanc et toutes leurs viandes sont fraîches.
Les amateurs de viandes épicées seront étonnés
de voir servir les viandes au naturel, et offrir à
part une sauce quelquefois sans assaisonnement.
Les François repoussent les épiceries du Levant,
bien qu'ils reconnoissent leur valeur comme con-
dimens ; mais ils sont les délices des Italiens et
des Espagnols, et cela suffit pour les faire re-
pousser des François, qui n'aiment pas à imiter
les étrangers. Ils savent bien, lorsqu'ils s'en
donnent la peine, préparer des assaisonnemens
aussi appétissans et aussi bons que nous autres,
car leurs fricassées et leurs ragoûts sont excellens
et ils rôtissent très bien la viande[2]. Néanmoins les
Anglois leur sont supérieurs sur ce point : leurs rôtis
de bœuf et de mouton, quoique souvent très

---

[1] Les personnes de condition ont quelquefois sur leur
table des tranches de jambon de Mayence ou de jambon de
Bayonne, mais elles en mangent peu, y goûtent à peine.

[2] Je veux dire les rôtisseurs, car dans les hôtels, on ne soigne
guère les rôtis.

saignans, n'en sont pas moins très tendres et très bien cuits. On dit qu'en France la viande est beaucoup plus succulente que partout ailleurs, elle est donc saignante, et les personnes sanguines doivent en manger fort peu.

Pour moi, là n'est pas le danger, il est dans l'excès en matière de boisson. Le vin de Champagne et, à un degré un peu moindre, le vin de Bourgogne échauffent beaucoup le sang. Prenez donc très peu de ces vins, juste ce qu'il faut pour vous mettre en gaieté ; des autres, buvez autant que vous le voudrez pendant vos repas, ayant soin cependant de les additionner d'une légère quantité d'eau. Les personnes d'un tempérament sanguin boiront plus d'eau que de vin, celles qui sont lymphatiques prendront, au contraire, plus de vin que d'eau. Lorsqu'on n'est pas très éloigné du Luxembourg, que l'on aille de préférence y chercher son eau, elle est meilleure que l'eau de la Seine. Mais surtout que l'on ne boive pas trop de vin pur, des excès de cette sorte peuvent avoir les pires conséquences : les gens sanguins courent le risque de contracter des diarrhées très violentes, ou même la fièvre chaude ; les personnes lymphatiques peuvent avoir, après une légère diarrhée, la gale, ou un mouvement d'humeur qui leur couvre le corps de pustules et le visage de boutons. On attribue ces effets à l'usage des eaux de la Seine. Je ne sais ce qu'il en est, je me suis toujours servi de l'eau du Luxembourg ou de celle

d'Arcueil, et je m'en suis très bien trouvé.
Lorsque j'ai commencé à user de cette eau,
j'avois déjà pris des bains chauds, et je me suis
aussi bien porté après qu'auparavant. A présent
même, où je suis à Paris pour la seconde fois, je
ne bois d'autre eau que celle du Luxembourg, et
j'en suis très satisfait. Quelques personnes prétendent pourtant que cette eau est lourde et
indigeste.

Il faut encore, pour conserver sa santé, éviter
de manger trop de fruits. Nous autres Allemans,
nous n'avons chez nous ni melons, ni pêches, ni
abricots, ni raisins en si grande quantité ni aussi
bons qu'en France. Ces choses sont tentantes
pour un étranger, et il en mange généralement
avec excès. Il ne tarde pas, d'ailleurs, à se repentir
de sa gourmandise, mais quelquefois trop tard.
Les cerneaux[1] sont particulièrement dangereux
pour les étrangers.

La santé s'altère par l'abus des plaisirs. Paris
est un lieu où règnent les amusemens et les
délices ; un jeune homme qui se laisse facilement
entraîner peut compromettre gravement sa santé.
Les débauches sont de plusieurs sortes, les plus
dangereuses sont la passion immodérée du sexe
et la gourmandise. Valère ne se seroit pas rendu
malade, s'il avoit eu avec les dames une ténue

---

[1] On appelle cerneau l'intérieur des noix encore vertes,
cette moelle est coriace et gluante.

convenable; mais après avoir battu le pavé et
avoir étanché sa soif dans tous les bourbiers qu'il
a rencontrés, il est dans un tel état que M. Castel[1],
médecin fort habile cependant, ne répond pas de
sa guérison. Il seroit extraordinaire que Malherbe
n'eût pas des maladies graves après la conduite
qu'il mène à Paris. Tous les soirs, il s'enivre
avec du vin de Champagne très fort et le cuve
en dormant jusqu'à midi. Il passe, surtout pendant
le carnaval, des nuits entières au jeu et au bal.
On peut, lorsqu'on est jeune et d'un bon tempérament, supporter sans trop en souffrir cette
existence pendant quelque temps, mais à la longue
la santé s'altère, et qu'on le veuille ou non, on
est obligé de se mettre entre les mains des
médecins.

Je conseille à un étranger qui tombe malade à
Paris, de recourir à un docteur habile et expéri-
menté. Il y a beaucoup de médecins à Paris,
mais tous n'entendent pas également bien leur
profession : on en a tous les jours la preuve[2]. Ce
n'est certes pas sans raison que Molière les a mis
au théâtre, et qu'il a jeté le ridicule sur eux. Il
exagère souvent un peu, il faut le reconnoître.

---

[1] C'est le plus célèbre chirurgien de Paris pour certaines
maladies.

[2] Furetière donne une définition bien amusante des médecins : « Un médecin, dit-il, est un homme que l'on paie pour
conter des fariboles dans la chambre d'un malade, jusqu'à ce
que la nature l'ait guéri ou que les remèdes l'aient tué. »

Cependant ces messieurs en sont toujours aux remèdes traditionnels : on ordonne au malade d'abord un lavement, puis une saignée, puis une purgation (selon la chanson ordinaire : clysterium donare, postea seignare, ensuita purgare). Dès que quelqu'un se dit malade, le médecin ou le chirurgien sans en demander davantage ordonnent une saignée. Le plus fort, c'est qu'on ne court aucun risque, les chirurgiens[1] de Paris sont si habiles qu'ils font indifféremment leurs opérations le jour ou le soir à la lumière. Et puis, la purgation et la saignée sont souvent deux remèdes presque indispensables pour les étrangers qui viennent en France : le climat, la nourriture les fatiguent, et souvent aussi ils ne prennent pas assez d'exercice[2]. Comme médecin, je recommanderai M. Grossen, de la confession d'Augsbourg; il est né à Quedlinbourg, il pratique la médecine à Paris depuis dix-huit ans[3], et il sait parfaitement soigner les étrangers, en tenant compte du tempérament de la personne malade et du climat de France. Avec cela il est très exact, très complaisant, il a grand soin de ses clients, j'en ai eu la preuve par moi-même et par plusieurs de mes amis. Outre

----

[1] En France les chirurgiens sont particulièrement habiles, plus habiles que dans n'importe quel pays, mais la Hollande a de meilleurs médecins, et l'Allemagne de meilleurs apothicaires.

[2] Sur tout ceci, voy. les *Variétés chirurgicales*, p. 1 et suiv.

[3] Le Régent lui a décerné le brevet de chimiste royal.

M. Grossen, il y a aussi les Messieurs Helvétius
père et fils : ils sont fort célèbres, et ont fait
de belles cures. Mais les apothicaires vendent
leurs médicamens très cher : on peut conscien-
cieusement rabattre au moins la moitié de leurs
factures[1].

CHAPITRE XXVIII

DES VOYAGES A VERSAILLES.

Versailles est à quatre lieues de Paris, et l'on
peut, avec une voiture, faire aisément le voyage
en deux heures. Ne croyez pas que ce château soit
isolé dans la campagne. Depuis que la Cour y a
fixé sa résidence habituelle, et qu'un grand
nombre de personnes de tout rang sont obligées
de s'y rendre fréquemment, beaucoup d'hôtels,
de maisons de toute espèce s'y sont construits ;
de sorte que cette ville s'est en peu de temps si
considérablement étendue qu'elle comprend aujourd'hui un grand nombre de rues et cinq églises
sans compter la chapelle du château. Il faut dire
qu'une bonne partie des habitans sont des aubergistes, des cabaretiers, des rôtisseurs, des cafe-

---

[1] Molière dit dans son *Malade imaginaire* (acte I, sc. 1) :
« Vingt sols en langage d'apothicaire, c'est dix sols. » Et Furetière écrit : « Un apothicaire est, selon moi, animal benefa-
ciens partes, et lucrans mirabiliter. »

tiers, des perruquiers et autres gens de cette
sorte, et ces messieurs ont été fort peu satisfaits
de voir, après la mort du vieux Roi, la Cour
abandonner Versailles.

Les anciens rois de France habitoient à Paris
le palais de la Cité ; ensuite, ils se sont transportés au Louvre[1], puis aux Tuileries. Il est
véritablement fâcheux que le Louvre ne soit pas
achevé : la façade est un des plus beaux morceaux d'architecture que l'on connoisse. Mais du
jour où l'on a commencé à construire Versailles,
on a oublié le Louvre. Louis XIV ne séjourna jamais dans Paris ; il n'y vint qu'une fois, en 1687,
après une longue et cruelle maladie, pour faire
ses dévotions à Notre-Dame. Encore retourna-
t-il le même jour à Versailles, aussitôt après le
diner public offert en son honneur par le prévôt
des marchands à l'Hôtel de Ville, et après une
courte visite à la statue de la place des Victoires[2].

---

[1] Il y a encore dans le Louvre un certain nombre d'appartemens en très bon état. Le feu Roi avait donné certains
d'entre eux à des savans comme demeure ; quelques-uns y
habitent encore, mais les autres ont dû céder les leurs lorsque
la Cour vint s'y installer après la mort de Louis XIV.

[2] On donne différens prétextes à cette aversion du feu Roi
pour Paris. On l'attribue à une prédiction annonçant que le
Roi, comme ses prédécesseurs Henri III et Henri IV, mour-
roit de mort violente. On a dit aussi que le Roi n'avoit pu
oublier les troubles de la Fronde et la conduite des Parisiens
à cette époque. Cependant ce souvenir paroissoit éteint par
l'amnistie qui avoit suivi le rétablissement de l'ordre dans
Paris, et Louis XIV avoit depuis lors, dans tous ses édits,
appelé Paris sa bonne ville.

Sous le Roi précédent. la route de Paris à
Versailles étoit très fréquentée : je ne me rappelle pas avoir été à Versailles sans rencontrer
sur la route quantité de gens à cheval et en voiture, et le jour comme la nuit, puisqu'on peut
entrer à toute heure aussi bien à Versailles qu'à
Paris. On avoit même établi dans ces deux villes
un relais où les voyageurs trouvoient à n'importe quelle heure des carrosses et des chevaux.
Il est difficile d'aller à cheval à Versailles, surtout lorsque l'on veut visiter la Cour, parce
qu'on ne peut s'habiller proprement. Mais, si
l'on n'avoit pas d'équipage à soi, on s'entendoit
avec trois autres personnes[1] pour prendre un
carrosse à quatre chevaux : on payoit trois livres
par personne et l'on avoit encore la permission
de placer son valet avec une valise sur le devant.
Lorsque la Cour revint à Paris, sous la Régence,
le nombre de ces carrosses diminua à tel point
que là où il y en avoit auparavant quarante ou
cinquante en circulation, il n'en resta plus que
quatre ou cinq. Les prix furent, de ce fait, considérablement réduits. Le coche de Versailles[2],
comme on l'appelle, ne convient pas à des gens
de qualité. On y est très mal à l'aise, il est tou-

---

[1] Les premiers arrivés prenoient la première place, mais si
des dames se présentoient pour faire le même chemin, on
leur donnoit la préférence.

[2] On trouve ce coche dans la rue Saint-Nicaise. On paie
vingt-cinq sous par personne.

jours rempli de quinze à vingt personnes assises
pêle-mêle, et il met quatre heures pour aller
à Versailles, car les cochers s'arrêtent devant
toutes les auberges.

Avant d'arriver à Versailles, on suit une triple
allée de laquelle on découvre le château devant
soi, le chenil à droite, le palais de la princesse
de Conti à gauche. Au bout de l'allée, on passe
entre la grande et la petite écurie : l'une est à
droite, l'autre à gauche. Lorsqu'on arrive sur la
grande place, les cochers demandent généralement si l'on veut descendre au cabaret ou à
l'auberge. Les auberges situées en face du château sont les plus agréables, on n'a que quelques
pas à faire pour être à la Cour, et l'on ne craint
ainsi ni d'attraper de la boue, ni d'embrouiller
sa perruque. Mais on paie un peu cher cette commodité : les gens de Versailles s'entendent à écor-
cher les étrangers, et on laisse toujours dans cette
ville un certain nombre de louis d'or. Les plus
honnêtes sont ceux de l'auberge qui a pour
enseigne : *Au Juste ;* il est fâcheux qu'elle soit
un peu loin du château, mais il y a dans la ville
des chaises à porteurs. La chambre et le lit se
paient vingt sous par jour ; le prix de la nourriture varie avec ce que l'on prend. C'est assez
l'habitude en France d'aller à la cuisine choisir
ce qu'on veut manger. On fait son prix, pièce à
pièce, les mets sont préparés et l'on dîne tran-
quillement, sachant d'avance le coût du repas.

J'invite les étrangers, surtout lorsqu'ils voyagent
dans les provinces de France[1], à procéder ainsi :
c'est le seul moyen de n'être pas trop trompé.
S'ils ont avec eux des François, qu'ils les envoient
faire les prix et marchander pour tous : ils s'y
connoissent très bien, et c'est un plaisir de les
entendre discuter avec l'hôtelier.

Autrefois, on alloit à Versailles soit pour quelque fête, soit pour visiter le château, soit pour
se rendre à la Cour. Cela se fait sans doute
encore aujourd'hui, lorsque le Roi y est. S'il n'y
avoit point de fête, on pouvoit entrer dans le
château sans difficulté, et assister à neuf heures
du matin au grand lever du Roi[2], pour le voir
prendre sa chemise[3] et s'habiller. Mais il falloit
se hâter pour entrer avec la suite, lorsqu'on ou-
vroit la porte de l'appartement. Si l'on arrivoit
un peu tard, on attendoit dans l'antichambre que
quelque grand seigneur entrât, ou l'on grattoit[4]

---

[1] La diligence qui va de Paris à Lyon a quelque chose de
particulier : la nourriture est comprise dans le prix du voyage,
et l'on est assez bien traité.

[2] Personne, à part les princes du sang, les personnes de
condition ayant leur entrée par une faveur particulière de Sa
Majesté et les officiers de la chambre en service, n'étoit admis
au petit lever, c'est-à-dire au moment où le Roi, sorti de son
lit, se faisoit chausser.

[3] Lorsque les princes du sang se trouvoient au lever du
Roi, le plus illustre d'entre eux présentoit la chemise à Sa
Majesté. En leur absence, un des plus grands seigneurs de la
cour remplissoit cet office.

[4] Il faut remarquer qu'on ne heurte pas aux portes des mai-

tout doucement à la porte, en disant à l'huis-
sier qui on étoit. Avant et après la messe du
Roi, on se promenoit dans la grande galerie :
là on rencontroit généralement quelque ami
avec qui l'on pouvoit s'arrêter et causer. Je profite de cette occasion pour recommander aux
étrangers de se mettre en relation avec l'un ou
l'autre des capitaines des gardes, ou bien avec
l'un des premiers gentilshommes de la chambre du
Roi, le premier maître d'hôtel [1], l'introducteur et
le sous-introducteur des ambassadeurs, un officier
de la garde, l'un des aumôniers du Roi, etc., etc.
On a très souvent besoin de ces personnes, surtout lorsqu'il y a des fêtes à la Cour : elles vous
font entrer, vous placent et elles sont toujours
extrèmement polies. Mais les gens de qualité qui
voyagent ont ordinairement des lettres de recom-
mandation pour quelque grand personnage de
la Cour. On peut être ainsi présenté au Roi,

sons royales ni à celles des appartemens : on gratte doucement, si elles sont fermées et si l'on sait qu'il y a du monde
à l'intérieur.

[Sur ce point, voy. *Les soins de toilette, le savoir-vivre,*
p. 87.]

[1] Il est arrivé au premier maître d'hôtel et aux introducteurs d'emmener avec eux des étrangers de distinction dans la
salle des ambassadeurs à Versailles et de les inviter à leur
table. Ces nouveaux venus avoient ainsi la possibilité d'entrer en relation avec beaucoup de personnes de distinction.
Cette table se tenoit autrefois tous les mardis; depuis l'année
1722, elle se tient le mercredi : c'est ce jour-là que les ministres étrangers doivent aller à Versailles.

aux princes et aux princesses de la maison
royale [1], soit par ce grand seigneur lui-même,
soit par l'intermédiaire de quelque capitaine des
gardes ou de l'un des premiers gentilshommes
de la chambre, et l'on arrive ainsi à avoir entrée
chez un certain nombre de seigneurs. Quand le
Roi alloit à la messe ou qu'il en sortoit, les assistans formoient quasi deux haies, au milieu desquelles Sa Majesté passoit. Il regardoit ceux qui
se trouvoient sur son chemin ; mais, à moins que
Sa Majesté ne s'arrêtât pour faire l'honneur de
parler à celui qui lui étoit présenté, on ne la
saluoit pas [2]. Généralement le Roi dinoit seul [3]
dans sa chambre, à une petite table : on avoit
beaucoup de peine à entrer [4]. L'étiquette étoit
la même qu'au lever du Roi. Le soir, il étoit plus

[1] On a alors toute facilité pour les aller voir, soit lorsqu'elles sont à leur toilette, soit pendant leur dîner, soit lorsqu'il y a jeu ou assemblée chez elles.

[2] Gardez-vous de vous incliner devant les personnes royales
ou les princes et princesses qui passent devant vous ou qui
par hasard jettent les yeux sur vous, mais tenez-vous très
droit : autrement vous paroitrez être tout à fait ignorant des
habitudes de la Cour.

[3] Le Roi étoit servi par un des premiers gentilshommes de
la chambre et par les plus grands seigneurs du royaume. Les
princes du sang, les cardinaux, les maréchaux de France
assistoient debout au petit couvert du Roi : cela ne se faisoit
pas le soir.

[4] Le Roi faisoit quelquefois la grâce à Madame de Maintenon de dîner chez elle. Elle convioit alors toujours une autre
dame ; mais, à part les officiers nécessaires, personne n'entroit.

facile de voir souper Sa Majesté. Elle recevoit à
sa table toute sa famille [1], et à moins qu'il n'y
eût déjà trop de monde, ce qui arrivoit quelquefois, on étoit admis [2]; d'ailleurs, on pouvoit
toujours être admis lorsqu'on arrivoit de bonne
heure.

Les étrangers de passage à Versailles, ne manqueront pas de visiter en détail les appartemens
du château, le parc, toutes les belles choses qui
s'y trouvent tant à l'intérieur qu'à l'extérieur.
La grande galerie est une des plus belles parties
du palais : elle est ornée de très beaux tableaux,
de glaces à miroir, de lustres, etc. Du temps de
Louis XIV, quantité de cavaliers, de courtisans
et d'étrangers se promenoient tous les jours dans
cette galerie, car c'étoit le chemin suivi par le
Roi pour aller à la messe et pour en revenir.
Outre la galerie, il faut encore voir dans le
château les appartemens du Roi : ils renferment
des objets très précieux : l'horloge, les globes

[1] Il y a dix ans, cette famille se composoit de quatre personnes : de la duchesse de Berry, morte il y a quelque temps,
du duc et de la duchesse d'Orléans, de Madame la Douairière,
mère du Duc : tous deux sont morts aussi depuis quelques
années. Le petit Dauphin, qui est le Roi actuel, dinoit encore
dans son appartement; les autres princes et princesses du
sang avoient leur couvert à part.

[2] On n'ouvre jamais soi-même une porte devant laquelle
sont placés des gardes : on leur demande poliment d'entrer.
Qu'on ait grand soin de ne pas paroître à la Cour avec une
canne, avec un surtout ou avec un manteau; que l'on ne se
promène pas non plus dans les antichambres.

mathématiques de laiton, dont l'un est dressé d'après le système de Copernic, l'autre d'après celui de Ptolémée, des tableaux très rares, etc., etc. Les appartemens des princes et princesses de la Maison royale sont ornés de tapisseries, de miroirs, de portraits fort remarquables. Enfin, il y a encore le fameux escalier de marbre, où d'ordinaire on recevoit les ambassadeurs.

... Le parc de Versailles est ouvert jour et nuit, et tout le monde a le droit d'y entrer pour se divertir, sans distinction d'âge, de sexe ou de condition. La partie élevée se compose de plusieurs parterres émaillés de fleurs. Dans le bas et sur les côtés se voient d'agréables allées. Les pièces d'eau sont nombreuses ; les unes jouent tous les jours, les autres à certaines époques seulement, pour le plaisir des personnes de qualité. Les plus curieuses sont certainement les *Fables d'Ésope*, dans le labyrinthe du même nom, les *Trois Fontaines*, le *Théâtre d'eau*, l'*Encelade* ou le *Géant écrasé*, la *Montagne d'eau*, l'*Arc de triomphe*, le *Dragon*, les *Bassins de Cérès*, *d'Apollon*, *de Flore*, *de Bacchus*, etc. Que dire de cet admirable canal dont les deux bras vont l'un à Trianon, l'autre à la Ménagerie, ce dernier pouvant même porter de petites frégates ? Les statues de marbre [1] sont en très grand nombre. Il faut plus d'un jour pour voir avec toute l'at-

---

[1] Quelques-unes ont coûté de vingt à trente mille livres.

tention qu'elles méritent les richesses et les
beautés accumulées dans cet endroit. Quand le
Roi étoit dans le parc, personne d'autre que les
gens de sa suite [1] n'avoit le droit d'y entrer, et
les Suisses avertissoient les autres personnes présentes d'avoir à se retirer.

Les curiosités qu'on peut voir, soit à Versailles,
soit en dehors de la ville, sont de plusieurs sortes.
Dans une maison, non loin du château, se trouve
le cabinet des tableaux du Roi, fort goûté des
amateurs de peinture et de dessin. M. Bailli en
est le garde. Un voyageur curieux peut aussi visiter la grande et la petite écurie [2], deux bâtimens
superbes, bien que les chevaux ne soient pas des
plus rares. Derrière une de ces écuries est le magnifique palais de la vieille princesse de Conti,
et, de l'autre côté de Versailles, se trouve le château de Clagny, appartenant au duc du Maine.
L'aqueduc de Versailles est admirable, mais celui de Marly est incomparable. Le fontainier
les montre aux visiteurs. Le potager du Roi ou
jardin fruitier, et le jardin aux herbages pour la
cuisine du Roi sont très vastes et très bien fournis; un grand nombre de jardiniers s'en occu-

[1] Le Roi se promenoit quelque fois à pied; parfois aussi il
se faisoit traîner par deux Suisses dans un petit char à trois
roues que lui-même pouvoit diriger au moyen d'une manivelle.

[2] On dit que le comte de Toulouse possède, dans sa maison
de plaisance à Rambouillet, la plus belle écurie et le meilleur
haras de France. Le nombre de ses chevaux s'augmenta de
ceux du Roi, après la mort de celui-ci.

pent, chacun cultive une espèce de fruit ou d'herbage.

Il ne faut pas manquer d'aller voir la Ménagerie et Trianon, deux châteaux de plaisance situés près de Versailles, à une portée de canon. Autrefois, on élevoit à la Ménagerie toutes sortes d'animaux sauvages des plus rares [1]. Le feu Roi Louis XIV a fait bâtir en cet endroit une maison très coquette et très luxueuse qu'il a donnée à la duchesse de Bourgogne. Cette princesse, que le Roi aimoit tendrement, avoit dit un jour en passant qu'elle seroit heureuse de finir ses jours dans un lieu si charmant. Les appartemens sont ornés de tableaux représentant les animaux de la ménagerie peints par les peintres les plus célèbres, avec un naturel et une vérité étonnants. Mais Trianon, que l'on rencontre à droite en sortant de Versailles, l'emporte sur toutes les autres maisons de plaisance. C'est en effet un lieu enchanté, où l'on trouve tout ce qui peut charmer les sens. En toute saison, les parterres sont richement garnis d'une infinie variété de fleurs; les belles allées, les nombreux jets d'eau réjouissent les yeux. Ce qui charme encore le plus, c'est l'air qu'on y respire dans la belle saison, air embaumé par les suaves senteurs qu'exhalent mille et mille fleurs fraîchement écloses. Cela avoit

---

[1] Après la mort du Roi, ces animaux furent, soit vendus soit donnés par le duc Régent à M. le Duc, qui les fit transporter à Chantilly, son château de plaisance.

engagé le Roi à passer dans ce lieu de délices la plus grande partie du printemps ; et comme le château est aussi commode qu'il est magnifique, la suite de Sa Majesté, toujours fort nombreuse, y étoit logée assez au large. Les étrangers curieux de visiter ces maisons s'adressent ordinairement aux huissiers qui en ont la garde, ou à quelque concierge chargé de l'entretien : ces gens ouvrent les appartemens et montrent les choses les plus rares et les plus remarquables.

CHAPITRE XXIX [1]

De la famille Roiale, des Princes du Sang ; des Cardinaux à Paris *; des Ducs et Pairs, Maréchaux de* France, *des Chevaliers de la* Toison d'Or en France ; *des principaux Genéraux d'Armée, tant sur terre, que sur mer ; des principaux Officiers de la* Maison du Roi, *Ministres d'Etat et Officiers de la* Couronne ; *des Ambassadeurs, Envoiez et autres Ministres de* France, *residens aux Cours étrangéres.*

J'avois premiérement dessein de comprendre ce Chapitre dans un Traité separé, sous le Titre

[1 Même observation que pour le chapitre XX. J'ajoute que j'ai opéré dans celui-ci de vastes coupures, et peut-être me reprochera-t-on de les avoir encore trop ménagées.]

d'*Etat de France*; mais aiant des nouvelles d'*Alle-magne*, qu'en *Saxe* une savante plume travailloit actuellement à un grand Ouvrage, concernant tous les *Etats d'Europe*; qu'il va paroitre par parties, comme on a déja commencé à bon conte par le *Portugal et l'Espagne*, et que la *France* va suivre à son tour, si cet Etat n'est pas déja sorti; cela dis-je m'a obligé de changer d'avis, ainsi que je ferai ici seulement mention des *Principales personnes* qui composent cet Etat, à l'heure qu'il est, en laissant la *description Historique et Politique* au dit Auteur. ¹ J'espére, que nôtre Voiageur tirera au moins cet avantage de cette petite instruction que pendant son séjour dans *Paris*, et en fréquentant la Cour, il pourra reconnoitre d'abord ces grands personnages-là, qu'il verroit autrement la plûpart cent fois, sans savoir, qui ils sont, ni quel caractére chacun d'eux porte.

1. Le *Roi Louis XIV*. à qui on a donné le surnom de GRAND, comme on sait, à cause de ses grandes Actions, mourut le 1. Septemb. 1715.

---

¹ *Monsr. Lancesseur*, Maitre de Langue à *Paris*, a rapporté bien des particularitez touchant l'Etat présent de *France*. Les Etrangers peuvent consulter là-dessus son livre, surtout s'ils veulent profiter en même tems dans la composition d'une bonne lettre *Françoise*. Car il a été longtems Maitre substitut auprès du Célébre *Grimarèt*, et il a passablement bien attrapé ses tours et ses façons d'écrire. En mon tems, Monsr. *Lancesseur* fut logé à l'*Hôtel de Savoie, ruë de Boucherie, au Fauxbourg St. Germain.*

laissant pour Successeur au Roiaume son arriére-
petit-fils, le 2ᵉ. des fils ¹ du dernier Duc de *Bourgogne,* sous le nom de *Louis XV.*

. Comme ce jeune Monarque est né le 15. Fevr.
1710. et que du tems de la mort de fon Bis-aieul
il étoit encore en âge mineur, ainsi feu le Duc
d'*Orléans,* son Grand-Oncle se chargea du Gouvernement, comme le plus proche héritier de la
Couronne, et pour soûtenir le poids de cette
Regence, on lui ajoignit plusieurs Conseillers
qui travailleroient avec Son Altesse Roiale au bien
de l'Etat, durant la minorité du Roi : laquelle
étant expirée l'an 1723. le 16. Fev. (Sa Maj. avoit
alors 13. ans, 1. jour, son âge majeur) cette Tutéle
et Regence expiroit aussi, et Sa Majesté entroit
dans la pleine jouïssance de ses droits et dans
l'Administration de ses Etats : quoiqu'elle se servit encore quelque tems des Conseils du dit Duc,
comme de son Prémier Ministre : celui-ci étant
mort, le Duc de *Bourbon* succeda dans cette qualité ; mais aiant été congedié cette année 1726.
par un Lettre de Cachet, Sa Majesté declara publiquement, qu'elle gouverneroit l'Etat desormais
par soi-même. Le 16. d'Août 1725, Sa Majesté
épousa *Marie* ² fille unique du Roi *Stanislas.* Au
reste ce jeune Prince est d'un esprit présent et
admirable, d'une grande vivacité, et fait esperer
toutes les belles qualitez d'un Roi accompli.

[¹ C'était le troisième. Voy. ci-dessous, p. 316.]
[² Leszcinska.]

11. *Philippe Duc d'Orleans*, en son tems Tuteur Régent du Roiaume; fils du Duc d'*Orleans* defunt, frére du Roi *Louis* XIV. Ce fut un Prince doüé de qualitez peu communes.. Il fut un bon Soldat, un habile Politique et un grand esprit, comme il aima aussi ceux qui en avoient et qui le faisoient voir par leur savoir et belles Sciences. Son Alt. Roi. même excelloit dans beaucoup de belles Sciences, sur tout dans la *Chymie* et dans la *Peinture*. Ce Prince fut enlevé par une mort subite le 2. Decemb. 1723. au grand regrèt du Roi et de tout l'Etat. *Son Epouse* fut ci-devant *Marie* [1], deuxiéme fille naturelle du feu roi *Louis* XIV. et de la *Montespan*. Aujourd'hui on la nomme *Madame la Duchesse Douairiére d'Orléans*. Son A. R. a laissé les *enfans* qui suivent : 1. Le Duc de *Chartres*, aujourd'hui *Duc d'Orléans* qui épousa en 1724. la Princesse de *Bade-Baden* (*Auguste-Marie*) qui mourut le 8. d'Août 1726. laissant un petit *Prince de Chartres*, *Philippe d'Orleans*, et une Princesse. 2. L'Abesse de *Chelles* [2]. 3. La Princesse hereditaire de *Modéne* [3]. 4. La Reine Douairiére d'*Espagne* [4], qui demeure aujourd'hui en *France*. 5. Mademoiselle de *Beaujolois*, ci-

[1 Françoise-Marie de Bourbon, dite *mademoiselle de Blois*.]
[2 Louise-Adélaïde, morte en 1743.]
[3 Charlotte-Aglaé, dite *mademoiselle de Valois*.]
[4 Louise-Élisabeth, dite *mademoiselle de Montpensier*. Elle avait épousé don Louis, fils de Philippe V, qui mourut après sept mois de règne.]

devant Epouse de *Don Carlos*, Infant d'*Espagne*, mais repudiée l'an 1725. parce qu'on avoit renvoié en *Espagne* l'Infante Reine, fille du Roi d'Espagne *Philippe V. Madame*, la *Mére* de la dite S. A. Roiale, fut *Elisabeth Charlotte*, fille de *Charles-Louis* Electeur Palatin : Princesse en son tems fort clémente et genereuse, qui mourut le 8. Decemb. 1722.

Voici les *Princes du Sang.*

1. *Monsieur le Duc, Prince de Condé.* L'an 1713, au mois de Juin il épousa *Marie Anne*, Sœur du Prince de *Conti* d'à présent ; mais elle mourut au mois de Mars 1720. sans laisser d'enfans. La *Mére* de ce Prince s'apelle *Louise Françoise*, premiére fille naturelle du Roi *Louis* XIV. et de la *Montespan.* Sa *grand'Mére* du côté du Pére fut *Anne*, Princesse Palatine, qui mourut dans son Palais auprès du *Luxembourg*, le 13. Fevr. 1723. âgée de 74 ans. Ses *Fréres* sont : 1. Le *Comte de Charolois*, aujourd'hui *Duc d'Enghien.* 2. Le *Comte de Clermont*, Abbé de *Bourbon.* Ses *Sœurs* sont : 1. L'Epouse du Prince de *Conti.* 2. Mademoiselle de *Charolois.* 3. Mademoiselle de *Clermont.* 4. Mademoiselle de *Vermandois*, et 5. Mademoiselle de *Sens.*

2. Le *Prince de Conti* épousa aussi, au mois de Juin 1713. Mademoiselle de *Bourbon-Condé*, Sœur ainée de Monsr. le Duc. [1] Les cérémonies

---

[1] Cette Princesse s'étoit separée l'an **1722.** d'avec le Duc,

de ces doubles nôces se firent à *Versailles* au même tems. Ses *fils* sont : 1. Le *Comte de la Marche*, né au Mois d'Août 1717. 2. Le *Duc de Mercœur*, né au mois d'Août 1720. et mort le 12. Mai 1722. 3. Le *Comte d'Alais*, né au mois de Fevr. 1722. Sa *Mére* est *Marie-Therése*, Princesse de *Condé*. Sa *Sœur* est Mademoiselle de la *Roche-Sur-Yon*. Au reste il y a encore en *France* une autre *Princesse Douairiére de Conti*, fille naturelle de *Louis* XIV. et de la *Valiére*. Elle n'a point eu d'enfans, étant aujourd'hui Abesse de *St. Cyr* dès l'an 1719.

3. Le *Duc du Maine*, prémier fils naturel du Roi *Louis* XIV. et de la *Montespan*. Son Epouse est *Louïse Benedictine*, Princesse de *Condé*, fille de *Henri-Jules*, Duc de *Bourbon-Condé* II. de ce nom. Ses enfans sont : 1. Le Pr. de *Dombes*. 2. Le Comte d'*Eu*, et 3. Mademoiselle du *Maine*.

4. Le *Comte de Toulouse*, 2e fils naturel du Roi *Louis* XIV. et de la *Montespan* [1]. Je ne sai, si je dois mettre aussi sur le rang des Princes du Sang le *Chevalier d'Orleans,* fils naturel du feu Duc Regent et de la Comtesse d'*Argenton* [2]. Il est

son mari, à cause de quelques paroles qu'il y avoit eu entre eux; elle s'étoit retirée au Monastére de *Port-Roial*, mais après que S. Maj. s'est entremise, les parties se sont raccommodées cette année 1726.

[1] Ce Comte épousa, sur la fin de l'an 1723, la *Marquise de Gondring*, la brû du Duc d'*Antin*, et Sœur du Duc de *Noailles*. [Il faut lire *marquise de Gondrin*.]

[2] Ce fut ci-devant *Mademoiselle Déleri*, fille de *Monsr. de*

maintenant Grand Prieur de *France*. Item son Frére, l'*Abbé* d'*Orleans*, [1] comme aussi le defunt Grand-Prieur, de la Maison de *Vendôme*, petit fils de *César de Vendôme*, qui fût fils naturel du Roi *Henri* IV. et de la belle *Gabriéle d'Etrées*.

Les *Ducs et les Comtes Pairs de France* sont divisez en ceux qui le sont *par leur naissance*, et ceux qui le sont par la grace des derniers Rois de *France :* les uns et les autres sont ou *Ecclesiastiques* ou *Laïques*, aiant tous droit, séance et voix au Parlement.

Les *Pairs* nez sont :

1. Le Duc d'*Orleans*.

2. Celui de *Chartres*.

3. Monsr. le Duc de *Bourbon-Condé*.

4. Le Comte de *Charolois*, ou le Duc d'*Enghien*.

5. Celui de *Clermont*, autrement l'Abbé de *Bourbon*.

6. Le Prince de *Conti*.

7. Le Comte de la *Marche*.

8. Le Duc de *Mercœur*, qui mourut en 1722.

9. Le Comte d'*Alais*.

10. Le Duc du *Maine*.

---

a Poissiére. Le Duc-Regent l'a aimée plus de 14. ans, et près de 10. ans comme Maîtresse declarée; mais pour plaire au Roi *Louïs* XIV. il l'a renvoiée enfin à son pére.

[Il faut lire mademoiselle de Sery, fille de M. Le Bel de la Boissière.]

[1] Il est aujourd'hui évêque et prince de Laon.

11. Le Prince de *Dombes*.

12. Le Comte d'*Eu*.

13. Celui de *Toulouse*.

Ces Seigneurs ont autant de voix au Parlement,
qu'ils possédent de Duchez et Pairies. Au reste
tout le monde sait les disputes qu'il y eut après
la mort du Roi *Louis* XIV. entre les Princes du
Sang et les autres Ducs et Pairs d'une part,
contre le Duc du *Maine*, et le Comte de *Toulouse*
de l'autre part, au sujet du rang, que ces 2. derniers avoient tenu et qu'ils prétendoient retenir
dorénavant. En effet ils ont gagné leur cause
étant rétablis dans leur prémier rang, dignité et
prérogatives, après que les deux parties, lasses
de tous les coups de plume, qu'ils se sont portez
de part et d'autre au Parlement, avoient renvoié
toute l'affaire à la decision de S. M. En attendant
leurs inimitiez se sont amorties peu à peu, puis
aussi le Roi d'*Espagne* a intercedé pour les
Princes legitimez, et le Roi T. C. à présent
regnant a prononcé en leur faveur, en sorte
qu'on ne les ose plus inquieter au sujet de leur
naissance ; quoiqu'ils soient exclus pour jamais
de la Succession à la Couronne [1].

[1] Après toutes ces oppositions, le Conseil d'Etat a terminé
cette affaire par une Resolution prise sur la fin du mois
d'Avril 1723. savoir, que le Duc du *Maine* auroit le rang par
devant tous les Ducs et Pairs, comme aussi devant tous les
Princes étrangers; qu'il auroit l'honneur de donner au Roi
la Chemise, en l'absence des Princes du Sang, avant les prémiers Officiers de Sa Majesté : que le Prince de *Dombes* et le

Les *Pairs Ecclesiastiques* sont les *Prélats,* qui suivent :

1. L'Abbé de *Rohan Guémené,* Archevêque et Duc de *Rheims.*

2. L'Evêque et Prince de *Laôn,* qui est mort dépuis peu ; feu le Duc Regent nomma en sa place l'Abbé de *St. Albin,* comme son fils naturel, quoique le Parlement ait refusé jusqu'à présent de le reconnoitre dans cette dignité [1].

3. Mr. de *Clermont Tonnerre,* Evêque et Prince de *Langres.*

4. Mr. de *Beauvilliers de St. Aignan,* Evêque et Comte de *Beauvais.*

5. Mr. de *Tavannes,* Evêque et Comte de *Châlons.*

6. Mr. de *Rochebonne,* Evêque et Comte de *Noion.*

7. Le Cardinal de *Noailles,* Duc de *St. Clou,* comme Archevêque de *Paris.*

8. Le Duc de *Coislin,* Evêque de *Metz,* seulement pour sa personne.

Les *nouveaux Ducs et Pairs Seculiers* sont :

Comte d'*Eu* ses fils jouïroient des mêmes droits et prérogatives de leur père, durant leur vie ; mais que leurs enfans et descendáns en seroient exclus : que quand ils comparoissent en Parlement, quelque distinction sera observée entre eux et les Princes du Sang ; qu'à l'égard du Comte de *Toulouse* la même Resolution seroit pratiquée et observée.

[1]. Néanmoins cet Abbé fut reconnu en 1722, et installé dans cette éminente dignité. L'an 1723, il fut élevé à l'Archevêché de *Cambrai,* et l'Abbé de la *Farre* lui fut substitué.

1. Mr. le Duc d'*Usez*.
2. Mr. le Duc d'*Elbœuf*.
3. Mr. le Duc de *Vantadour*.
4. Mr. le Duc de *Montbazon*.
5. Mr. le Duc de la *Trémouille*.
6. Mr. le Duc de *Sulli*.
7. Monsr. le Duc de *Luines*.
8. Mr. le Duc de *Brissac*.
9. Mr. le Duc de *Richelieu*.
10. Mr. le Duc de S. *Simon*.
11. Mr. le Duc de *Rufec*.
12. Mr. le Duc de *Rochefoucault*.
13. Mr. le Duc de la *Force*.
14. Monsr. le Duc de *Rohan*.
15. Mr. le Duc de *Bouillon*.
16. Mr. le Duc d'*Albrèt*.
17. Mr. le Duc de *Luxembourg*.
18. Mr. le Duc d'*Etrées*.
19. Mr. le Duc de *Grammont*.
20. Mr. le Duc de *Guiche*.
21. Mr. le Duc de *Mazarin*.
22. Mr. le Duc de *Retz*.
23. Mr. le Duc de *Villeroi*.
24. Mr. le Duc de *Mortemar*.
25. Mr. le Duc de *St. Aignan*.
26. Mr. le Duc de *Noailles*.
27. Mr. le Duc de *Trèmes*.
28. Mr. le Duc de *Gévres*.
29. Mr. le Duc d'*Aumont,* mort en 1723.
30. Mr. le Duc de *Charost*.

31. Mr. le Duc d'*Aumale.*

32. Mr. le Duc de *Bouflers.*

33. Mr. le Duc de *Villars.*

34. Mr. le Duc de *Harcourt.*

35. Mr. le Duc de *Berwyk.*

36. Mr. le Duc d'*Antin.*

37. Mr. le Duc d'*Epernon.*

38. Mr. le Duc de *Chaulnes.*

39. Mr. le Prince de *Rohan.*

40. Mr. le Duc de *Tallard-Autun.*

41. Mr. le Duc de *Melun.*

42. Mr. le Duc de *Villars-Brancas.*

43. Mr. le Duc de la *Feuillade.*

44. Mr. le Duc de *Valentinois.*

45. Mr. le Duc de *Névers* [1].

Il y a encore d'autres *Ducs Héréditaires,* mais ils ne sont pas Pairs verifiez en Parlement, comme :

1. Mr. le Duc de *Roche-Guyon.*

2. Mr. le Duc de *Montmorenci.*

3. Mr. le Duc de *Duras.*

4. Mr. le Duc d'*Humiéres.*

5. Mr. le Duc de *Lorges.*

6. Mr. le Duc de *Lauzun.*

7. Mr. le Duc de *Châtillon.*

8. Mr. le Duc d'*Olonne,* maintenant Duc de *Retz.*

9. Mr. le Duc de *Noirmoûtiers,* et

[1] L'an 1723. le 12. Fevr. le Roi nomma Ducs et Pairs de *France* les Marquis de *Levi,* de *Biron,* et de la *Valiére.*

10. Mr. le Duc de *Roquelaure*, Duc ou proprement (dit *à Brevèt*) ou non verifié.

Cinq de ces Ducs sont Grands d'*Espagne*, comme Mr. le Maréchal d'*Etrées*, Mr. le Duc de *Berwik*, Mr. le Duc de *Noailles*, Mr. le Duc de *Nevers*, et Mr. le Maréchal de *Villars*. Il y a encore 2. autres Grands d'*Espagne* en *France*, savoir le Maréchal de *Thessé* et après lui le Comte de *Thessé* son fils ainé; Le Marquis de *Maulévrier-Langeron*, le Grand-Prieur de *France*, le Chevalier d'*Orleans*; Mr. le Comte de la *Malle* General-Lieutenant, l'an 1722.

Les *Cardinaux* de mon tems à *Paris* sont :

1. Le Cardinal de *Noailles*, Archevèque de *Paris*.

2. Le Cardinal de *Rohan*, Grand-Aumônier de *France*, Archevèque de *Rheims*, et Evéque de *Strasbourg*.

3. Le Cardinal de *Polignac*.

4. Le Cardinal de *Bissy*, Abbé de *S. Germain des Prez*.

5. Le Cardinal du *Bois*, Directeur General des Postes de toute la *France*, et ensuite Prémier Ministre. Il mourut au mois d'Août 1723.

Il n'y a aujourd'hui que dix *Maréchaux de France*, savoir :

1. Mr. de *Villeroi*.
2. Mr. de *Villars*.
3. Mr. d'*Etrées*.
4. Mr. d'*Uxelles*.

5. Mr. de *Tessé.*

6. Mr. de *Tallard.*

7. Mr. de *Berwyk.*

8. Mr. de *Matignon.*

9. Mr. de *Bezons.*

10. Mr. d'*Artagnan-Montesquiou.*

Le Roi *Louis* XIV. voulut créer peu avant sa mort quelques autres Maréchaux; mais cette Promotion ne s'est pas faite. Le Roi d'à présent n'en a créés non plus, pendant sa Minorité; l'on ne sait ce que Sa Maj. va faire desormais à cet égard.

Les *Chévaliers de la Toison d'Or en France* sont ceux qui suivent :

1. Feu le duc d'*Orleans,* en son tems Regent du Roiaume.

2. Le Comte de *Toulouse.*

3. Mr. le Prince de *Vaudemont.*

4. Mr. le Prince de *Chimay.*

5. Mr. le Marquis de *Conflans.*

6. Mr. le duc de *Noailles.*

7. Mr. le Maréchal de *Berwyk.*

8. Mr. le Marquis de *Beaufremont.*

9. Monsr. le Marquis de *Robec.*

10. Mr. le Marquis de *Brancas.*

11. Mr. le Maréchal de *Villars.*

12. Mr. le Duc de *Leria,* établi en Espagne.

13. Mr. le Marquis de *Bethune.*

14. Mr. le Marquis d'*Asfeld.*

15. Mr. le Duc de *Ruffec.*

16. Mr. le Marquis de *Maulevrier-Langeron*.

17. Mr. le Marquis de la *Farre* [1].

Les principaux Chefs des Troupes de *France*, *sur terre*, sont 1. les sudits Maréchaux de *France*; 2. Les Lieutenans Genéraux, 3. Les Maréchaux de Camp, ou Majors-Genéraux, 4. Les Brigadiers Colonels, et autres subalternes. Il n'est pas besoin de coucher ici la liste de tous ces Officiers.

Les 4. Capitaines des Gardes du Roi sont : 1. *Mr. le Duc de Noailles.* 2. *Mr. le Duc de Ville-roi,* ou le *Duc de Retz.* 3. *Mr. le Duc d'Harcourt.* 4. *Mr. le Duc de Charost.* Tous ces 4. sont Pairs de *France*. Ces 4. Compagnies de gardes du Corps sont environ au nombre de 200. hommes, y compris les hauts Officiers.

Le *Marquis de Courtenvaux* est le Capitaine Colonel des cent *Suisses*.

Le *Marquis de Croissy* est le *Capitaine des Gardes de la Porte,* aiant Sous son commandement 4. Lieutenans avec 50. Gardes.

Le *Grand-Maréchal de Logis de la Cour* est le *Marquis de Courcelles,* de qui dépendent les Maréchaux de Logis et les Fourriers de la Cour.

---

[1] L'an 1716, le jeune Roi érigea un nouvel Ordre, qu'il nomma l'*Ordre de la Terrasse*. C'étoit une Medaille qui représentoit sur l'un envers une *Croix*, et sur l'autre la *Terrasse* du Palais des *Tuilleries*. L'an 1723, Sa Majesté changea le nom de cet Ordre en celui de l'Ordre du *Pavillon*. A cette occasion Elle en créa les Chevaliers qui suivent : 1. Le Duc de *Chartres*, 2. Le Comte de *Clermont,* 3. Le Duc d'*Harcourt*, et d'autres.

Le *Gr. Prévôt de l'Hôtel du Roi*, et en même tems *Grand-Prévôt de France*, est le *Comte de Montsoreau*. Il a sous lui 2. ainsi nommez Lieutenans-Genéraux de *Robe Longue*, avec leurs Subalternes : et en consideration de cette Charge il a un ainsi dit Lieutenant Genéral de *Robe courte*, 4. Lieutenans, avec 88. Gardes ou Archers, qui dépendent tous de lui entant que Grand Prévôt de l'Hôtel du Roi.

Les *Gendarmes de la Garde du Roi*, sont sous les ordres du *Prince de Rohan Soubize*, Lieutenant Genéral, qui est aidé de 2. sous-Lieutenans, 3. Enseignes, 3. Guidons, 1. Commissaire à la conduite, 10. Maréchaux de Logis, divers Officiers Subalternes, et 200. Maitres.

La *Compagnie des Chevaux-Legers de la Garde* est commandée par *Mr. le Duc de Chaulnes*, Genéral-Lieutenant; elle est aussi de 200. Maitres, comme les Gens-d'armes : excepté qu'au lieu des 3. Enseignes et des 3. Guidons ils ont 4. Cornettes.

La *Compagnie des Mousquetaires-Gris* est sous le commandement de *Mr. le Comte d'Artagnan*, Lieutenant Genéral. Celle des *Mousquetaires Noirs*[1] a pour Capitaine-Lieutenant *Mr. le Comte de Canillac*, Lieutenant Genéral.

---

[1] Ces deux Compagnies sont appelées *Grises et Noires*, parce que la premiére n'est composée d'autres chevaux que de Gris argentez ou tisonnez, et la 2. n'a que de moreaux ou noirs malteints. Chacune de ces 2. Compagnies est composée d'un Capitaine-Lieutenant, de 2. Sous-Lieutenans, 2. En-

Mr. le Duc de Lauzun est *Capitaine des* 100. *Gentils-hommes ordinaires de la Maison du Roi,* nommez les *Becs de Corbin de la vieille bande.*

Mr. de Villemeur, Maréchal de Camp, commande les *Grénadiers à cheval.*

La *Gendarmerie* est composée de 16. differentes Compagnies, commandées par divers Officiers.

Monsr. le Duc de Louvigni commande la *Garde Françoise,* composée de 32. Compagnies, chacune de 140. hommes, sans conter les hauts Officiers.

Le *Regiment des Gardes Suisses,* composé de 12. Compagnies, est commandé par *Mr. Reinholt.* Le *Colonel General de tous les Suisses et Grisons* est le *Duc du Maine.*

Le *Colonel-General* de la *Cavalerie legére de France* est le *Comte d'Evreux,* Lieutenant-Général. Le *Maitre de Camp Géneral de la Cavalerie* est *Mr. Châtillon,* Lieutenant-Général. Le *Commissaire General de la Cavalerie* est le *Comte de Clermont.* Les 2. *Directeurs Generaux de la Cavalerie* sont le *Comte du Bourg* et le *Marquis de Mongon,* l'un et l'autre Lieutenans Genéraux. L'*Inspecteur Genéral de la Cavalerie* est le *Marquis de Montauban.*

seignes, 2. Cornettes, 8. Maréchaux de Logis, 1. Commissaire à la conduite, divers Officiers Subalternes, et de 150. hommes et d'avantage. Or il est à remarquer, que les Commandans de ces 4. derniéres Compagnies ont le simple Caractére de Capitaine-Lieutenant, chacune aiant le Roi même pour Capitaine.

La Charge de *Colonel General d'Infanterie*, qui a été quelque tems supprimée, fut rétablie l'an 1718. et donnée au *Duc de Chartres*, fils unique de feu le Duc Regent. Les *Inspecteurs Generaux de l'Infanterie*, sont le *Comte de Broglio* et le *Marquis de Biron*, tous 2. Lieutenans-Genéraux; comme aussi le *Marquis de Maupeou*, Maréchal de Camp, item le *Marquis de la Nouë*.

Le *Colonel Genéral des Dragons* est le *Comte de Belle-Isle*. Le *Maitre de Camp des Dragons* est le fils du Marquis de *Coignac*; mais il mourut au mois de Decemb. 1722. Sa place est occupée par *Mr. de Bésenval*, comme Colonel, et par *Mr. Réading*, comme Colonel-Lieutenant.

Le *Grand-Maitre de l'Artillerie* est le *Duc du Maine*. Le *Directeur de l'Artillerie* est *Mr. de St. Hilaire*, Lieutenant-Genéral.

L'*Inspecteur Genéral des Fortifications de terre* est le *Marquis d'Asfeld*, Lieutenant-Genéral.

L'*Ingenieur Genéral de la Marine* est *Mr. Renaud* Genéral-Lieutenant dans la Flotte. Les *Genéraux des Forces Navales et de la Marine* sont: 1. Le *Comte de Toulouse*, *Grand-Amiral de France*. 2. Le *Maréchal d'Etrées* et le *Marquis de Coetlogon* sont les 2. *Vice-Amiraux*; et puis 3. Le *Chevalier d'Orléans, genéral de Galéres;* ces 3. personnes ont sous leurs Ordres nombre de *Lieutenans-Genéraux, Chefs d'Escadre*, et d'autres Officiers inferieurs.

Les *Officiers de la Maison du Roi* sont ou *Eccle-*

siastiques ou *Seculiers*. Les prémiers Officiers *Ec-clesiastiques* sont 1. Le *Grand-Aumônier de France*. C'est aujourd'hui le *Cardinal de Rohan*, Archevêque de *Rheims*, Evêque de *Strasbourg*. 2. Le *Prémier-Aumônier du Roi*, qui est à présent le *Duc de Coislin*, Evêque de *Mets*. 3. Le *Maitre de l'Oratoire* est l'Abbé de *Vaureal*. 4. Le *Confesseur du Roi* est l'*Abbé de Fleuri* [1], ci-devant Sous-Précepteur des Enfans de *France*. Il y a encore 8. Aumôniers du Roi, un Chapellain ordinaire et 8. Clercs de Chapelle, avec les autres Subalternes. A quoi il faut ajoûter la *Chapelle du Roi*, dont le *Maitre* est *Monsr. de Breteuil*, de qui dépendent aussi les *Maitres de Musique*. les *Intendans de musique*, et en un mot tout ce qui apartient à la Chapelle du Roi et à la Musique de Sa Chambre.

Entre les *Officiers Seculiers* de la Maison du Roi sont les principaux : Le *Grand-Maitre de la Maison du Roi*; c'est maintenant *Mr. le Duc*. 2. Le *Grand-Panétier de France* est le *Duc de Brissac*. 3. Le *Grand-Echanson* est le *Marquis de Lanmari*. 4. Le *Grand-Ecuier Trenchant, Mr. de la Chenaye*. 5. Le *Prémier Maitre d'Hôtel* est le jeune *Marquis de Livry*, qui succéda à son pére (mort le 3. de Novemb. 1723) en vertu de la survivance qu'il eut de cette Charge. Ces hauts Officiers sont suivis du Maitre d'Hôtel Ordinaire, des 12. Mai-

---

[1] Il a pris son congé, à cause de trop d'âge, et sa place a été donnée à *de Ligniéres*, Père Jesuïte.

17.

tres d'Hôtel de Quartier, des 36. Gentilshommes
servans, des Pages, avec tous les Officiers de la
bouche et du Gobelet du Roi. 6. Le *Grand-Cham-
bellan de France* est le *Duc d'Albret*, fils du Duc
de *Bouillon*, qui lui rasigna sa charge en 1715.
Il est suivi des 4. *Prémiers Gentilshommes de la
Chambre*, savoir 1. Le *Duc de Trémes*,[1] 2. Le *Duc
d'Aumont*. Celui-ci mourut l'an 1723. 3. Le *Duc
de la Trémouïlle*, et 4. le *Duc de Mortemar*. Ensuite les autres Chambellans, Gentilshommes de
la Chambre, Pages de la Chambre, les Huissiers
de la Chambre, Portemanteaux du Roi, Valets
de Chambre, et plusieurs autres inferieurs. 7.
Le *Grand-Maitre* de la *Garde-Robbe* est le *Duc de
Rochefoucault*. Les 2. *Maitres de la Garderobe*
sont le *Marquis de Maillebois* et celui de *Souvré*.
Les Officiers inferieurs de la *Garderobe*, sont les
4. Premiers-Valets avec 16. autres Valets de
la *Garderobe*, avec leurs substituts et subalternes. 8. Le *Grand-Ecuier de France*, ou Grand-
Maitre de l'*Ecurie*, est à présent le Prince *Charles de Lorraine*, autrement *Comte d'Armagnac*,
qui l'an 1718. succeda au Pére, dans cette Charge.
Le *Prémier Ecuier de la Grande Ecurie* est le
Comte de S. Maure. Celui de la *petite* est le *Marquis de Beringhen*.[2] Ces Officiers ont sous èux
plusieurs autres Ecuiers de l'une et de l'autre

---

[1] Ou son fils, le *Marquis de Gévres;* en survivance aussi le
fils de celui-ci.

[2] Ce Marquis mourut au mois de Decemb. 1723.

Ecurie, les Pages, les Piqueurs, Cochers, Valets,
d'Ecurie, etc. 9. Le *Grand-Veneur de France* est
le *Comte de Toulouse*, qui a la surintendance sur
tous les Officiers de la *Vénerie*. 10. Le *Grand-
Fauconnier de France* est le Comte de *Marets*. 11.
Le *Grand-Louvétier de France* est le *Marquis
de Heudicourt*. 12. Le *Grand Maître des Cerémonies* est le *Marquis de Dreux*, Lieutenant General. 13. Le *Maître des Cerémonies* est *Monsr.
des Granges*. 14. Les 2. *Introducteurs des Ambassadeurs, Mr. de Saintôt* et *Mr. de Rémond*.[1]
15. Le *Sur-Intendant Genéral des Bâtimens du
Roi* est le *Duc d'Antin*, fils de la *Montespan* du
lit legitime. 16. Le *Directeur General de toutes
les Postes par toute la France* fut le *Cardinal de
Bois*.[2]

Voici aussi la Liste des personnes qu'on a données au jeune Roi, pour avoir soin de sa personne, de son education, et pour le servir pendant sa minorité. Tels furent[3] 1. Mr. *le Duc,*

---

[1] Aujourd'hui il n'y a qu'un seul Introducteur des Ambassadeurs, savoir *Mr. de Saintôt,* qui a acheté la Charge de
Sous-Introducteur, pour les exercer seul toutes les deux.

[2] Cette charge lui donna par an 60000. écus.

[3] Le *Prémier Medécin* du jeune Roi fut *Monsr. Dodart,*
qui ne bougea pas de Sa personne. Il faut remarquer ici en
passant, que cette charge est égale en dignité à celle de Comte ;
c'est à dire, que le Prémier Medécin du Roi va de pair avec
les Comtes. Il a la Surintendance de tous les Medecins par
tout le Roiaume, et un tel Medécin a près de 60000. Livr.
de revenus annuels. Le second en rang après lui est le
Medecin Ordinaire du Roi Mr. Boudin, qui est suivi des

comme *Sur-Intendant de l'éducation du Roi.*
2. Le *Maréchal de Villeroi, Gouverneur de S. Maj.*[1]
3. Ses 2. *Sous-Gouverneurs,* savoir le *Marquis de
Saumeri,* Gouverneur de *Chambort* et de *Blois,*
et le *Comte de Ruffec,* Lieutenant-Genéral[2].
4. *Mr. de Fleuri,* ci-devant Evèque de *Fréjus,
Précepteur du Roi.* 5. *Mr. Witteman,* ci-devant
Recteur de l'Université, son *Sous-Précepteur*[3],
6. *L'Abbé Perrot.* 7. 4. ainsi-dits *Gentilshommes
de la Manche.* 3. Hommes de *Chambre* ordinaires
toûjours présens, lorsque le Roi faisoit ses Exér-
cices. 2. autres Hommes de *Chambre,* qui servoient avec les dits 3. autres tour à tour. Encore
2. Officiers de la *Chambre.* 8. Les Maitres qui
ont enseigné le Roi : (a) *Mr. Chevalier,* Maitre
des Mathematiques. (b) *Mr. Sylvestre,* Maitre à
dessiner. (c) *Mr. Gilbert,* Maitre à écrire.
(d) *Mr. Balon,* Maitre à danser. Le Roi étant
entré dans le quinziéme an de son âge, on lui
donna un Maitre d'Armes, un Ecuier et d'autres

---

autres 8. Medécins de la Cour, dont 2. servent toûjours par
quartier. Après cela vient le prémier Médecin, *Mr. Maréchal,*
et *Mr. de la Peronnie,* en survivance; qui est aussi toûjours
présent. Les 4. *Apothicaires de la Cour,* dont l'un sert toûjours par quartier, et puis les autres *Chirurgiens et Barbiers
de la Cour.*

[1] Tout le monde sait la *disgrace du Roi,* que ce Duc encou-
rut l'an 1722. Le Duc de *Charost* fut mis en sa place; c'est
un des Capitaines de Gardes.

[2] Ce Comte mourut l'an 1722. au mois de Septemb.

[3] Son confesseur, le *Pére de Liniéres,* et *Mr. Lambert*
furent chargez de l'information du Roi.

Maitres d'Exercice, bien entendu tels exercices, pour lesquels Sa Majesté eut du goût. Pendant que le jeune Roi étoit encore entre les mains des Dames, 9. la *Gouvernante de son enfance* fut la *Duchesse de Ventadour :* et ses 2. *Sous-Gouvernantes* furent *Madame de la Lande* et *Madame de Villefort*. 10. Sa *Nourrice Madame Mercier*. 11. Outre cela il eut deux *Premiéres Femmes de Chambre*, avec 10. autres Femmes et Filles de Chambre, et autres gens de service inferieurs. Toutes ces personnes sont entrées au service de l'Infante Reine, lorsque le Roi âgé de 14. ans n'avoit plus besoin de leur service ; on avoit aussi donné à cette jeune Reine la *vieille Princesse Douairiére de Conti*, comme *Sur-Intendante de l'education de la Reine*, les Duchesses de *St. Simon* et de *Beauvillers*, comme ses Dames d'honneur, et les Duchesses de *Mazarin* et de *Tallard* comme ses Dames du Palais.

Les curieux ne seront pas fâchez, que je mets ici une petite Liste des *Ministres et Personnes d'Etat* de la Régence précedente. Tels furent principalement : *le Grand-Chancélier*, *les 4. Secrétaires d'Etat*, le *Duc de Beauvillier*, et plusieurs *Conseillers d'Etat*. Chacun de ces 4. Secrétaires avoit son propre *département*, ainsi que *Mr. de Torci* manioit les *affaires d'Etat de dehors ; Mr. de Pontchartrain l'Admiralité et le Commerce par mer ; Mr. de Voisin l'Etat de Guerre*, et *Mr. Desmaréts les Finances*.

Mais après la mort du Roi le Duc Regent a
changé tout ceci considerablement, puisqu'il a
établi, en la place de ces Departemens 8. *Conseils*, savoir 1. celui de *Regence*, 2. celui de
Conscience, 3. celui de *pour les Affaires étrangers*, 4. celui de *Guerre*, 5. celui de *Marine*,
6. celui des *Finances*, 7. celui *du dedans du
Roiaume*, et 8. celui de *Commerce*. Mais le
même Duc les a changez encore en cent façons,
jusqu'à ce qu'ils furent enfin tous abrogez,
excepté le *Conseil de Regence*, et que la prémiére
forme du Gouvernement fut rétablie, comme de
nouveau.

Les *Ministres François*, residens *aux Cours* et
dans des villes étrangéres, sont ceux qui suivent :

1. Le Cardinal de *Polignac*.

2. L'Abbé de *Tansin*[1] à *Rome*. Outre cela le
Cardinal *Ottoboni* y est Protecteur de *France*.

3. Le Marquis de *Maulevrier*, Ambassadeur
Extraordinaire en *Espagne*. Le Marquis de *Coigni*,
en revint au mois de Mai 1723.

4. Mr. d'*Andrésel*, Ambassadeur Extraordinaire
à la *Porte Ottomanne*, nommé 1723. et Mr. de *Cham-
berie* est Secrétaire de Legation.

5. Mr. le Comte de *Morville*, ci-devant Ambassadeur Extraordinaire à la *Haie :* d'où étant allé
au Congrès de *Cambrai*, Mr. le Marquis de *Fe-
nelon*, succeda en sa place.

[1 Pierre Guérin de Tencin.]

6. Mr. le Marquis de *Bonac* en la place du Marquis d'*Averey*, Ambassadeur Ordinaire en *Suisse*. Il sera relévé par le Marquis de *Bonac*.

7. Mr. le Comte de *Rotenbourg*, Envoié Extraordinaire auprès du Roi de *Prusse*. L'an 1723. il fut nommé Plenipotentiaire au Congrès de *Cambrai*, à la place du Comte de *Morville*.

8. Mr. le Baron de *Besenval*, Envoié Extraordinaire en *Pologne;* et Mr. l'Abbé de *Livry*.

9. Mr. *Pamier d'Orgeville*, Envoié Extraordinaire auprès de l'Electeur de *Cologne*.

10. Mr. *Danneville*, Envoié Extraordinaire auprès de l'Electeur de *Maience*.

11. Mr. de *Rizé* en la place de Mr. le Baron de *Saumeri*, Envoié Extraordinaire en *Baviére*.

12. Mr. *Daudifret*, Envoié Extraordinaire auprès du Duc de *Lorraine*.

13. Mr. de *S. Laurent*, Envoié à *Florence*.

14. Mr. de *Campredon*, Resident à *Génes*.

15. Mr. le Comte de *Gergy*, Ambassadeur à *Venise*.

16. Mr. le Comte *Cerest Brancas*.

17. Mr. le Comte de *Chamilly*, Ministre à *Copenhague*.

18. Mr. de la *Closure*, Resident à *Genéve*.

19. Mr. *Poussin*, Envoié Extraordinaire dans le *Cercle de la Basse-Saxe*.

20. Mr. de *Bailly Lorenzi*, Ministre à *Florence*.

21. . . . . à *Brusselles*.

22. Mr. le Duc de *Richelieu,* Ambassadeur Extraordinaire à *Vienne.*

23. Mr. le Comte de *Broglio* à *Londres.*

24. Mr. de *Chavigny*, à *Ratisbonne.*

Avant de conclure ce Chapitre, je dois dire encore ceci, qu'en toute apparence les personnes ci-dessus mentionnées ne seront dans peu de tems pas toutes les mêmes que je les viens de nommer ici. Quelquesunes en seront mortes sans doute, d'autres seront peut-être appellées à d'autres charges : la forme de Gouvernement se peut changer apparément de nouveau ; les uns viennent les autres s'en vont, etc. Cependant la plûpart de ces Ministres demeurent en leur poste, et je puis assurer, qu'à l'heure que j'ecris ceci, tout cela se trouve sur le pié, que je l'ai couché ici par écrit. Si après cela il arrive quelque changement en l'un ou l'autre point, les Voiageurs curieux pourront fort aisement faire là-dessus quelque remarque en son endroit.

CHAPITRE XXX

EN QUEL TEMPS ET EN QUELLE MANIÈRE ON DOIT ALLER VOIR LES CHATEAUX ROYAUX DE PLAISANCE QUI SONT AUX ENVIRONS DE PARIS.

Les principaux châteaux et maisons de plaisance du Roi aux environs de Paris ou peu éloi-

Le Château de Marly.

gnés de cette ville sont Marly, Saint-Germain en
Laye, Saint-Cloud, Meudon, Issy, Sceaux, Fontainebleau, Chantilly, Vincennes, Saint-Maur et
Madrid. On n'attend pas de moi la description de
tous ces lieux, je n'en dirai que ce qui est nécessaire à l'instruction des voyageurs.

De tous ces châteaux de plaisance, c'est
Marly qui l'emporte. Après Versailles, résidence ordinaire du Roi, il n'existe pas de plus
beau palais en France, et on peut l'appeler
avec raison l'abrégé ou la copie de Versailles.
Louix XIV jeta, en 1679, les fondemens de cette
demeure.

Elle consiste en un grand pavillon carré, entouré de quatre autres.

Le grand pavillon carré est accompagné de
douze plus petits, situés six d'un côté, six de
l'autre à égale distance, et réunis par des ber-
ceaux, que terminent deux pavillons en treillage.
Le grand pavillon central est dit *pavillon royal;*
il sert de retraite agréable au Roi et à sa famille,
lorsqu'il plaît à Sa Majesté de visiter cette maison
de plaisance, digne de loger un si grand monarque. Au centre de ce pavillon est un vaste salon
octogone, orné d'une table à jouer ronde et de
diverses petites tables destinées au jeu de l'ombre.
Là était, au temps de Louis XIV, le rendez-vous
des seigneurs et des dames de la suite du Roi.
Tout auprès logeoit Mme de Maintenon ; vis-à-vis,
le duc et la duchesse de Berri ; près de là, Ma-

dame douairière. Chacun d'eux occupoit trois ou
quatre appartemens. Le duc d'Orléans logeoit en
haut, avec les princes du sang.

Le premier grand pavillon à gauche renferme
la chapelle, et celui de droite la salle des gardes
du corps.

Dans les deux pavillons suivans, à droite et à
gauche, logeoient le régisseur, les intendans et
les principaux officiers du château.

Les petits pavillons comprenoient chacun
quatre appartemens assez vastes. Dix seulement de ces pavillons étoient habités; dans les
deux derniers avoient été placés les deux globes
dont je parlerai plus loin. Les huit autres pavillons avoient pour hôtes les personnages toujours
attachés à la personne du Roi, comme le chancelier [1], quelques secrétaires d'État, le capitaine
des gardes, le gentilhomme de la chambre en
quartier, M. Fagon, premier médecin, le premier
maître d'hôtel, quelques aumôniers et des subalternes. Le Roi, avant son arrivée, faisoit la distri-
bution des appartemens entre ceux qui devoient
l'accompagner.

L'on n'avoit rien négligé pour rendre commodes les appartemens de Marly. Les dames trouvoient sur leur toilette jusqu'à des épingles.
Comme la suite du Roi, elles étoient défrayées de

---

[1] Toutefois, le chancelier n'accompagne le Roi que quand
des affaires urgentes nécessitent sa présence : autrement il ne
quitte pas Versailles.

tout, mangeoient et buvoient aux dépens de
Sa Majesté.

Il y a quelques petites maisons dans le parc,
où logent les gardes du Roi et les domestiques de
sa suite.

Sa Majesté se regardoit à Marly comme dans
une demeure de campagne où elle vouloit goûter
entièrement les douceurs d'une vie champêtre et
un agréable repos. Les étrangers ne s'y rendoient
guère, si ce n'est pour affaires pressantes..

Au sein de cette belle retraite, le Roi dînoit et
soupoit familièrement, non seulement avec les
siens, mais quelquefois aussi avec d'autres personnes de qualité, hommes ou femmes, à qui il
vouloit faire cette grâce particulière : ce qui
n'avoit jamais lieu à Versailles. On employoit
l'après-midi à la chasse et le soir au jeu. Sa Majesté organisoit quelquefois de petites loteries,
trouvant ainsi le moyen d'offrir aux dames des
bijoux et d'autres joyaux. Les sommes nécessaires
étoient prélevées sur les deniers [1] réservés aux
menus plaisirs du Roi, deniers dont disposoit le
premier valet de chambre [2]. Sa Majesté séjour-

[1] Les deniers du Roi se montent à cinq cent mille livres,
que le défunt Roi se faisoit verser le premier jour de chaque
mois. Cet argent servoit pour les habits, les petits voyages,
les pensions, les loteries et, d'une manière générale, pour les
menus plaisirs.

[2] Cette charge vaut de cinquante à soixante mille livres. Du
vivant de Louis XIV, le titulaire étoit en même temps gouverneur ou intendant du château de Versailles.

noit souvent dans ce château; il n'est qu'à deux petites lieues de Versailles, et la route pour s'y rendre est pavée et bordée d'arbres.

Les étrangers qui voudront le visiter devront choisir le moment où la Cour ne l'habite pas. Les gens qui en ont la garde montrent d'abord les grands pavillons, puis les petits, ceux surtout où étoient placés les deux globes exécutés par le fomeux Coronelli [1]. On les a transportés depuis au Louvre, et ils sont destinés au nouveau local de la bibliothèque Royale [2]. On se promène ensuite dans le parc, qui est très spacieux, percé d'une multitude de longues et belles allées de tilleuls. On y admire des statues de marbre et d'albâtre, des jets d'eau, une grande et une petite cascade, une volière, un colombier, des viviers dans lesquels se jouoient autrefois des poissons délicieux, diverses espèces de canards et d'autres oiseaux de rivière. On va voir ensuite le magnifique aqueduc bâti sur une hauteur. L'eau de la Seine, puisée par une machine établie six cents toises plus loin, est amenée par deux tuyaux de fer jusqu'aux réservoirs de Marly, jusqu'à Versailles et à Trianon. Il faut admirer cet excellent ouvrage et la machine elle-même, qui peut passer avec

[1] Le cardinal d'Estrées, abbé de Saint-Germain des Prés, en avoit fait don au Roi. Il les avoit commandés et payés fort cher vers l'année 1680.

[2 Ils furent, en effet, donnés à la Bibliothèque royale. Leur diamètre est d'environ quatre mètres. Coronelli mourut en 1718.]

raison pour un prodige unique en son genre.

C'est dans la plaine de Marly que le feu Roi passoit, chaque printemps, la revue de ses mousquetaires, de ses gens-d'armes et de ses chevau-légers, spectacle recherché des étrangers.

Il y a quelques cabarets auprès de Marly, mais on y est fort mal accommodé.

Saint-Germain, surnommé en Laie, n'est pas loin de Marly. C'est le château de plaisance où Louis XIV vit le jour en 1638. Le roi Charles V en fit jeter les premiers fondemens au cours de l'année 1370 ; François Ier le restaura, l'agrandit, et Louis XIV fit ajouter au vieux château cinq gros pavillons. Henri IV avoit élevé le château neuf qui est sur la croupe de la montagne, plus près de la rivière. Bâti à l'antique, comme le prouvent ses couloirs étroits et obscurs, il est placé au milieu d'un paysage fort divertissant. Le toit est couvert partie en plomb, partie en gros carreaux, de sorte que l'on peut s'y promener.

Saint-Germain servit autrefois de résidence à Jacques II, roi d'Angleterre[1] et à sa famille. Sa femme y a passé le reste de sa vie, et le prétendu prince de Galles[2] y demeura pendant son séjour en France. L'été, la reine se retiroit au couvent de Chaillot, situé près de là, pour y faire ses dévo-

[1 Issu de Charles Ier et d'Henriette de France, fille de Henri IV.]

[2 Sans doute Jacques-François-Édouard, dit le *premier prétendant*, fils du roi Jacques et de sa femme Marie de Modène.]

tions, parce que le cœur de son mari étoit en dépôt dans l'église de cette maison. Le corps, couché dans un cercueil revêtu de velours noir, est déposé chez les Bénédictins Anglois du faubourg Saint-Jacques [1], auprès de sa fille.

Le château de Saint-Germain est peu spacieux, on y visite quelques chambres et appartemens, puis on va voir dans le parc les fontaines et les statues.

Qu'on ne s'arrête pas longtemps chez les aubergistes établis aux environs de ce château, sinon cette race vous videra tout net : ils sont affamés de gain, faute de pratiques. D'ailleurs, l'on peut en un seul voyage voir ce château, celui de Marly et la machine.

Saint-Cloud [2], situé à moitié chemin entre Paris et Versailles, appartint jadis à Monsieur, duc d'Orléans, frère de Louis XIV. Il s'y plaisoit beaucoup [3], tout au contraire de son fils, qui n'y séjourna presque jamais.

---

[1] Ce couvent avait été fondé en 1640 par des religieux Bénédictins réfugiés en France.]

[2] L'archevêque de Paris se qualifie de duc de Saint-Cloud. [L'année 1674, la seigneurie de Saint-Cloud fut érigée en duché-pairie en faveur de François de Harlay, archevêque de Paris, et des archevêques ses successeurs.]

[3] Louis XIV, désirant avoir Saint-Cloud, offrit au duc d'Orléans un autre château en échange. Monsieur ne voulut pas le refuser au Roi, et accepta la proposition; mais son chagrin fut tel que Madame dit rondement à Louis XIV : « Sire, si Votre Majesté enlève Saint-Cloud à Monsieur, elle peut d'avance commander l'enterrement. » A quoi le Roi répliqua : « C'est bien, je ne lui en parlerai pas davantage. »

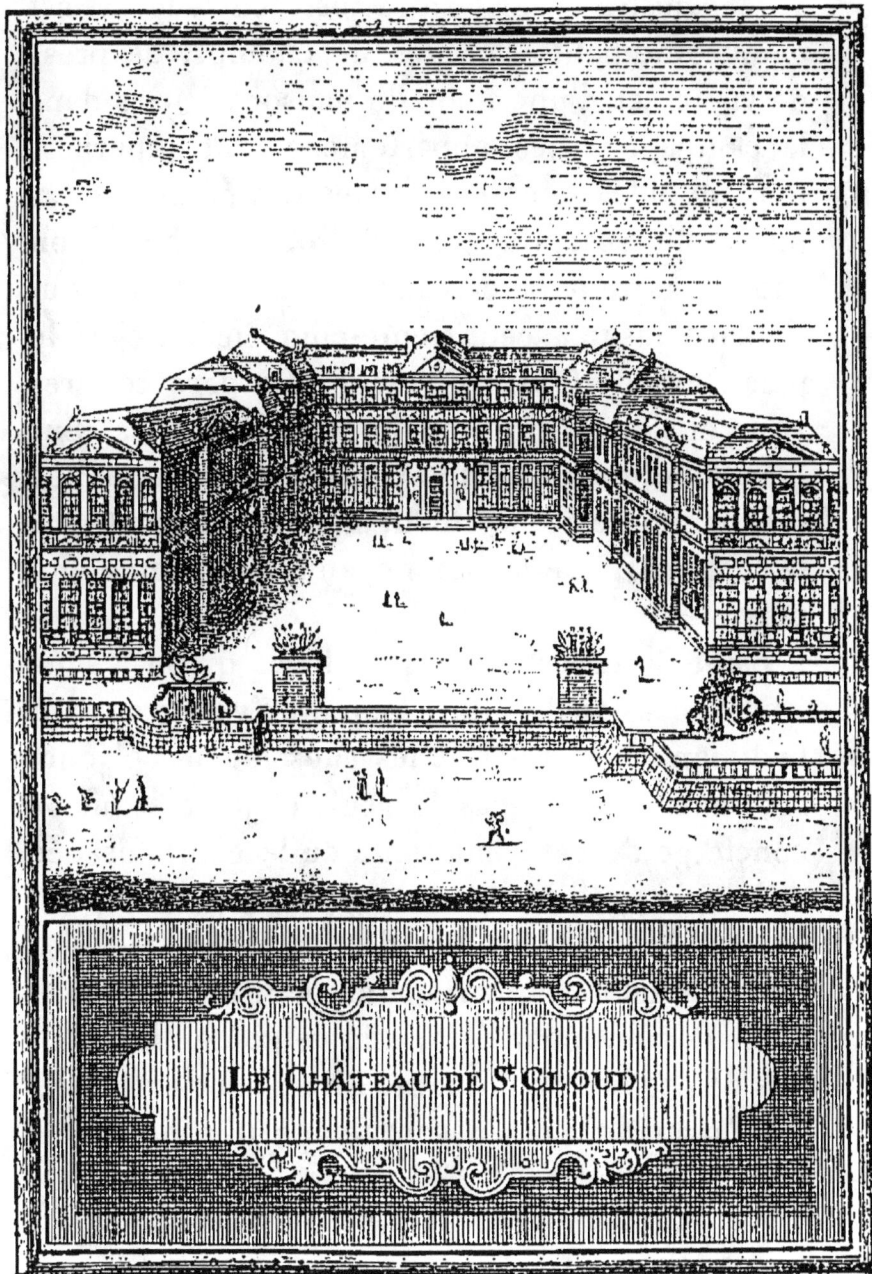

LE CHÂTEAU DE St CLOUD

Ce château jouit d'une vue incomparable, qui s'étend jusqu'à Paris situé juste en face. Il est entouré de petits bocages, de champs, de prés, de vignes et d'une foule de maisons bâties dans la campagne. Les appartemens sont superbes, tout meublés encore et ornés des peintures les plus estimées. Dans le jardin, fort beau, on admire surtout la cascade et un jet d'eau qui s'élance jusqu'à cent trente-cinq pieds : c'est le plus élevé de toute la France. Le parc est très vaste et s'étend presque jusqu'à Versailles. Sur la gauche, on visite une petite maison, nommée le Trianon de Saint-Cloud, elle est construite sur le sommet d'une montagne, au milieu d'un grand bois.

Saint-Cloud est si près de Paris qu'on a souvent l'occasion d'y aller. La foule s'y rend surtout le dimanche, parce que les eaux jouent ce jour-là ; mais ce n'est pas le seul, et je sais que le concierge de cette maison a eu la complaisance de les faire jaillir en présence d'étrangers qui l'en avoient prié. Beaucoup de Parisiens louent à Saint-Cloud des appartemens pour toute l'année ou seulement pour l'été, afin de goûter les plaisirs de ces lieux charmans. En se liant avec eux, l'on pourroit passer son temps très agréablement.

Meudon est un château de plaisance peu éloigné de Saint-Cloud et situé, comme ce dernier, à mi-chemin entre Paris et Versailles. Plus élevé encore que Saint-Cloud, il offre aussi une vue plus agréable.

Cette belle maison appartint jadis au premier Dauphin, fils unique du Roi [1]. Mais, après la mort de ce prince, on démeubla les appartemens, de sorte qu'on n'y voit plus rien que les murs nus. Il y a pourtant quantité de lambris dorés et de belles glaces, dont quelques-unes mesurent sept pieds de hauteur sur quatre de large.

Le château appartient aujourd'hui au Roi, comme petit fils de *Monseigneur*. Les meubles ont été partagés entre lui, alors Dauphin, le roi d'Espagne et le duc de Berri, comme fils de *Monseigneur* [2]. On y admire douze tableaux de Van-der-Meulen. Le château neuf ne le cède point en magnificence à l'ancien [3]. Son jardin est très agréable et l'on y trouve la plus grande orangerie qui existe après celle de Versailles. Les étrangers peuvent visiter ce château en même temps que celui de Saint-Cloud, mais il faut choisir un temps beau et clair, afin de mieux jouir de la vue qui s'étend sur Paris et les environs.

[1 Louis, dit *Monseigneur*, fils aîné de Louis XIV, mort en 1711.]

[2 Louis XV était fils du duc de Bourgogne, fils lui-même du Dauphin Louis, dit *Monseigneur*. Louis XV devint Dauphin après la mort de ses deux frères, morts l'un en 1705, l'autre en 1712. — Philippe, duc d'Anjou, roi d'Espagne sous le nom de Philippe V, et Charles, duc de Berri, étaient tous deux fils puînés de *Monseigneur*.]

[3 Le château avait été presque entièrement reconstruit par Monseigneur.]

Issy est une petite maison de plaisance qui appartient au prince de Conti, et est à moitié chemin entre Meudon et Paris. Issy est petit, mais régulièrement construit, et les appartemens sont bien distribués. Le jardin, quoique peu étendu, est riant, embelli de jets d'eau, et l'on aperçoit de là des plaines fort gaies.

Les habitans de Paris, ceux surtout du faubourg Saint-Germain, louent en été des chambres aux environs pour jouir des charmes de ce joli endroit.

Sceaux est une autre maison de plaisance située à deux petites heures de Paris et bâtie dans une agréable contrée. Le défunt Roi l'a donnée au duc du Maine. Ses nombreux appartemens permettent d'y loger commodément la Cour d'un prince. Le parc et le jardin sont très spacieux, ornés de cascades nombreuses et de jets d'eau. Les allées sont régulières, la vue du jardin sur le parc et les plaines qui l'entourent a quelque chose d'enchanteur.

Les étrangers ont beaucoup d'occasions de visiter ce charmant séjour pendant les fêtes qu'y donne la duchesse, et surtout pendant celles dont le mardi gras est l'occasion. Toutefois, la saison n'est guère favorable alors; il me paraît donc plus sage de différer la visite jusqu'au printemps ou à l'automne, quand là duchesse et sa Cour ont quitté le château. La belle et longue galerie établie dans le jardin mérite une attention particulière.

Le château de Fontainebleau [1] est à quatorze
lieues de Paris. Il a été fondé par le roi Louis VII,
aussi y admire-t-on de nombreux vestiges d'architecture antique et du meilleur goût. Il se
compose d'un grand corps de bâtiment, divisé
en nombreux appartemens. On y trouve en
outre cinq longues galeries, dont la plus célèbre
est celle *des cerfs* [2], car c'est là que Christine,
reine de Suède, fit, de sa propre autorité [3], assas-
siner son écuyer. L'on montre encore le carreau,
marqué d'une croix blanche, sur lequel mourut

[1] Bleau étoit le nom d'un chien qui, en chassant, découvrit
une source à laquelle le roi Louis VII fut heureux de se dés-
altérer. L'eau lui parut si agréable qu'il voulut bâtir un château en ce lieu, et il lui donna un nom rappelant la fontaine
et le chien qui l'avoit découverte. On peut lire tout cela plus
au long dans une description de Fontainebleau qu'un vieillard vendoit autrefois dans le jardin du château, en même
temps qu'il montroit la fontaine primitive.
[Écoutons maintenant le Père Dan : « Pour doncques en
venir à ce qu'en raconte la tradition du pays, l'on en tire
l'origine d'un chien nommé Bleau ou Bliau : et de fait c'est
un nom qui a esté donné autrefois assez vulgairement aux
chiens de chasse. Avec ce, l'on peut conjecturer que cela
est bien vray-semblable, puisque tous les anciens n'usent
point d'autre nom pour faire cognoistre ce lieu. » *Le trésor
des merveilles de la maison royale de* Fontainebleau, p. 10.]
[2] Elle a tiré son nom de quatre-vingt-six bois extraordinaires provenant de cerfs pris ou tués dans la forêt. Ils sont
fixés sur quarante-trois têtes de cerf en bois fixés aux murailles.
[3] Sa Majesté fut scandalisée du fait et avec grande raison.
Christine n'étant pas souveraine en France, n'y avoit pas
droit de vie et de mort, même sur un écuyer à son service.
Elle et lui étoient alors sujets momentanés du roi de France.

ce malheureux. Il y a encore d'autres beaux
appartemens dans ce château, notamment ceux
qui servent de logement au duc et à la duchesse
de Berri.

Le jardin n'est pas immense, mais il est fort
régulier. On voit flotter sur le canal deux petits
yachts, légers et pimpans, qui servent d'embar-
cations de promenade pour la Cour. L'on va
aussi en carrosse dans les allées qui règnent au
bord de ce canal. A l'entrée du parc, est une
fontaine où une gerbe de cent quatre jets d'eau
s'élance à la fois d'autant de tuyaux.

Chaque année, en automne, le feu Roi alloit
passer quelques mois à Fontainebleau. Les
ministres y venoient aussi. Les uns demeuroient
aussi longtemps que la Cour, les autres restoient
seulement quinze jours ou trois semaines. Nombre de personnes de condition, étrangers surtout,
faisoient de même. Ils logeoient parfois dans le
bourg, payant loyer chez des particuliers, les uns
par jour, les autres par mois. La vie étoit plus
chère qu'à Versailles, car les habitans profitoient
de l'occasion.

Il suffisoit qu'un étranger eût l'air distingué
pour qu'il pût suivre la Cour à cheval et prendre part à ses divertissemens. Il étoit plus difficile d'assister aux comédies qu'on représentoit
parfois au château. On pouvoit visiter les appartemens pendant que la Cour étoit à la chasse.
Les liqueurs, les fruits, les friandises de toutes

sortes sont alors fort en vogue dans les cafés.

Le château de Chantilly, situé à dix lieues de
Paris et à deux lieues au-dessous de Senlis,
appartient à M. le duc de Bourbon[1]. Je n'en
saurois parler, n'y ayant point été. Ceux qui
l'ont vu disent que c'est un lieu fort agréable.
Il y a dans les jardins des fontaines et des jets
d'eau, et c'est un incomparable endroit pour la
chasse.

Le château de Vincennes est près de Paris,
du côté du faubourg Saint-Antoine. Philippe-
Auguste commença à le bâtir l'an 1183, Philippe
de Valois l'agrandit en 1337, et Charles V
l'acheva. Les constructions primitives s'y reconnoissent encore, surtout dans la chapelle. Le
château est étroit et flanqué de hautes tours
carrées. C'est une prison d'État[2], les ponts en
étoient jadis toujours levés, et personne n'y pouvoit pénétrer sans être accompagné du gouverneur. Les sentinelles ne toléroient pas qu'on

[1] Louis XIV demanda un jour à M. le Prince, père de
M. le Duc, d'accepter un autre château en échange de Chantilly. « Sire, répondit M. le Prince, les désirs de Votre Majesté sont des ordres, mais je la supplie de me nommer en
même temps portier de Chantilly. » Le Roi comprit et n'in-
sista pas.

[2] Le sort des malheureux enfermés à Vincennes et à la Bastille est bien triste. Ils restent parfois plus d'une année avant
que l'on songe à examiner leur affaire et sans connoître la
cause de leur emprisonnement. Tout le profit est pour le gouverneur, à qui la Cour paye la garde et la nourriture du pri-
sonnier suivant sa qualité ou sa fortune.

LE CHÂTEAU DE VINCENNES

s'arrêtât devant le château pour le regarder.

Les nouveaux bâtimens sont vastes et commodes, mais ils sont déjà en assez mauvais état. Ils ont cependant eu l'honneur de recevoir notre jeune monarque [1], qui y a passé près de quatre mois avant de s'installer à Paris. Ce séjour fut un bonheur pour les prisonniers, que l'on mit tous en liberté.

On voit surtout ce château aux mois de mai et de juin, lors des promenades en carrosse dans le bois de Vincennes.

Saint-Maur est une maison de plaisance sise à deux ou trois lieues de Paris et qui appartient à M. le Duc. Comme ce prince y va fort rarement, la maison est presque démeublée et le jardin, qui est fort vaste, reste négligé [2].

L'on peut visiter cette demeure en même temps que le château de Vincennes. Au retour, on passe par Charenton, où les Réformés de Paris eurent autrefois leur temple, et par Bercy, une belle maison bâtie il y a peu d'années par M. de Bercy, intendant des ponts et chaussées.

Le château de Madrid, situé à l'extrémité du bois de Boulogne, à deux petites heures de Paris, est remarquable par le tour que François Ier joua à l'empereur Charles-Quint. Celui-ci accorda la liberté au Roi, qui s'engagea sur

[1 Louis XV.]
[2] En 1721, le duc le céda à la duchesse douairière, qui y passa l'été et y fit faire de grands changemens.

l'honneur à revenir dans sa prison à une date fixée s'il ne pouvoit satisfaire aux conditions exigées pour sa rançon. Aussitôt de retour en France, François fit construire ce palais sur le modèle de celui qui lui servoit de prison en Espagne, et le délai expiré, il vint s'y installer, semblant ainsi avoir tenu son engagement.

Le château de Madrid resta pendant longtemps assez mal entretenu. Mais M. d'Armenonville [1] l'ayant échangé contre *la Meute,* maison appartenant à la duchesse de Berri, cette dernière y fit faire, de mon temps, d'importantes réparations.

Voilà les principaux châteaux de plaisance que le Roi possède aux environs de Paris, et que les étrangers devront visiter. Il n'y a pas grand' chose à dire d'autres demeures telles que Conflans, Rueil, etc. Mais je me flatte d'être agréable au lecteur en lui disant quelques mots de Saint-Denis. C'est moins un château de plaisance que le lieu réservé à la sépulture des rois de France : il n'en mérite pas moins l'attention des voyageurs curieux.

Saint-Denis est une petite ville à deux lieues de Paris. On y visite les tombeaux des rois et le trésor de l'église. Celle-ci est grande et belle, les tombeaux sont magnifiques. Le religieux chargé d'accompagner les visiteurs donne d'amples explications aux étrangers. Celui qui m'accompagna

[1 Louis XIV l'avait fait directeur des finances en 1701.]

étoit fort complaisant, et il faut avoir soin de demander ce guide, car il n'est pas toujours là.

. Le monastère, rebâti à côté de l'église, n'est point encore terminé. Saint-Denis est abbaye royale, et les religieux appartiennent à l'ordre des Bénédictins. A l'entrée de l'église, on vend deux petits livres dont l'un renferme la description des tombeaux des rois ; le voyageur y apprendra tout ce qu'il est nécessaire de savoir avant de se rendre à Saint-Denis.

Voici encore quelques conseils relatifs à la visite des maisons royales. Le voyageur qui veut en tirer plaisir et profit doit :

1° Aller voir ces jolies demeures au commencement du printemps ou de l'automne, et choisir pour cette excursion une belle journée.

2° Visiter le même jour les maisons peu éloignées les unes des autres. On économise ainsi son temps et son argent.

3° Aussitôt arrivé, s'adresser aux huissiers ou portiers qui gardent ces maisons, afin qu'ils vous guident partout.

4° Se munir de bonnes tablettes, et y noter les choses les plus remarquables que l'on aura vues.

5° Autant que possible, se joindre à quelque compatriote ayant déjà pris part à ces excursions : son expérience pourra rendre de grands services.

6° Les concierges et les huissiers de ces maisons sont tenus de les montrer gratuitement aux

étrangers ; je conseille toutefois de leur faire en
sortant ou à l'occasion quelque libéralité. Ils
n'accepteroient rien ouvertement de crainte de
perdre leur place, mais je sais que plusieurs
d'entre eux sont assez pauvres[1] pour recevoir
avec plaisir un don de ce genre.

CHAPITRE XXXI[2]

Combien de tems il est bon de demeurer à Paris.

Il est assez difficile de répondre juste à cette
proposition, sans avoir examiné la condition,
bourse ou intention de chaque Voiageur. Des
personnes de condition, qui ne Voiagent que *par
plaisir*, s'arrêtent dans un lieu tant qu'il leur
plait ; car comme ils depensent force argent par
tout où ils sont, il leur est bien indifférent, en
quel endroit du monde ils vivent, pourvû qu'ils
soient contens. Cependant on aime mieux au
moins s'arrêter plus long-tems là où on dépense
son argent avec plaisir et contentement, que là
où on vit comme dans la solitude, privé de tout
plaisir au milieu de ses grandes richesses. En
consideration de cela il ne faut pas s'étonner,
si des Passagers de cette sorte s'arrêtent quel-

---

[1] Ils ne gagnent que vingt sous de France, avec lesquels il
leur faut nourrir eux et leur famille.

 [2 Chapitre reproduit littéralement.]

quefois plus long-tems à *Paris,* que non pas
ailleurs. Je crois, qu'il y a bien peu de villes au
monde, où on puisse vivre si proprement et si
bien, que dans celle-là. L'on y trouve abondamment
tout ce qui peut charmer l'esprit, contenter
les sens et le corps. *Paris* est grand et superbe;
la Cour galante et magnifique; on y voit en tout
tems une multitude de grands personnages, tant
étrangers, que naturels du païs; il s'y passe mille
nouveautez; les divertissemens de toute sorte n'y
manquent jamais; et puis la conversation avec
la *Nation Françoise* en genéral est agréable, vive
et très-rarement mélancolique.

Or plus que le contentement est grand à *Paris,*
quand on ne doit pas se mettre en peine de
l'échange : plus grande est au contraire la mortification,
lorsqu'on est obligé de vivre avec
épargne et de ménager en tout, où même de
s'enfermer enfin entre 4. murailles, faute de subsistance.
L'on ne sauroit exprimer assez le crévecœur
qu'il y a de voir continuellement toute
sorte de plaisirs, et de n'en pouvoir point jouïr.
Tantalus ne souffre pas une si grande faim sous
son pommier, ni une si grande soif au milieu d'un
torrent. Et un étranger ne peut attendre guére
d'assistance ni d'amitié de la plûpart des *François,*
lorsqu'ils sentent, qu'il va jouër de son
reste, et que la bourse devient platte peu à peu;
un tel miserable trouve en son endroit trop vrai
le proverbe qui dit : *Vous conterez beaucoup*

d'amis et de serviteurs, tandisque vous serez heureux.

L'on croiroit donc, que de tels étrangers se verroient obligez de soi-mêmes de se retirer en ce cas de *Paris*, puisque le principal d'un plus long séjour leur manque. Néantmoins il y en a beaucoup, qui ne sauroient quiter cette ville, malgré leur pauvreté. Les plaisirs du lieu les ont comme enchantez, tellement qu'ils voudroient y pouvoir passer toute leur vie. Cependant ils continuent de vivre à credit, où ils sont entrez peut-être par leur premiére liberalité, ou ils vivent un peu sobrement, ou ils se servent d'autres moiens pour subsister. *Menedéme* fut de cette volée. Il étoit un Gentilhomme *Allemand*, et avoit mené une vie propre et honéte pendant quelques ans à *Paris*, aiant fait ses exercices avec beaucoup d'application, et s'étant rendu fort honéte et poli par la conversation avec beaucoup de personnes de condition et de mérite. Cela étant, *Menedéme* auroit eu la plus grande raison du monde de s'en retourner en sa patrie et de rechercher quelque emploi convenable à ses belles qualitez. Mais cet homme fut comme enchaîné à *Paris*, aimant mieux dépenser là son petit reste d'argent, perdre ses beaux jours, vivre sans emploi, et à credit, que de quiter un lieu si charmant. *Menedéme* ne fait à personne plus de tort qu'à soi-méme. Il lui faudra pourtant decamper une bonne fois; et que sait-on, si la for-

tune lui sera aussi favorable dans la vieillesse,
qu'à présent, qu'il est encore dans la fleur de son
âge. Il faut bâtre le fer tandis qu'il est chaud.
Un tel dit : *la fortune ressemble à une jenne fille,
qui aime plus les jeunes garçons, que les vieillards.*

D'un autre côté je ne saurois approuver la
conduite de ceux qui se hâtent trop dans leurs
Voiages, et qui pour ainsi dire, prétendent courre
la poste par les païs étrangers. Un tel Voiage
n'est bon à rien, qu'à perdre le tems et l'argent :
car quel moien de s'informer de ce qu'on devroit
savoir, quand on est tant pressé ? La memoire
est accablée de tant d'objèts differens, qui frapent
les sens tout à la fois, de sorte qu'on ne les sait
discerner d'ensemble, et quelque tems après
tout ce qu'un tel Passager volant a vû en chemin,
ne lui paroîtra que comme un songe. Un tel étoit
Clitandre. Il lui prit une boutade de faire Voiage ;
mais il n'y vouloit emploier plus de tems qu'un
an ou 18. mois, tout au plus, pendant lesquels
il pensa voir la *Hollande,* l'*Angleterre,* la *France,*
la *Suisse,* l'*Italie,* avec une bonne partie de l'*Allemagne.* En effèt, il gagna la gageure : mais je
doute fort, qu'il aura beaucoup profité d'un tel
Voiage précipité. Au moins j'en connois un qui
ne l'imitera point. Ce n'est pas assez de voir des
païs et villes par dehors. Il y faut plus que cela.
D'apprendre des Langues, la connoissance d'un
Etat, la conversation avec des étrangers, la consideration et la recherche des mœurs, coûtumes

et commerces d'autres Nations, et ce qui est de
semblable, sont des choses qui demandent du
tems. J'avoüe, qu'il y a beaucoup de ceux qui
n'ont pas assez de quoi faire des Voiages de
longue haléne, et qui cependant ont envie de
voir le monde. D'autres ont a la verité assez de
bien, mais des affaires plus pressantes ne leur
permettent pas d'étre long-tems hors de chez
eux. Néantmoins on feroit mieux, à mon avis, en
ces cas là, d'aller voir peu de païs avec profit,
que d'entreprendre des longs Voiages, sans aucun avantage. Quelques-uns viennent à *Paris*, y
commencent les exercices, et font des prépa-
ratifs, comme s'ils y voudroient demeurer, je ne
sai combien de tems : mais ils plient bagage et
s'eclipsent, avant qu'on y pense, croians avoir
en un mois ou deux apris tant qu'il leur faut.
Mais ils se trompent fort. Une si courte demeure
ne vaut rien ; ils devroient plûtôt rester dans leur
païs. Au moins on épargne les grands fraix de ce
Voiage. Ou peut-être ne prétend-on que de passer
pour avoir Voiagé en *France* et vû *Paris,* dût on
y avoir appris peu ou rien.

Après tout cela je conclus, qu'un homme de
condition fera bien à mon avis, *de s'arrêter à
Paris un an pour le moins.* Chacun pourra deli-
bérer avec soi-même, s'il y doit rester un an tout
de suite, ou s'il doit passer l'été autrepart, et
2. hivers dans cette ville. Un an peut suffire pour
apprendre assez bien la Langue et les Exercices,

si on a déjà quelque avant-goût de l'un et de l'autre. Au moins l'on entend et voit beaucoup dans un an, et l'on se forme insensiblement sur les façons de ceux qu'on hante. Ceux qui ont du tems et du bien, peuvent s'arrêter en ce beau lieu un peu plus long-tems qu'à l'ordinaire. Je suis persuadé, qu'en quel endroit du monde qu'ils vivent, ils donneront la préference à *Paris*. Il ne faut pas bâtir un tabernacle en ce lieu, mais songer à son établissement dans sa patrie ou autrepart : chose qu'un Protestant ne trouve point en *France,* à moins de vouloir changer de Religion. Mais je dis encore une fois, chacun doit examiner en ceci son état, sa bourse et son dessein, et il saura bien lui-même mesurer là dessus le tems qu'il doit séjourner à *Paris*.

CHAPITRE XXXII[1]

S'il est bon de faire des emplettes à Paris, *lorsqu'on s'en retourne chez soi : et quelles ?*

L'on aime à emporter quelque chose de rare des païs, où on a Voiagé, pour en faire présent, étant de retour, à ses fréres et sœurs, ou à d'autres parens et amis, si on veut être bien venu auprès d'eux. L'on se pourvoit aussi volontiers

[1 Chapitre reproduit littéralement.]

soi-même de ces choses, qu'on ne fabrique dans sa patrie, ou point du tout, ou du moins pas aussi bonnes, ni à un prix si raisonable, qu'ailleurs.

Paris est un lieu, où l'on trouve une quantité innombrable de *toute sorte de Marchandises.* De quel côté qu'on jette ses regards, l'on voit des boutiques, où se vend quelque chose. Cependant n'allez pas croire, qu'on a tant besoin de tout cela. Il y a des boutiques fournies de choses ne- cessaires, mais la plus grande part des autres sont remplies de babioles, je veux dire, de choses dont on pourroit bien se passer dans la vie commune[1]. L'on n'a qu'à aller au *Palais* ainsi dit, et voir les marchandises qui y sont éta- lées. Le luxe, la vanité et le faste sont venus au dernier point à *Paris* en toutes choses, de sorte qu'il ne faut pas s'étonner de voir les quincail- leries et galanteries rouler çà et là en si grande abondance, afin d'entrétenir ces vices-là. Ces vanitez ne demeurent pas dans la seule enceinte de cette ville : elles ont rempli toute l'*Europe.* Combien de milliers de quincaliers et merciers *François* ne se sont ils pas établis en divers païs, qui n'ont autres choses à vendre que de merce- ries et de manufactures fabriquées dans *Paris?* Qui plus est, je sai que de grands Seigneurs *Allemans* ont envoié exprès en *France* des gens,

[1] *Socrate* étant un jour allé à une foire, et voiant le grand nombre de boutiques qui y étoient dressées, s'écria : *ô com- bien de choses y a-t-il ici, dont je n'ai point affaire du tout*

pour achéter toute sorte de nippes, et pour en
apporter de nouvelles modes. Mais on ménage un
peu ces Voiages, dépuis que tant de *François* re-
fugiez [1] qu'on a admis nouvellement en quelques
Etats, sur tout en ceux de *Brandebourg*, ont aussi
établi aujourd'hui en *Allemagne* la fabrique de
Manufactures Françoises. Avec tout cela, *Paris*
ne laisse pas de retenir son ancien credit et pre-
férence, à cause des nouvelles modes, et de toute
sorte de belles merceries, qu'on invente là; et
pour me servir d'un exemple assez simple, un
habile Tourneur m'a conté, que du tems que le
jeu de *Bilboquet* gagnoit sa vogue, il avoit tourné
quelques milliers de ces petites machines, tant
d'ivoire, que de bois de noier ou d'autre sorte,
pour la boutique de *Mr. la Fresnai* [2], qui les
avoit envoiées en *Allemagne,* et en d'autres païs,
avec un profit extraordinaire.

Quand à *Paris* on jette les yeux sur les boutiques parées de toute sorte de belles nippes, et
sur tout sur celles du *Palais,* l'on se sent quelquefois tenté d'en achéter une ou autre de ces
choses, auxquelles on n'avoit pas pensé auparavant. Mais il faut bien prendre garde ici à ce
qu'on doit choisir dans un si grand nombre de
diverses sortes. Autrement il faudroit avoir une
bonne bourse, pour achéter tout ce qu'il vous

[1 A la suite de la révocation de l'édit de Nantes en 1685.]
2 C'est un riche marchand, qui a une grande boutique de
quincailleries et de belles nippes dans le Palais.

plait. Je ne parle pas ici de Marchands de Profession, d'autant que je présume, qu'ils savent mieux d'eux mêmes ce qui leur convient, et quelles marchandises ils peuvent troquer avec celles des Clinqualiers et Merciers : je vais seulement donner quelques avis aux Voiageurs de condition sur les nippes qui les pourroient accommoder le mieux. Mais avant toutes choses je demande, I. qu'ils aient de l'argent : car la chose parle d'elle même, qu'on ne peut rien achéter sans argent. 2. Qu'ils n'en aient pas seulement à suffisance, mais aussi en abondance. Il y a de ces Messieurs si mal-avisez, qu'à leur départ de *Paris* ils achétent encore quelques bagatelles de prix, sans consulter leur bourse, s'ils peuvent faire le retour avec ce qui leur reste d'argent. Alors il arrive, qu'étant à peine à moitié du chemin, ils sont obligez de vendre une et autre piéce de leur mercerie, et pour surcroit de chagrin ils doivent quelquefois se contenter de ce qu'on en veut donner de bonne volonté, puisque la necessité les presse : de sorte qu'ils reçoivent souvent à peine la moitié du prix.

Mais quand on a plus d'argent qu'il n'en faut pour le Voiage qu'on va faire, on en doit bien emploier le reste. L'on n'a garde d'achéter ce qu'on peut avoir dans son païs aussi bon qu'à *Paris*. Et d'ailleurs un homme d'esprit ne prodigue pas son argent en des choses qui ne lui conviennent pas, ou qui ne lui servent de rien.

Clitus donna 10. *Louis d'Or* pour un *portrait dans sa tabatiére,* peint par *Klinsted.* J'avoüe que c'étoit un piéce incomparable, mais elle étoit aussi si grotesque, qu'à peine osoit-il ouvrir la tabatiére en des Compagnies d'honétes gens. *Clitus* après avoir contemplé le portrait tout son sou, en fut enfin si dégouté, qu'il l'auroit très-volontiers vendu pour la moitié du prix.

L'on aime à étre un peu bien ajusté à son retour dans sa patrie : c'est pourquoi on doit étre pourvû principalement de bons habits, de linge fin, et de quelques Peruques bien façonnées. Nôtre Voiageur donc peut se faire faire, avant son départ de *Paris, un habit chamarré* et quelques *Peruques de bonne façon.* L'or de *Paris* est de bon prix, et la façon des Peruques à la *Françoise* est estimée par tout, excepté point en *Angleterre.* Mais pour le *linge* et les *bas de soie,* on les trouve en *Hollande* et en *Angleterre* meilleurs et à meilleur marché, qu'en *France.*

L'on trouve les *dentelles* plus fines à *Brusselles, Malines* et à *Anvers.* D'avantage si quelcun voudroit avoir une veste de *drap d'or* ou *d'argent,* il la trouvera aussi belle à *Paris,* qu'à *Lion*[1], en cas qu'il ne passe pas par cétte ville : quoiqu'il la doive paier un peu plus cher à *Paris.* Les *robes de chambres de Damas* se vendent tout

---

[1] *Lions* a la meilleure fabrique de toute la *France,* pour ce qui est de cette sorte d'étoffes

prêtes dans plusieurs boutiques, de sorte qu'on n'a qu'à en choisir celle qu'on veut.

Une *épée d'argent* est un bel ornement. Plusieurs aiment la façon brunie à l'*Angloise* : d'autres préferent les poignées *Françoises* taillées en épargne ou ciselées. L'on trouve cette sorte d'ouvrage au *Pont S. Michel,* où demeurent divers fourbisseurs d'armes. L'on peut avoir des *Tabatiéres* de plus de cent sortes, et de divers prix. Qu'on en achéte une qui est propre, et qui ne coûte pas trop. Il y en a de vermeil doré, d'un travail admirable.

Les *montres* ne se doivent pas achéter à *Paris.* Celles d'*Angleterre* sont beaucoup meilleures, et plus renommées déja au monde [1]. Si quelcun a d'argent de reste, après avoir fait ces emplettes qui sont quasi necessaires, le Palais a pour lui mille autres bijoux et petites choses de prix, qui seront sans doute de son goût. Si après cela il pense faire quelque présent à une ou autre Dame de son païs, il trouvera dans le même lieu une infinité de belles nippes, qui leur plairont beaucoup. Les *rubans de plusieurs sortes, les fraises et les Palatines, les mouchoirs brodez et les Cornettes, les fontanges et les éventails,* et cent semblables belles nippes sont très-bien venuës au beau Sexe. Je ne dis rien des *livres.* Les amateurs de la Lecture ne manqueront pas leur coup, s'ils en peu-

[1 Voy. *La mesure du temps,* p 145 et suiv.]

vent attraper quelquesuns de rares et curieux.

Pour finir ce *Chapitre*, je dois encore ajouter ceci. Si après un achát de diverses choses, et principalement de *livres*, on voudroit encore faire un tour, avant qu'on s'achemine tout droit en son païs, qu'on se garde de méner avec soi un tél bagage, mais qu'on les envoie auparavant chez soi, par le chemin le plus court, soit par eau, soit par terre. Ces choses coûtent beaucoup d'argent, et l'on peut aisement tomber au peril d'en étre depouïllé ou par des voleurs et bandits, ou de les perdre çà et là en d'autres façons. On les peut adresser à des Marchands de sa connoissance, à condition d'en répondre ensuite moienant de paier quelque chose pour leur peine, ou bien on peut prendre d'autres précautions à cet égard.

CHAPITRE XXXIII [1]

Comment il faut se garder en marchandant.

Il est necessaire d'aider mon Voiageur de quelques avis, même dans ce point, parce qu'autrement il peut étre trompé fort facilement. Je viens de dire qu'on aime à emporter quelques menuës marchandises en repassant chez soi. Or il faut ici user de quelque circonspection, afin de les avoir

[1 Chapitre reproduit littéralement.]

à bon marché. *Paris* est plein de boutiques en plusieurs endroits, où l'on trouve tout ce qu'on a envie d'acheter, mais le *Palais* ainsi dit est comme le centre et l'extrait de toutes les boutiques de belles nippes. L'on est surpris de la grande abondance de denrées précieuses de toute sorte, que cet entour renferme. L'on n'a qu'à choisir ici, en quelle boutique on veut faire son emplette. Les clameurs des femmes, filles et hommes dans les boutiques, pour attirer les passans, durent sans cesse. Mais qu'on n'ait garde de se rendre d'abord à ces alléchemens, je voudrois plûtôt qu'on mît de son parti un bon ami, qui connoît tel ou tel Marchand. Ces Messieurs n'ont garde de mettre une chose à plus haut prix, qu'elle ne vaut, en présence d'un tiers qui les connoit : au lieu qu'on court ordinairement risque de perdre, quand on vient tout seul et inconnu dans une boutique; et d'ailleurs 4. yeux voient plus que 2. lorsqu'il s'agit de choisir entre tant de choses de diverse sorte, celle qui convient le mieux à celui qui va l'achéter.

Aussitôt qu'on a mis le pied dans la boutique, l'homme ou la femme ne vous fera pas d'abord voir ce que vous avez demandé : au contraire ils vous montrent tantôt ceci, tantôt cela, fort different de ce qu'on a envie de voir, jusqu'à ce qu'ils vous aient persuadé insensiblement par leurs caresses et cajoleries d'achéter ce qu'on ne pensa pas prendre d'abord, et dont on se

pourroit passer fort bien. Mais principalement
les femmes savent priser leurs marchandises et
fláter les ácheteurs, si bien qu'il faudroit avoir la
fermeté d'*Ulysse*, pour ne pas se rendre à leurs
attraits. Leur ajustement très propre et agréable
leur donne je ne sai quoi de gracieux, et un
Marchand de *Paris* est aucunement heureux,
s'il a une belle femme. Car comme en *France*
les personnes du Sexe gardent ordinairement
les boutiques, et qu'elles. s'entendent à la Marchandise, aussi bien que les hommes, la beauté
est souvent un moien très-puissant d'attirer des
chálands, et d'avoir grand debit. Or c'est dans
ces boutiques que dès étrangers, encore nouveaux en tout, donnent ordinairement dans le
panneau. Les fláteries et les caresses des filles
et femmes les enchantent, pour ainsi dire, pendant qu'elles ne cherchent qu'à attráper leur
bourse. Car comme ces bons enfans prennent
feu d'abord, ils croient, que ce seroit honte de
barguigner; qu'au contraire, s'ils se montrent un
peu liberaux auprès d'une si belle personne, ils
pourroient gagner ses bonnes graces; et ce qui
est de semblable. Mais ce sont justement les filets
qu'elles vous tendent. L'on achéte beaucoup de
bagatelles; des choses qui ne valent pas la moitié
du prix; l'on est trompé dans son esperance, et
au bout du conte, l'on n'y a gagné, que la boutique,
au lieu de la personne qui est dedans. Mais sup-
posé qu'on obtient enfin son but, et qu'elles ne

vous refusent rien d'un côté, n'allez pas croire
pour cela, qu'elles vous remettront quelque chose
de l'autre, savoir quant au trafic. Cette sorte de
créatures sont interessées, comme presque tout
le Sexe de *Paris*, pendant qu'un amateur timide
fait scrupule de leur refuser quoique ce soit. En
attendant l'on ne fait pas de depenses mediocres
pour cela, dont on se repent ensuite, quoique
trop tard, quand on considére, qu'on a gaspillé
son peu d'argent d'une façon si frivole et si
inutile.

Il y a des boutiques où l'on vend tout, *en un*
mot; cela signifie pour ainsi dire, qu'il faut paier
au Marchand tout ce qu'il demande. Il vous
nomme le prix d'une marchandise, sans rien
rabattre. Tel est *la Frenai*, [1] ce fameux Mercier,
qui entre autres boutiques en a une aussi au *Palais*.
Qu'on aille achéter de lui ce qu'on voudra, et
tant qu'on voudra, il ne le donnera pas d'un sou
moins qu'il a dit. Cependant il ne faut pas penser,
que ces gens sont proprement ceux qui ont la
meilleure marchandise, et qu'on ne sauroit risquer rien avec eux. Ces gens là sont riches et
renommez, par conséquent ils ne se soucient
guére de vendre quelques bagatelles. L'opinion

---

[1] Ce *Mr. la Frénai* a été quelque tems en si grande renom-
mée à *Paris*, que rien n'a passé pour joli et galant dans l'esprit des petits maitres et des personnes du Sexe, s'il n'étoit
pas sorti de la boutique de la *Frénai*. C'est pourquoi cet
homme a aussi amassé tant d'argent.

fait beaucoup. L'on trouve souvent dans de petites boutiques, et nouvellement levées, des merceries, qu'on chercheroit en vain même chez les plus rénommez. Il y a d'autres marchands qui disent, combien ils vendent telle ou telle chose; cependant ils la tiennent si chére, que c'est perdre que de leur en offrir la moitié. S'ils sont indiscrets en demandant, il faut être aussi hardi en rabattant.

Outre le *Palais*, il y a encore çà et là dans la ville un nombre infini de boutiques de toute sorte de petites merceries précieuses; comme aussi dans l'enclos de la Cour de l'Abbaie de *St. Germain des Prez*, au fauxbourg de ce nom. Je ne dirai rien de celles qu'on établit extrordinairement au tems des *Foires* de *St. Germain* et de *St. Laurent*. Dans les petites tentes qu'on voit tous les jours au *Pont-Neuf*, l'on trouve fort peu de ces quincailleries de prix, mais elles sont remplies pour la plûpart de choses ordinaires et communes. Quelquefois il vient dans les auberges, Caffez, et auprès des Billards des Colporteurs avec leurs balots et d'autres gens qui ont à vendre toute sorte de menuës marchandises. C'est avec ces gens qu'il faut user bien de circonspection, pour ne paier pas trop cher ses emplettes. Un tel Mercier errant pressa un jour extrémement *Arsennè* qui étoit dans un Caffé, d'achéter une paire de glands de cravate, qu'il lui fit voir. *Arsenne* n'en eut pas alors grande envie, quoiqu'ils

fussent fort proprement ouvrez : néantmoins
pour se débárasser de cet importun, il lui offrit
à peine le tiers de ce qu'il avoit demandé. Cet
homme remit ses glands dans la cassette, et fit
semblant de vouloir s'en aller; mais il ne fut pas
plûtôt sorti, qu'il rentra, et étant revenu à la
chárge avec *Arsenne*, celui-ci eut enfin les glands
au cou, à vil prix, après beaucoup de disputes de
part et d'autre. Qui plus est, le même homme
vendit immediatement après une autre paire de
glands, dix sols moins, à un bon ami d'*Arsenne*,
qui prénoit une tasse de Caffé avec lui, quoiqu'ils
fussent de la même sorte; *Arsenne* eût pu aussi
profiter ces 10. sols, s'il avoit connu les façons
du pélerin.

. L'on croiroit, .que de telles gens aient sans
doute derobé les marchandises, puisqu'ils les
donnent pour si peu de chose. Mais il faut savoir,
qu'à *Paris* il y a plusieurs de centaines de ces
ouvriers qui travaillent à la derobée, pour n'avoir
pas boutique ouverte, et qui ne sont pas encore
en vogue, qui ont besoin tous les jours d'argent,
pour soûtenir leur ménage ; ces gens sont obligez
de vendre leurs ouvrages, ou eux-mêmes, ou par
des colporteurs, à mesure qu'ils les achevent :
lesquels on peut ainsi avoir de la prémiére main,
au lieu qu'on les achéte plus du double dans les
grandes boutiques; quoique je ne veuille pas
étre garant, qu'à *Paris* on ne porte à vendre
dans cette occasion aussi beaucoup de choses,

qui n'appartiennent pas toûjours aux vendeurs. Mais l'on ne s'en met ici pas fort en peine. L'on se chargeroit de bien de la besogne, quand on voudroit s'informer aüparavant de toutes ces circonstances.

CHAPITRE XXXIV[1]

Quelle route on doit prendre, lorsqu'on veut s'en retourner de Paris en son païs.

Les Voiageurs avisez se forment dans l'esprit une certaine idée de leur Voiage, lorsqu'ils sont encore chez soi, pensans quel païs ils veulent voir, et jusqu'à quand ils veulent demeurer à peu près dans un lieu ou l'autre. D'avantage ils mesurent leurs routes si bien, qu'ils sont dispensez de faire deux fois le même chemin. Comme il faut garder un certain ordre en tout, ainsi il faut proceder *avec ordre* aussi *en Voiage*. La raison même veut, qu'on visite des païs étrangers dans l'ordre qu'ils suivent l'un l'autre, pour ainsi dire, et comme le très Sage Createur les a arrangez.

La *continuation* et la *fin* d'un Voiage doivent répondre au *commencement*. Posons le cas, qu'un *Allemand* voulût aller voir la *Hollande* et l'*Angleterre*, avant de passer outre, il pourroit à

[1 Chapitre reproduit littéralement.]

mon avis, repasser en *France* par les *Pais-Bas Autrichiens*, après avoir vû ces 2. païs-là. Je suppose, qu'en *Hollande* il ait vû toutes les places remarquables, et qu'il soit ensuite passé avec le vaisseau de poste (*Pacquet-Boot*) de la *Briele* ou *Rotterdam* à *Harwich* en *Angleterre*. Un Voiageur a assez contenté sa curiosité s'il a vû les *Châteaux* et *Palais de Plaisance du Roi*, situez aux environs de *Londres*, ensuite les villes d'*Oxford* et de *Cambridge*, et s'il a demeuré quelque tems dans la dite *Capitale*. D'ici il va par terre à *Douvres*, sur laquelle route il voit aussi en passant les villes de *Dardtford*, *Rochester* et *Canterbury*. Etant à *Douvres*, il a beaucoup d'occasions de traverser le *Canal* jusqu'à *Calais*, ou à *Dunkerque*, et même jusques à *Ostende*, s'il veut. Mais j'aimerois toûjours mieux me servir du *Yacht* ordinaire de *Poste* qui va de *Douvres* à *Calais*, parce que ce chemin étant le plus court, on est quite de mille incommoditez qu'on endure sur les 2. autres trajets, dans des navires d'autre façon. De *Calais* on passe ensuite par terre à *Dunkerque* par *Mardyk*, ou l'on voit le *Port* et le nouveau *Canal*; de là on va à *Ypres*, *Lille*, *Gand*, *Anvers*, *Brusselles*, *Malines*, *Louvain*, *Mastricht*, *Liége*, *Namur*, *Mons* et *Valenciennes* : d'ici il peut poursuivre son chemin dans le coche ordinaire jusques à *Paris*.

Si quelcun a envie de passer en *Italie* par les *Provinces de France*, il prend premiérement la

route de *Paris* à *Orleans*, et aiant descendu sur
la *Loire* par *Blois*, *Tours*, *Angers*, jusqu'à *Nantes*,
il passe de là par terre à la *Rochelle* et *Bour-*
deaux; ensuite il arrive à *Toulouse* et de là à *Be-*
ziers le long du *Canal* merveilleux; d'ici par terre
à *Marseille* par *Montpélier* et *Nîmes*. Et comme on
est bien aise de voir la belle ville de *Lions*, on y
monte sur le *Rhône* dans une barque, ou par terre,
passant par *Avignon* et *Orange*.

Etant à *Lions*, il faut se determiner, quelle
route on veut tenir, pour Voiager en *Italie*. Il
faut ici avoir égard particuliérement au tems où
l'on est. L'on aime à être à *Venise* pendant le *Car-*
neval, et dans la *Semaine Sainte* à *Rome*. Si l'on
veut passer droit à *Venise*, le chemin le plus court
est de passer par la *Savoie* et le *Milanez*; ou si on
aime mieux voir la *Suisse*, on prend la route de
Genéve, d'où on passe par le païs de *Tyrol*.
L'autre chemin de *Rome* va pareillement par la
Savoie à *Génes*, et d'ici par *Lucques* et *Florence*,
jusqu'à la dite *Capitale* d'*Italie*. L'on passe sans
peine de *Rome* à *Naples*. Mais pour aller de *Rome*
à *Venise* l'on peut se servir de l'un de ces deux
chemins, ou par *Florence* ou par *Lorette*. Ceux
qui souhaitent de voir la fameuse *Image de*
S. Marie à Lorette, prénent le chemin par cette
ville. Mais sur le premier chemin on voit de plus
belles villes, que celle-là, comme *Sienne*, *Bologne*,
Mantouë etc.

Si l'on n'a pas encore vû la *Suisse*, l'on

peut aller de *Venise* par le haut de l'*Italie*, à *Ge-*
néve, et d'ici jusqu'en *Suisse*, pour retourner en
Allemagne, où l'on peut aisement arriver, allant
de *Bâle* par la *Souäbe*. Mais pour aller en droiture
de *Venise* en *Allemagne*, et specialement à *Vienne*,
l'on peut choisir l'une des 2. routes particuliéres
qui y ménent, ou le chemin de poste par *Laubach*
et *Gratz*, ou de là par la *Stirie*; quoique je prefé-
rerois toûjours le premier chemin à l'autre. Au reste
on peut aussi suivre le droit chemin de *Venise* en
Allemagne, par *Trente, Brixen,* et *Inspruck.*

Bien des Voiageurs, et principalement ceux de
la *Haute-Allemagne,* vont voir premiérement l'*Ita-*
lie, à cause de la proximité du païs, ensuite la
France, d'ici ils passent par mer en *Angle-*
terre, et au retour ils passent par la *Hollande* en
Allemagne. Ces Messieurs tiennent une route contraire à celle que je viens d'enseigner. Mais enfin
qu'importe? chacun doit savoir lui-même ce
qui lui sert et convient, et comment il se doit
prendre à ses Voiages. Je ne parlerai point des
Voiages en Allemagne, ni des villes et cours qu'on
y doit aller voir : Si quelcun examine sa condition, sa bourse et son dessein, ces 3. choses lui
diront assez ce qu'il doit faire ou laisser. Je dis
seulement, qu'il seroit à souhaiter, que des *Al-*
lemans sur tout ceux de la *Basse Saxe,* fussent
plus curieux de connoître l'Etat de l'*Empire d'Al-*
lemagne, et qu'ils allassent voir au moins quelques *Cours Electorales,* et quelques unes de celles

des Princes, s'ils ne veulent pas pousser jusques
à *Vienne*, pour voir la *Cour Imperiale* : avant
d'aller en des Païs étrangers. De là vient, que si
quelquefois on s'y met sur le Chapitre de l'*Allemagne* et de ses *États,* ils n'en savent presque
rien répondre, étant pour ainsi dire, étrangers
dans leur propre patrie. Les *Allemans* de condition Voiagent fort rarement en *Portugal, Espagne,* ou en d'autres *Roiaumes d'Europe,* excepté
les Marchands ; mais je ne dis rien de ceux-ci,
pour finir les instructions que j'ai données jusqu'ici aux autres Voiageurs.

FIN

PARIS. TYP. E. PLON, NOURRIT ET Cⁱᵉ, 8, RUE GARANCIÈRE. — 2034.